阅读教育

做孩子的成长合伙人

周 璐 著

中信出版集团 | 北京

图书在版编目（CIP）数据

阅读教育：做孩子的成长合伙人 / 周璐著. -- 北京：中信出版社，2023.4（2024.5重印）
ISBN 978-7-5217-5295-3

Ⅰ. ①阅… Ⅱ. ①周… Ⅲ. ①家庭教育 Ⅳ. ① G78

中国国家版本馆 CIP 数据核字（2023）第 023554 号

阅读教育：做孩子的成长合伙人

著　　者：周　璐
出版发行：中信出版集团股份有限公司
（北京市朝阳区东三环北路27号嘉铭中心　邮编　100020）
承 印 者：北京通州皇家印刷厂

开　　本：720mm × 970mm　1/16　　印　　张：21.5　　字　　数：260千字
版　　次：2023年4月第1版　　印　　次：2024年5月第4次印刷
书　　号：ISBN 978-7-5217-5295-3
定　　价：58.00元

目录

Part 1 第一部分 少年阅读的新理念 001

第一章 让阅读有趣有益

1 孩子只爱读一类书，会不会涉猎太窄？帮助孩子均衡搭配选择图书 002
为孩子选书的几个原则 003
帮助孩子打造自己的阅读世界 006

2 孩子对阅读没兴趣，怎么办？用有趣好玩儿的方式激发他的阅读兴趣，帮助他建立阅读习惯 008
阅读的时间战场：用阅读抢占孩子的大脑 008
打造家庭读书仪式 009
激发孩子阅读兴趣的两个高效方法 011

3 孩子只爱听书，可以不用读原著了吗？听书更大的效应类似于导读 014
听书 = 导读老师 014
听书能否替代读原著？ 015
当一个小讲书人：孩子读书，重要的还有输出 017

4 亲子阅读就够了吗？家庭共读，同频成长 020
都是亲子共读惹的祸？ 020
0 ~ 2 岁应该怎么共读？ 021
2 ~ 6 岁如何共读？ 023
小学低年级如何共读？ 024
小学三年级后如何共读？ 026

5 如何纾解青春期孩子的叛逆？通过共读和青春期的孩子成为好朋友 028
初秋的故事 028
和青春期的孩子做朋友 031

6 如何建立更优质的青春期亲子关系？做孩子的成长合伙人 034
孩子的心愿：希望父母能和我们像朋友一样 034
做孩子的成长合伙人 036
什么是成长合伙人？ 038
制定成长合伙人规则 040
两代人之间如何做到信任、尊重与合作？ 041
父母该关注的和该放手的 045

第二章 让阅读面向未来

7 孩子读书不少，语言表达却不好，如何提升？ 048
鼓励复述故事 049
共同讨论情节 049
组织阅读分享会，做阅读演讲 050
组织阅读辩论赛 053
组织诗歌朗诵会 055

8 孩子读书不少，写作还是没提高，怎么办？在阅读和写作之间架起桥梁 059
如何激发孩子的写作兴趣？ 060
如何在阅读与写作之间架起桥梁？ 061
如何培养与提升孩子的写作力？ 064
关于写作的几个重要问题 067

9 如何提升孩子的英文阅读和表达能力？用好第三种力量 074
厘清两个基本问题 074
如何让孩子开口说英文？ 075
利用第三种力量 076
英文阅读和中文阅读的关系 079

10 如何把名著读活？用好玩儿的方式成为名著达人 081
如何激发孩子对古典名著的兴趣？ 083
孩子如何啃名著？ 084
如何变身名著小达人？ 085

Part 2 第二部分 少年阅读的新功效 089

第三章 用阅读培养孩子的优秀习惯

11 孩子坐不住、专注力差，阅读能治疗吗？ 090
开展循序渐进的家庭共读 091
做到劳逸结合 092
学会目标拆解 094

12 孩子做事拖拉、没效率，读什么书能提升孩子的时间管理能力？ 096
用阅读帮助孩子认知时间管理 096

让孩子学会使用时间管理的工具 098
时间管理中的成长合伙人原则 102

13 孩子无法控制自己的行为和情绪，读什么书能提升自控力？ 106
自控力教养核心原则 107
用阅读这个教育工具帮助孩子认知自控力 107
延迟满足能力的小海报 109
让孩子学会管理自己的身体健康和心理健康 109

14 如何帮助孩子有效地管理手机？ 115
签订“手机使用协议” 116
帮助孩子找到自己的兴趣爱好 119
家长先戒掉手机瘾 120

第四章 用阅读提升孩子的综合素养

15 阅读能让孩子提高学习成绩吗？阅读力就是学习力 122
阅读力就是学习力 124
阅读是成长的发动机 125
如何培养和提升阅读力？ 126
阅读如何与实践结合？ 132

16 如何成为一个受欢迎的人？提升孩子的团队合作能力 136
在阅读中学习如何与他人相处 137
让孩子学习团队合作的三大黄金原则 138
鼓励孩子多参加团队活动 141
教孩子学会接纳、包容与欣赏他人 141

17 孩子脆弱爱哭，怎么办？提升孩子的抗挫力 144
用家庭共读去帮助孩子 146
与挫折中的孩子做成长合伙人 147
用书信的方式深情鼓励孩子 149

18 孩子感觉无聊空虚，怎么办？激发孩子的目标感和内驱力 155
帮助孩子树立人生的目标感 155
帮助孩子找到真正的人生偶像 157
激发孩子的内驱力 159
读哪些人物传记？ 160
读人物传记的方法和工具 163

第五章 用阅读帮助孩子建立正确的价值观

19 好朋友不理我了，怎么办？用阅读帮孩子收获友情 170

如何处理友情中的难题？ 171
真正的友情 173
从文学中感悟友情 174

20 什么是爱？让我们和孩子聊聊爱情 176

与孩子真诚坦率地讨论文学中的“爱” 177
和孩子聊聊自己的爱情故事 181
让孩子看到更长远的未来 182
用优秀的电影和文学作品，帮孩子理解“爱”的真谛 185

21 老师不喜欢我怎么办？帮助孩子与老师正确相处 189

告诉孩子：不用刻意去讨好老师 190
当孩子与老师的相处遇到矛盾时 191
用阅读帮助孩子更深刻地认知师生关系 194

22 同学总欺负我，怎么办？阅读里的生命教育 199

阅读生命 199
电影中的生命教育 201
善待每一个生命 204
培养一个合格的人 205

23 何为人生的成功？与女儿共读《原则》 207

阅读三部曲 207
关于成功的讨论 208

第六章 用阅读提升孩子的人生格局——书信集

24 孩子，寻梦前请先做好储备 211

25 孩子，请学会享受生命 217

26 写给中考前的女儿 221

27 祝你有一个美好清新如六月的初恋 223

28 给高一新生：保持你的纯真爱笑，是我最大的心愿 226

29 给十七岁的女儿 229

Part3 第三部分 少年阅读的新视野 231

第七章 用阅读浇灌孩子的成长根系

30 如何让孩子爱上学习古诗文？ 232
学前读什么？ 233
小学读什么？ 234
中学读什么？ 236
学习古诗文的方法 239

31 如何用阅读对孩子做科技启蒙？ 242
适合小学生阅读的科技类图书 243
适合中学生阅读的科技类图书 244
科技启蒙的方法 246

32 让孩子读一读世界这本大书 248
认知世界的书 249
撒哈拉与敦煌 252
旅行与读书 254
合伙旅行 256

33 让孩子在严肃文学中成长 259
小学读什么？ 259
中学读什么？ 262
合伙共读 264
阅读严肃文学的方法 266

34 让孩子学着读人 268
阅读他人的人生 268
自己做媒体 270
读新闻 271
在新闻实践中得到提升 273

第八章 用阅读让孩子看到更辽阔的未来

35 如何用阅读培养孩子的财富观？ 275
跟小狗钱钱学到很多 276
学会投资自己 279
培养孩子财商的小方法 281

36 如何让孩子学习独立？让他们创业一回 285
山姆·沃尔顿送报纸 286
乔布斯做蓝盒子 288
和孩子合伙创业 289

37 如何帮助孩子建立历史观？ 293
小学的历史小书单 293
中学的历史小书单 294
阅读历史的方法 297
历史照亮人类未来 299

38 如何与孩子聊聊哲学？ 301
生与死 302
战争与和平 303
幸福与痛苦 306

39 如何用阅读培养孩子的职业规划力？ 309
职业规划的定义 310
来自乔布斯的启迪 311
如何帮助孩子选择未来之路？ 313

第九章 父母的自我成长

40 父母如何通过阅读告别焦虑，获得成长？ 317
耐心帮助孩子找到属于他的那扇窗 318
挤出属于自己的时间，做自己喜欢的事 319
多相聚，多运动 320
不断提升自己的认知水平 320

41 母亲如何通过阅读实现自我成长？ 326
唯有阅读，才能匹配孩子的未来 327
一些合理的阅读建议 330

云舟的话——代后记 333

第一部分 Part 1

少年阅读的新理念

第一章
让阅读有趣有益

1 孩子只爱读一类书，会不会涉猎太窄？
帮助孩子均衡搭配选择图书

很多爸爸妈妈都问过我同一个问题：我的孩子只爱读某一类书，会不会涉猎太窄呢？

书是孩子最重要的精神食粮，对于孩子的精神发育有着重大意义。所以，如果孩子在某个年龄段偏爱“吃”某一类精神食品，比如这一段他非常爱看动物小说，简直如痴如醉，这是没有问题的。我们应该允许孩子在某个阶段“偏食”，这也是由不同阶段孩子的心理成长特性所决定的。

一位妈妈跟我说，她的儿子今年8岁，只爱读科幻小说，她想让孩子读一下孔子的《论语》，孩子完全没兴趣。我问她，您儿子都读哪些科幻小说？她说，读凡尔纳的，也读刘慈欣的。我说，那很棒啊，他才8岁，已经能够读这些很高级的科幻作品，说明他的理解力很不一般啊！您为何要感到焦虑呢？这位妈妈也不好意思地笑了：“因为我自己是个国学迷。”

我们常说，不要把自己的梦想强加到孩子身上。在阅读这件事情上也是如此，我们应该尊重孩子自己的一些阅读偏好。

但如果孩子在很长的一个成长阶段都只读一类图书，比如在小学低年级阶段和高年级阶段都只读漫画，这就需要适当引导一下了。孩子的成长需要各方面的营养，精神成长更是如此。如果孩子长期只读一类书，那么他整个心智的发育就会因为缺乏均衡的营养而不够健全。

事实上，每个父母都是孩子的营养师，除了给孩子合理科学地配备食物营养外，也需要给孩子合理科学地配备精神营养，所以帮助孩子均衡搭配选择各类图书，是非常必要且有价值的。

为孩子选书的几个原则

很多家长在选书方面都比较简单直白："我的孩子×岁了，是男孩/女孩，请您帮忙给开个书单吧！"

为孩子选书是头等大事，但也是最具个性化、最有难度的事情。

我曾经说过，书就是一颗颗种子，它经由父母的手播撒在孩子们的心田。日后，那心田里是怎样的一番景象，是繁花似锦还是凄凉荒芜，就取决于当年所撒下的那些种子，是怎样的品质和属性。

如何成为一个最具慧眼的园丁，选出一颗颗好种子，种在孩子的心田？这考验家长的智慧、眼光、甄别力和鉴赏力，需要我们不断学习和自我提升，更需要我们倾听孩子的内心渴求。

如何帮助孩子选出适合他们的好书？我有几个原则：

第一个原则：建议孩子读一些非虚构类图书

图书分为虚构和非虚构两大类。虚构类指的是故事类、文学类图书，非虚构类指的是科技、百科、传记、方法论等图书。

我们这一代父母，在青少年时期主要读的是文学类作品，也就是虚构类图书，到了今天，大部分中小学的阅读指导书目里仍然是当年我们读过的那些文学作品。

时代的变化日新月异，科技的发展已经远远超越了我们的想象，未来正汹涌而来，我们的孩子——未来的主人，如果还只是读着我们当年读过的那些书，而没有任何更新，那么，当他们真正迈出校门走向社会的那一天，他们会发现，他们早已被未来抛到了身后。

未来要求孩子不仅是某一方面的专才，还要具有跨界、整合、创新、审美等多种能力，只有这样的通才才不会被人工智能所替代。如果我们期望着孩子读大学后再来培养这些能力，那已经为时过晚，这些能力一定是来源于年少时广博的阅读和丰富的兴趣培养。

所以，除了传统的文学经典外，我们需要给孩子们推荐或者支持孩子们阅读更多品类的图书，如科技、人物传记、历史、哲学、艺术、旅行、美食等各类图书和百科图书，帮助孩子不断拓宽自己的知识面和视野。唯有如此，才能满足未来对孩子的能力要求。

吴军老师在他的书《见识》里，对那些能够在职场上不断提升、有后劲儿的人和那些很快遇到职场天花板的人做了一番对比和研究，他的结论是：有后劲儿的人有着更宽广的视野，而这种视野来自其学生时代接受过的良好的通识教育。

让孩子从小接受通识教育的最简单、最经济且最有效的方法，便是让孩子们多读一些非虚构类图书，广泛涉猎，唯有如此，才能让他们在未来的国际社会具有更强大的竞争力，才能成为未来真正的世界公民。

第二个原则：选一些帮助孩子认知生命的图书

当下，关于各个年龄段学生的心理出现严重问题、轻生、校园霸凌的新闻并不少见，究其深层原因，皆是因为有的孩子对自己的生命和对他人的生命没有正确的认知，或者说根本没有认知。

有的孩子们在堆积如山的课本、各种课外培训班中学到的只是知识，不是人生的智慧，不是对世间万物的悲悯，不是对生命的热爱，所以他们对生命没有敬畏，没有尊重。

因此，孩子们迫切需要读一些关于生命教育的好书，来让他们学习如何珍爱自己，尊重他人，如何珍惜自己和别人的生命，如何感恩生命，让他们学会独立思考生命的价值，提升自己和他人相处、应对挫折、面对世界的能力，找到人生正确的方向。

第三个原则：建议孩子读有高贵气质的书

书是有气质的，我提倡给孩子读那些具有高贵气质的书。哪些书是具有高贵气质的呢？即有雅致隽永的文字、有对人性的深刻探讨、有对世间怀有慈悲仁爱之心的书籍 ，并且它们都是经过了时间和历史的检验而留下的，其品质和调性都毋庸置疑。

在我看来，《红楼梦》是有高贵气质的，“花谢花飞花满天，红消香断有谁怜”是永恒的经典；《草房子》是有高贵气质的，那蓝天下的草垛，风中的芦苇，河畔的夕阳，教室的金色屋顶所构成的唯美画卷是童年最美的梦；《城南旧事》是有高贵气质的，书中淡淡的哀愁，沉沉的相思，还有清新雅致的文字，感染了一代又一代人；《窗边的小豆豆》是有高贵气质的，小林校长的那句“你真是一个好孩子”温暖了无数孩子的心……

孩子如果在童年时代读的始终是这样一些具有高贵气质的书，那些美好的文字、优美的情怀、高尚的思想就会自然而然地流进孩子的心田，就会给他的人生铺就最温暖、最健康的底色。

第四个原则：建议孩子读一点帮助他们建立财富观的图书

如何让孩子从小养成正确的金钱观、消费观、理财观，如何让孩子学习用自己的劳动去换取财富，这是孩子成长过程的一大重要命题，也是让他们拥有幸福人生的重要基石之一。所以，我们家长有必要为孩子上好这重要一课。

财富观教育不是教孩子如何理财，而是关于价值观、人生观的教育，通过阅读，让孩子懂得如何对待父辈积累的财富，财富和幸福有着怎样的关系，财富和社会责任有着怎样的关系。

帮助孩子打造自己的阅读世界

每个孩子都是独特的生命个体，都有着不同的特质、爱好和品位，那么，他们的阅读世界也应该是有差异性的、有个性特征的、异彩纷呈的。

如何帮助孩子量身定制选出适合他的好书，帮助他去打造属于自己的阅读世界呢？

首先，我们需要在平时仔细观察孩子，发现他的阅读偏好，并且和孩子多沟通。可以问问他，你很喜欢读这类书吗？能和我分享一下你的感受吗？

如果孩子有自己的阅读偏爱，例如他最喜欢读文学类图书，那么家长可以多为他读一些或推荐一些文学经典，把这个作为“主菜”。同时，也帮助他配一些其他的小菜，如百科类的、科技类的等等。只有这样，孩子的精神营养才足够均衡，这也为他日后在中学阶段多学科的学习打下坚实的基础。

未来所需要的是T型人才，是既有宽泛扎实的基础知识，又有专业深入的技术技能的人才。而在孩子的小学、中学甚至大学时期，最重要的是要把T字中那一横写好，这是他们人生的根基。孩子如果在少年时代阅读过大量的杂书，构建了宽泛的知识结构和广博的视野，他们未来的人生定会有更大的宽度，有更多的选择，有更高的成就。

孩子的成长目标，首先应该是成为一个合格的人，一个身心健康的人，然后再是成为一个具备某项技能的优秀人才。

青少年的阅读，应该是对现有教育体系的补充，补齐目前教育中的短板，帮助他们获得更多对世界之美的体验，收获更多对生命的感悟，积累更多的人生智慧，从而构建一颗真正强大的内心，这才是他们美好人生的根基。

2 孩子对阅读没兴趣，怎么办？

用有趣好玩儿的方式激发他的阅读兴趣，帮助他建立阅读习惯

现在，很多父母都意识到了阅读的重要性和必要性，也投入了不少时间、精力和资金为孩子选书、买书，但也有不少妈妈向我倾诉过同一个苦恼：“我家孩子就喜欢看电视、玩手机，我给他买了不少书，递到他手边，他都不读，有什么办法呢？”

这一代的孩子出生在一个移动互联网时代，他们中不少人从小就是在各种电子产品的包围中长大的，他们就是这个移动互联网世界的原住民。想要把他们和移动互联网世界完全隔离开来，也不太现实。所以要想让年幼的孩子对阅读感兴趣、爱上阅读并最终形成长期且多元的阅读习惯，需要家长用一些有趣好玩儿的办法，在早期为孩子种下“阅读是一件有趣的事儿”这个基因。

阅读的时间战场：用阅读抢占孩子的大脑

如何让阅读这件事成为孩子生活、娱乐、休闲的一部分，让孩子在面对书籍、手机、iPad（苹果平板电脑）等众多选择时，仍然会在心里为书籍留有必不可少的一席之地？这是个需要智慧和耐力的命题。

儿童脑科学专家研究表明，0～3岁是大脑发育最迅速的阶段，3岁儿童的脑量能达到成人的90%，5岁时可达到成人的95%。所以，在儿童处于人生中大脑最活跃的时期，父母最需要做的是尽早建立孩子的阅读兴趣，3岁之前最好不让孩子触碰电子产品，和孩子相处期间，家长自己也要尽量避免和手机“粘连”。

有一些年轻的父母一看到年幼的宝宝哭闹，就把手机递给孩子，用动画片或短视频吸引孩子眼球、转移孩子的注意力。孩子可能会因此立刻停止哭闹，这种方法很轻松省事，但这种行为将会对孩子的大脑发育形成巨大影响，最直接的后果是让手机图像在孩子年幼的大脑里占据了主导地位。

每每遇到这种情景，我都会给年轻的父母建议：下一次，请试试递给孩子一本书吧，色彩明丽的，活泼有趣的，再给孩子讲讲其中的故事，孩子一定也会停止哭闹，把注意力转移到好看的书上。对于一张白纸的孩子来说，手机图像和色彩明丽的图书带给他的诱惑力和新奇感是没太大差异的，先入为主很重要。

我们都知道，苹果公司的创始人乔布斯禁止自己的孩子玩儿iPad，微软公司创始人比尔·盖茨也不让自己的女儿在14岁以前用手机。因为他们最清楚，过多使用电子产品会使孩子的大脑受到刺激，影响记忆力以及大脑发育，轻则可能会使得孩子睡眠不足，兴趣单一，情绪低沉，身体出现问题，重则导致孩子沉浸在电子虚拟世界里，不愿与外界交流。

我们帮助孩子建立起阅读习惯，如同身处一个时间战场，必须抢在电子产品之前，把阅读这件有趣的事情深深地植入孩子的大脑，让孩子对阅读形成认同、形成好感，最后形成依恋，这是让阅读与电子产品对决亦可立于不败之地最简单高效的方法。

打造家庭读书仪式

我们常说，生活需要仪式感，读书亦是如此。打造家庭阅读的硬件环境，营造家庭阅读的软性氛围，都是非常重要的事情，这需要我们投入资金、时间和心力去认真且坚持不懈地完成。

首先，要做好阅读的硬件环境建设——打造家庭图书馆。

在很多城市的家庭里，客厅的布局都是电视中心模式，即有一整面电视墙，旁边还配有电视柜，对面是大沙发，这里基本成了家中占地面积最大的地方，也是家庭成员的主要活动场所，而书房则往往被安排在一间次卧或阳台。

这样的家庭电视中心模式所散发和传递的信号是：看电视是一家人在一起度过闲暇时光的最主要方式，也曾是我们童年最美好的回忆之一。

随着移动互联网的兴起和智能手机的普及，这种家庭电视中心模式开始显露出诸多弊端。

随着每个人的业余时间越来越碎片化，大家对电视节目的需求也逐步被稀释。电视节目不外乎几类，一类是影视剧，我们没有大把时间去追；另一类是综艺娱乐，还有一类是社会新闻，这两类我们在两点一线的通勤间隙通过手机就能获取；还有一些优质的电视节目，如《朗读者》《中国诗词大会》《经典咏流传》，我们也可以通过互联网反复观看、学习。

换句话说，电视的社会历史地位逐渐式微，家庭电视中心模式在越来越多的家庭中让位于家庭图书馆、阅览室。

我家的客厅就经历了这样的演变。女儿七八岁时，我们家里的电视机几个月都不曾打开过一次，它成了一种摆设，我们所有的闲暇时光，几乎都是在阅读、看电影和聊天分享中度过的，所以我们一致决定，让图书成为客厅的新主角。

于是，我们把占据客厅面积最大的电视墙改造成了一大面书柜，里面摆满了我们每个人喜爱的各色图书，它们好似一个个老朋友和新朋友在那里列队冲我们点头微笑，等待我们的阅览。

站在新落成的“家庭图书馆”里，女儿发出了由衷的赞叹：

“妈妈，这才是我理想中家的样子！我们能在这里做很多喜欢的事情，看书、看电影，和朋友聊天，而不再成为电视的奴隶！”

我们把家庭电视中心模式转变成了阅读中心模式，期望让阅读（包括看优质电影和纪录片）成为家庭最主要的文化娱乐方式，让每个家庭成员都能从中汲取所需要的成长营养，这具有非凡的价值。

家庭图书馆建好之后，更重要的是软性环境的建设——不能让那些好书成为家里的摆设。家长需要把阅读当成一件每晚都要进行的仪式，用心经营。每晚在固定的时间，爸爸妈妈要放下手机、电脑和手头的工作，和孩子一起在这个家庭图书馆读自己喜欢的书，或是亲子共读，或是各自阅读。放下手机捧起书本的父母一定是孩子的模仿对象，父母真的是孩子的第一任老师。

在柔和的灯光下，阅读的那份温暖、安宁与美好，在每个家人的心中传递。在钱伯斯的“阅读循环圈”中，位于核心位置的是有思想有能力的成人阅读者，他们为孩子们创造出一个优质的阅读环境。而建设家庭图书馆、打造家庭读书仪式则是这个思想的具体落地行为。

激发孩子阅读兴趣的两个高效方法

如何激发孩子的阅读兴趣？

第一个方法是，给孩子找一个会讲故事的导读老师。

书本和孩子之间是存在一定距离的，需要用引导阅读的方式把孩子引入阅读的大门。如果想要让孩子爱上阅读，一定要告诉他，这本书有多么有趣好玩儿，这本书能为他带来哪些快乐和享受，这可是他干其他事情所体会不到的快乐。要先用有诱惑力的语言把孩子带进这本书中。

这个导读的任务由谁来完成呢？妈妈是最好的导读老师，尤其是在孩子的学前阶段和小学低年级阶段，妈妈需要手把手地把孩子带进阅读的美好世界，带着孩子读一本本好书。

除此之外，由原书改编上映的优质影视剧、纪录片也是最佳导读老师。在家庭图书馆里，虽然没有了电视机，但可以有一个投影仪和屏幕，我们依然可以从网上下载优质的电视剧、电影等，和孩子一起观看。

《红楼梦》是值得每个孩子阅读的文学巨著，但孩子刚开始接触这样的大部头时难免会产生畏难情绪，特别是刚开始独立阅读纯文字图书的孩子，他们往往读一两页就读不下去了。

我女儿云舟当时也遇到了这样的阅读障碍。我想，要用什么形式帮助孩子和书之间建立起一座桥梁呢？灵感袭来，我想到87版的电视剧《红楼梦》，这部电视剧制作精良，老少咸宜，女儿一定会喜欢！

于是，我和云舟一起观看了这部电视剧中的经典剧集，如黛玉初进贾府、元妃省亲、刘姥姥进大观园、黛玉葬花等。果然，孩子被这部电视剧深深吸引，并且通过观看了解了故事梗概，弄懂了人物之间的复杂关系，体会到了这部名著的精彩之处，这为她的阅读扫清了障碍。

当云舟重新拿起《红楼梦》后，便一头扎进了大观园的青春世界里，读得昏天黑地、废寝忘食。一个假期的时间，云舟便一口气啃完了这部大部头。

同样，《西游记》《三国演义》等经典名著，都有同名影视剧，可以让孩子们先看影视剧精彩剧集、片段之后再去看书，孩子在书里能读到影视剧里没有展现的更多细节和精彩之处，从而体会到阅读的乐趣，慢慢爱上阅读。

由此看来，优质的电视剧和电影就能成为会讲故事的导读老师，从而激发孩子更大的阅读乐趣。

这个会讲故事的导读老师的身份也可以多种多样，比如家长可以卖个关子，只讲故事的开头或精彩、紧张时刻，勾起孩子对故事的好奇心和阅读欲望；再比如把书中的一些经典片段改编成小短剧，让孩子和小伙伴们一起来进行角色表演；或者下载一个配音软件，让孩子给故事中不同的角色配音；也可以让孩子动手给书配上一幅自己设计的插画，给书中的人物画一幅肖像；等等。

激发孩子阅读兴趣的第二个方法是，把书里的世界和书外的世界有效链接起来。

阅读不仅是指读书本身，还包括读一读我们身边的人和事，读一读我们身处的这个世界。书中的世界和书外的世界相互依存、交相辉映，如果我们能帮孩子找到它们之间的奇妙链接，这必将加深他们对世界和人生的理解，也能促进他们以更大的热情投入阅读中。

例如，如果孩子去过故宫，他一定会爱上读《故宫里的大怪兽》；如果孩子参观过国家博物馆，他一定会对《上下五千年》这本书感兴趣；如果孩子看过长江边的风景，他一定会对“乱石穿空、惊涛拍岸，卷起千堆雪”的千古名句有更深刻的领悟……

在阅读中体验多元的人生，在旅途中验证书中的文字，读万卷书，行万里路，从来都是人生中饶有趣味的两件事情。

由此，阅读才能在孩子的心里真正丰富和立体起来。书里书外的两个世界叠加在一起所产生的化学反应，不断刺激着孩子的心智成长。

通过建造家庭图书馆，打造家庭读书仪式，从而帮助孩子爱上阅读，让阅读成为他们的日常习惯且觉得“一日不读，无聊且无趣”，最终帮孩子成为一个有思想、有见识的终身阅读爱好者，这是父母赠予孩子成长最好的礼物。

3 孩子只爱听书，可以不用读原著了吗？

听书更大的效应类似于导读

在读书分享中，有一个问题被众多家长反复问及：现在有不少线上平台都推出了少儿的听书节目和童书的视频节目，孩子很爱听也很爱看这类节目，这对于孩子的阅读积累是不是一件好事？孩子听完书后，是否就可以不用再阅读纸质图书了？

这些问题其实是传统阅读和听书等数字化阅读的逻辑关系问题，需要梳理清楚。数字化阅读对于青少年，呈现出与成年人完全不同的价值和意义，因此有着不同的使用方法。

听书＝导读老师

目前，很多线上平台都在促进青少年阅读方面做了不少有益的尝试，他们用音频和视频方式，对传统纸书进行多维处理，邀请专家老师对书做深度解读，增加对作者和创作背景等的介绍，对书的内容做归纳、梳理、提炼和延伸，丰富书中内容的视觉和听觉体验，这些无疑都对激发孩子的阅读兴趣起到了很好的促进作用，但它们更像是在不知不觉间承担了“导读”的功能。

我曾在某平台上推出过一档《精读全球好书》的节目，在一周内把一本书拆成了“精读+延伸阅读+给父母的一封信”三个部分。精读是给孩子们精讲这本书；延伸阅读是为孩子介绍与本书相关的知识、书背后的故事；给父母的一封信是告诉他们，为何我们要推荐这本书，以及孩子读完这本书后将收获什么。

节目播出后，很多听众都表示，孩子听完后对书产生了极大的兴趣，马上就去买纸书来看，迫不及待地想读全部内容，这其实就是听书节目对图书所起到的很好的导读作用。

在新媒体时代，家长们可以用优质的电影、纪录片、音频产品等作为孩子们的导读老师，激发他们的阅读兴趣，同时让他们在阅读后加深理解，拓展思维边界。如果能把数字阅读和传统阅读相结合，做一些创新的尝试，会有意想不到的效果。

我曾在一些家长微信群里，每两周给孩子们推荐一本书，讲述推荐理由的同时分享一些家庭共读的方法和需要重点读的章节。家长们跟着节奏在线下带着孩子共读。坚持了一个月后，大家都表示很有收获。

例如，我给孩子们推荐阅读《中国百年文学经典桥梁书》中的《城南旧事》，很多父母在和孩子共读完后，还从网上找了电影《城南旧事》，和孩子一起观看。他们都说，孩子和自己看得潸然泪下，理解和感受比不看书更深刻。

一位爸爸给孩子讲述了书中的主题曲《送别》背后的故事，还回忆起了自己中学毕业时和同窗好友含泪唱起这首《送别》的场景。这位爸爸把他们的阅读故事拍成了小视频分享到了群里，大家纷纷点赞。孩子和父母的情感在这样的共读中产生了深深的共鸣，共同完成了一次精神成长，这样的共读无疑是有价值的。

听书能否替代读原著?

孩子们听书，能否提升他们的阅读力呢?

我们先来了解一下什么是阅读力。阅读力即快速读文本，抓取关键词和信息，进行分析、归纳、逻辑推理以及想象和创造的能力。传统阅读即阅读纸质书是最符合阅读二字本意的。阅是眼睛看，心灵愉悦；读，是大声诵读或默默阅读，体会到文字之美，阅读之美。

听书，只是在听，但阅读中最重要的感官——眼睛，并没有调动起来，而且听的时候容易注意力不集中，一些重要的关键信息容易一听而过，很难抓取到。所以，听书并不是真正意义上的阅读，从听书中培养孩子的整体和长期阅读能力，这是很难办到的。阅读力的培养，一定是来源于传统阅读。

听书、看视频能激发起孩子的阅读兴趣，帮助孩子降低阅读门槛，尤其是针对一些大部头的作品。但这样的听书、“看书”有时也会阻碍孩子的想象力。例如读《红楼梦》，100个人心中有100个林黛玉，但视频却很直观地把林黛玉展现出来，这其实是把孩子们的思维框住了，反而是单纯的文字更能激发孩子的想象力。所以对于孩子来说，传统阅读是提升理解力、想象力和创造力的重要方式，而这些正是他们学习力的基础。

有些父母给孩子买一个听书产品，然后把手机或iPad递给孩子，以为这样就可以让孩子好好读书，自己也能解放了，但这样的做法是万万不可取的。

听书对于成年人和青少年，有着截然不同的使用方式和意义。

已经具备了阅读能力的成年人，由于工作繁忙、时间紧张，可以利用听书这种方式最优化地利用自己的碎片时间，快速抓取当下最前沿的知识，有效扩充、迭代自己的认知，是一种值得提倡的学习方式。

听书也是我的学习方式之一。在上下班途中，在做家务时，在散步时，听书让我把这些零零散散的时间实现了价值最大化。每每听完一本好书，总觉得还不过瘾，一定要买回来纸质书再细细研读一遍，才算是获得了阅读的满足感。这就好比是先闻到了酒香，发现了好酒，还一定要买来品尝，才算是了了心愿。

听书对于成年人是一种很有价值的泛读方式，把听过的好书再细细研读，则是进一步的精读。

而青少年正处于阅读力形成的关键时期，而阅读力的培养和提升一定是通过阅读文字图书来获得的。在阅读纸质书的过程中，孩子的眼睛和心灵都始终处于一个活跃积极且专注的状态，眼睛快速获取文字信息，心灵在提问，在想象，在汲取书中的养分。在阅读的过程中，孩子还将掌握找到关键词、抓取文中重点信息等关键的阅读能力。

更重要的是，读纸质书时，孩子能体会到原著的文字之美，能实现与作者的零距离心灵对话，能更准确地捕捉到作者想要表达的思想与文章内核，领会到文字背后的深意。并且在读书时，孩子能按照自己的阅读节奏，时不时停下来圈圈点点，思考片刻，这些都是听书做不到的。

对于孩子来说，听书和读原著，就相当于吃方便面和吃营养大餐的区别。真正的阅读一定是孩子的心灵所享受的大餐。所以对于青少年而言，听书是一定不能替代读原著的。

当一个小讲书人：孩子读书，重要的还有输出

有一些妈妈问我：“我的孩子就喜欢听书，不喜欢自己读书，有什么方法能引导他有所转变呢？”

有个7岁的小男孩叫宽宽，他的妈妈也曾为他只爱听书不爱读书而发愁。有一次，当宽宽听完书后，赞叹道：“老师讲得太精彩

了！我真喜欢听！”

妈妈说：“要不，你也来试着讲一本书？我把你的讲书录个短视频，放到抖音上去，怎么样？”宽宽听后说：“好啊好啊，这个好玩儿，那我试试！”

妈妈说：“讲书的前提是一定要先读书，只有你读过了原著，有了自己的深切感受，才能讲得出来有意思的内容，才能讲得精彩！”

于是，宽宽选了几本他听过的感兴趣的书认真读了起来。他发现，书里还有那么多音频里没有讲到的细节，真是太精彩太有趣了！

宽宽读完之后，开始学着老师的样子讲起书来，居然有模有样。妈妈把他讲书的小视频放到抖音上，引来很多人点赞，这大大增强了宽宽的自信！之后，宽宽又录了几个讲书的小视频，他的妈妈还为他专门开了一个视频号，现在已经积累了不少粉丝。

就这样，宽宽妈妈成功地让宽宽从一个听书爱好者进化成了一个讲书小达人！如此有智慧的做法值得借鉴。

有好几位妈妈都曾跟我说过，每天下班后给孩子读绘本、讲故事，真的是好累啊，现在有听书就简单多了，把手机扔给孩子，让他听书，妈妈就解放出来了。

但是听书能代替父母与孩子之间的亲子共读吗？亲子共读传递的不仅仅是知识和智慧，更是父母和孩子对彼此的爱与温暖，这是孩子成长的经典仪式，是父母与孩子赠予彼此最动人的时光礼物，是不应该被任何电子阅读取代的。

如果父母很疲惫，没有精力给孩子讲书了，那么听书的时候，我提倡父母可以和孩子一起听，一起度过这段难得的学习时光、快乐时光。听完书后，最好还能和孩子一起聊聊书中的故事，书中主人公的命运，这样能和孩子之间增加很多有益有趣的互动话题，并由此建立起更加良好的亲子关系。

总而言之，听书等数字化阅读能够激发孩子的阅读兴趣，增加他们对原著的理解，拓展他们的知识边界。家长可以为孩子买一些这样的产品，但听完之后，一定要帮孩子找来他感兴趣的原著认真读一读，只有这样，才能培养孩子真正的阅读力。

阅读的最终目的是为孩子打开一个全新的世界，让他们看见过去与未来。一个人的见识和阅历，最终决定了他人生之河的长度和宽度。而阅读是增加见识，与智者对话最快速、经济、有效的方式。听书和纸质书阅读的结合能更大限度地为孩子打开世界的大门，全面提升他们的持久阅读力。

4 亲子阅读就够了吗？

家庭共读，同频成长

亲子共读是一个很普及的概念，也是很多父母每天都坚持和孩子一起做的一件事情。但也有妈妈跟我说："我和孩子已经坚持亲子共读好几年了，现在他都读小学了，可还是不喜欢自己读书，还想我每天给他读书，这可怎么办啊？"

有一些专业人士指出，这都是亲子共读造成的问题，亲子共读是一种错误的阅读方式，从小就应该让孩子独立阅读。

钱伯斯的"阅读循环圈"理论指出，有能力的成人阅读者是孩子童年时代阅读的引路人。我多年的阅读教育实践证明了这个观点的正确性，再加之深入研究了找我咨询过的上千例儿童阅读案例后，我总结出：亲子阅读本身没有问题，但如果把亲子阅读贯穿到孩子的整个成长阶段，那才是有问题的；亲子共读远远不能满足孩子的成长需求，我更加提倡"家庭共读"。

都是亲子共读惹的祸？

亲子共读是在孩子没有识字之前的一种正确阅读方式，家长需要注意的是把控好亲子阅读的年龄段，并且要有正确的方法。之所以会出现上述那位妈妈所讲的问题，是因为那位妈妈把亲子阅读的时段过分延长，并且没有掌握正确的方法。

有一些老师反对亲子阅读，理由是它不利于培养孩子的阅读能力和阅读习惯。首先，阅读的首要目的不是培养孩子的阅读能力，而是帮助父母把孩子培养成一个身心健康、阳光开朗、有目标感的优秀少年。而亲子阅读无疑是孩子幼年和童年时代最好的教育工具之一，它把一颗颗最美好的种子——爱、勇气、坚持、独立……播撒进孩子的心田，并帮助他们养成良好的学习和做事习惯，这才是阅读最重要的功效。

至于阅读能力，即阅读纯文字图书，找出关键词和重点句子，并理解、归纳、延伸的能力，那是孩子读小学之后需要培养的能力，通过正确的训练便可以达到。而阅读习惯的培养，只要父母和孩子坚持进行正确的亲子阅读，孩子自然而然地都会爱上读书，享受阅读，这一点是毋庸置疑的。

有一些家长对我说，他们把选书权交给孩子，让孩子自己选书，可孩子选的全是一些低俗搞笑的漫画，并读得津津有味，读完一套又一套，这样行吗？我的回答是，孩子的童年时光非常宝贵，而阅读的时间又更加珍贵，所以一定要在这样珍贵而有限的时间里让孩子尽量阅读一些有营养的好书，不然的话，孩子看似在阅读，也很快乐，但享受的只是一些“垃圾快乐”，这实在是太令人惋惜了。

孩子的阅读需要有智慧有见识的成年人的指引与帮助，在孩子不同的成长阶段，父母在阅读中扮演着不同的角色。需要注意的是，随着孩子年龄的增长，父母与孩子的共读不必再在一个时空里了，但一定要在一个心灵通道里。所以，我把这种阅读模式称为“家庭共读”。

在孩子不同的年龄阶段，家庭共读有着不同的形式和内容。

0～2岁应该怎么共读？

在孩子的童年和幼年时代，亲子共读是孩子和父母之间最经典的仪式，它是其他任何形式都替代不了的成长通道，是孩子从小培养阅读习惯的最佳方式，是孩子与父母之间建立深厚感情的重要纽带之一。

两代人的共读，不仅是知识的传递，也是情感的交流。孩子坐在妈妈的怀里，手上翻着书，眼睛看着书中的画面，耳朵听着妈妈的声音，这样的亲子共读有利于充分激发孩子的阅读兴趣，从而建立终生的读书习惯，也更加具有互动性和趣味性，能丰满孩子长久的记忆力，激发他们鲜活的想象力。

0～2岁是儿童的听力和语言能力发育的启蒙期，亲子共读如果能从这个时候开始，应该是帮助孩子建立阅读兴趣的黄金时间点。阅读的内容，我建议以色彩简单明了的绘本故事和古典诗歌为上选。

在宝贝开始牙牙学语之时，妈妈就把唐诗当成最好的儿歌念给他听；在他开始玩玩具时，就把书本当作可以啃、可以撕的玩具。这样就能让宝贝从幼年时代开始，便与书本结下不解之缘。

我清楚地记得，在我女儿半岁还满床爬的时候，我就追在她后面，给她念《声律启蒙》中好听的儿歌，她经常会停下来，用亮晶晶的眼睛望着我，满心欢喜的样子。

她一岁以后，我开始每晚给她念一首唐诗，专挑那些最简单最朗朗上口的句子读给她听。而每次，她听到“朝辞白帝彩云间，千里江陵一日还。两岸猿声啼不住，轻舟已过万重山”的时候，就会咯咯咯地笑出声来。每每她听到“举头望明月，低头思故乡”时，便会安静下来，学着我的样子望向窗外。我想，虽然她还听不懂其中的含义，但孩子的心灵是最敏感最纯净的，那样美的声律、那样忧伤的情怀一定打动了她吧。

后来，云舟陆陆续续写了很多诗歌。我想，这一定是早年她听到的那些诗歌在她稚嫩的心灵生根发芽、不断生长的结果。

除了诗歌之外，经典的童话是给孩子的心灵最美的滋养，同时也是最有效的哄睡神器。

在女儿一两岁的时候，夜晚，我总是用一个个童话小故事哄她入眠。在昏暗的灯光下，用最温暖最动人的声音给她娓娓道来，然后看着她在我身边慢慢闭上眼睛，进入甜美的梦乡。

为此，我每天都要认真“备课”，买来成套的童话故事，一一熟读熟记于心，只是为了让女儿能枕着世上最美的童话入眠。《安徒生童话》《格林童话》等传世经典，语言优美，情节生动，寓意深刻，也许孩子那么小，还不能完全理解童话中的内容，但妈妈用童话为他们营造的一个个充满梦幻色彩的世界，足以让他们回味一生。

2～6岁如何共读？

2岁以后，孩子基本上都能够独立地说话与表达了。这个时候，亲子共读在他们的智力发育过程中发挥着愈加重要的作用。这个阶段，优秀的儿童文学、图文并茂的少儿百科全书成了亲子共读的主题。

我记得，女儿2岁以后，每晚的8点至8点半便成为她固定的阅读时间。每当此时，她就坐在小板凳上，我坐在旁边的大板凳上，开始我们的共读时光。从《小王子》《丑小鸭》到《海的女儿》，从《不一样的卡梅拉》到《美国国家地理少儿百科》……这一个一个的30分钟，宁静而美好，浪漫而温馨，刻满了女儿成长的一步步足印，也是女儿赠予我的最值得珍藏的人生记忆。

到了后来，云舟每天吃完晚饭，就早早把两个板凳排好，坐在那里等着我了，这已经成了她每天最盼望的事。从那时起，阅读就开始成为继吃饭、喝水、睡觉之外，每天的必做之事，成为她的一种必然需求。

遇到她喜欢的故事、段落、句子，她就会指着书，让我反反复复地读给她听。她一遍遍地听着那些已经熟悉的故事，常常把自己想象为其中的一员，开始和书中的主人公对话，和书中的人物共同迎接挑战。这就是孩子享受阅读的过程吧，阅读的魅力也正在于此。

在我给她读完书之后，她常常会自己拿起书认真翻看。有一次，她说："妈妈，这个故事的结尾我不喜欢。"我说："那你就讲讲你喜欢的结尾吧！"于是，她便绘声绘色地讲了起来。我发现她讲的结尾更浪漫更圆满，便热烈鼓掌，大声叫好。从此，她喜欢上了给听过的故事改编结尾，并乐在其中。

后来，云舟常常会自己翻看那些喜欢的绘本，按照自己的想象，编一个完全不同的故事，讲给我听。小作家也许就是从那时候开始萌芽的吧！

在云舟的学前时代，我身边的很多家长会为"我的孩子已经认识一百个字了"而自豪。可是我没有让云舟学习认字，只是不断地为她念书、与她共读。我认为，那几百个字迟早都是要认识的，没有什么大不了的，但用阅读开启孩子的心智之门才是童年时代最重要的事。

小学低年级如何共读？

小学一、二年级，孩子将完成从拼音到汉字的基础学习。所以这个时候，我主张，孩子的阅读以桥梁书为主。桥梁书的形式是文字配拼音、图画，孩子们在阅读中可以完成从拼音阅读逐渐过渡到文字阅读，边读边巩固他所学的汉字，开始体会独立阅读的成就感。

独立阅读是孩子人生的第二次独立。第一次是他一岁时，从扶着妈妈的手蹒跚学步，到最后甩开妈妈的手独立行走。第二次就是从亲子阅读过渡到独立阅读。

这个时段家长需要做的有几点：（1）果断放手，告诉孩子，从今天开始我不再给你读每一本书了，你要开始学会独立阅读；（2）鼓励孩子，告诉他“你能行！”；（3）当孩子在独立阅读中摔跤，即遇到阅读困难读不下去时，告诉他“没有关系，坚持下去，多读几次，你就能学会了”。

如果孩子还要求父母给他读书，则可以这样回答他：“你不是一直渴望成为一个独立的人，不再被爸爸妈妈事事管着吗？那么，从现在开始，我们把独立的权利交给你，你要用好它，要开始学着自己的事情自己做，自己的作业自己写，自己的书自己读。只有这样，你才能真正学会独立。”

上了小学之后，云舟开始正式学习识字。这时我为她买了不少桥梁书，都是文字配拼音、图画的形式，很快就让孩子进入了独立阅读。其中的一套《中国百年文学经典桥梁书》她尤其喜欢，里面的插图清新淡雅，所选文章都是朱自清、鲁迅、林海音等大家的经典作品，读起来满口生香。她反反复复地读了好多遍，直至能把其中的一些段落倒背如流。遇到一些生字和不懂的词语，她会来问我，而我会和她一起查字典解决。阅读中的疑问，她会记录下来，然后和我讨论。

云舟喜欢画画，此时的她常常会为她喜欢的书画一个新的封面，或者画一幅插图，画一幅书中的人物肖像，这是她阅读后的一种自发行为，也能让她加深对人物的理解。

另外，在这个阶段，我还是时不时给她念书。因为她的识字量还不是很够，但是她的理解力已经远远超越了她的识字能力，所以为她念书能为她打开一个更广阔的世界。

小学三年级后如何共读？

进入小学三年级后，孩子已经完成识字阶段，应该让他学会用自己所学的汉字，在没有家长的陪同下，独立阅读适合他的图书了。但是，进入这个阶段，并不意味着家长与孩子共读的历史任务已经完成。

恰恰相反，我认为，此时的亲子共读进入了一个最关键的阶段，因为这之后正是孩子的认知能力突飞猛进，开始睁开眼看世界看人生，开始逐渐形成三观的时期。做父母的如果能够做到读他所读，爱他所爱，与孩子形成良性互动，那么，阅读就将真正发挥出它最强大的功效，帮助孩子解决一系列成长的烦恼，也将化解家长们的不少焦虑。

到了二年级的暑假，云舟开始进入独立阅读阶段。但这时候，我认为我的共读重任并没有完成，而是进入了另一个阶段——与她讨论，一起成长。云舟读的每一本书我都要读一遍，然后和她一起回味、讨论与分享。我们一起讨论书中主人公的命运、书中的悲欢离合，一起分享她的收获与体会、她的领悟与成长……

读完《红楼梦》，云舟发出感叹："贾宝玉真是一个好男生，他对女孩子那么尊重那么爱护，我们班的男生没有一个是他这样的。"我说："所以，你可以在你们班上发起一个关于贾宝玉的讨论会哟！"

读完《哈利·波特》全集，云舟说："J.K.罗琳是我的偶像，我也要成为一个像她那样伟大的女作家。"我说："好啊，那就加油吧，我们都期待着你呢。"

读完《诗经》里的"桃之夭夭，灼灼其华"，云舟说她找到了中国文字如此之美的源头。

北京的冬天漫长而寒冷，在很多个周末，我和云舟没有奋战在奥数的补习班里，没有挤在作文辅导班里，而是泡在一个个充溢着香气的咖啡馆里，各自捧着一本书，度过了一段段惬意的共读时光。

读完青春文学《最好的我们》，我们讨论了作者那种简洁直白的写法，云舟说："我觉得这样写挺好的！直截了当、痛快利索，省去了那么多废话。老妈，这就是我们年轻人的表达方式，我觉得这样写很酷。"

我想了想，觉得这是对的。要想和女儿这一代人一直在一个思想频道上，我必须让自己弯下腰来，倾听他们内心的声音，让自己的观点不断更新，让自己的思想与时俱进。而云舟也在此过程中慢慢开始学会矫正自己的一些偏颇之处，学会用更包容的心态接纳别人的观点。

这样的讨论是对她阅读的升华。更重要的是，在这样漫长的共读过程中，我和孩子慢慢建立起了一致的价值观：要简单快乐地生活，做人要正直善良，做事要有责任、有担当等。我们通过一种最自然的方式不着痕迹地将这种价值观传递给了孩子，让她愉悦地接受，这会比父母干巴巴的说教强一千倍。

小学高年级后，云舟偶尔也会和我闹小脾气，也会回到家就关上门，沉浸在自己的小世界里。但我从来都不担心，因为我理解她，因为我知道，一旦她遇到了任何成长的烦恼，都会来向我们倾诉，我们会给她提供最直接的支援和帮助。因为我知道，多年的家庭共读已经在我们的心里建立起牢不可摧的根系，哪怕今后她的人生大树枝繁叶茂，伸进云里，但是我们的根永远紧紧地拥在一起。这才是家庭共读最大的意义。

5 如何纾解青春期孩子的叛逆？
通过共读和青春期的孩子成为好朋友

绝大部分的孩子进入青春期后都会出现不同程度的叛逆，如不爱与父母沟通，动不动与父母吵架，听不进去父母的任何话，厌学、出走，家长们尤其是妈妈们对此深感苦恼，无能为力。

通过实践我发现，纾解青春期叛逆的最有效方法是家长和孩子成为朋友，并且是成为好朋友。但事实上，很多青春期的孩子紧闭心门，不愿和家长沟通交流，那么，如何打开他们的心门，和他们成为好朋友呢？

初秋的故事

初秋是云舟的同学，一个安静而美丽的女孩子，她喜爱画画，颇具艺术天赋。她的妈妈优雅知性，任职于北京一家世界500强公司，是典型的外企女精英。

小学时，初秋温顺乖巧，成绩优秀，是众人眼中的乖乖女。上初中以后，一天深夜，我接到她妈妈的电话，电话那端传来她妈妈焦灼的声音：“初秋离家出走了，微信联系不上，打电话也不接，你们知不知道她去了哪里？”最终，在那个深秋的雨夜，我们一起找到了一脸泪痕的孩子。之后，初秋开始和父母爆发严重冲突，接二连三地出走、逃课。她的妈妈辞掉了工作，开始每天亲自接送她上下学，每天在校门口拿着她爱吃的零食接她。可是初秋似乎根本不领情，见了妈妈就甩出一张冷脸，在路上也不愿和妈妈多说一句话。她无心学习，开始专注于打扮自己，并要求父母给她更多的零花钱，买更多的名牌衣服，理由是："不这样，我在学校里怎么混得下去？"

她妈妈约我出来聊聊，说起初秋的事情泣不成声。"我怎么都想不通，我当初的那个女儿到哪里去了？我已经心力交瘁，不知道该怎么做了？"

之后，我邀请初秋和云舟一起，逛了北京某知名商场，那里云集了世界各地顶级奢侈品品牌，初秋如数家珍地为我讲解了很多奢侈品的美学逻辑和背后的故事，让我大长知识。

我对她说："宝贝，你太棒了！今天我跟你学到了很多新东西！"初秋的脸上露出了开心的笑容，她说："周阿姨，你知道吗？我对奢侈品品牌可感兴趣了，我决定以后去做跟奢侈品相关的工作！"

"是吗？那可要祝贺你啊，你找到了未来的方向。不过，你知道吗，这可不是一个轻松的选择，这个行业并不像你想象中的那样光鲜亮丽，而是充满了压力与挑战，而且需要有很高的学历背景和丰富的经验，才能进入你心中的顶级奢侈品公司工作。我有个朋友，在法国拿到了艺术专业的MBA（工商管理硕士）学位，又在时尚杂志集团工作了好几年之后，才得以进入××公司的。所以，知识、学历和经验是进入这个行业不可或缺的通行证。"

听了我这番话，初秋认真地点点头，思索起来。后来，她父母认真分析，认为是孩子在学校里交了一些不好的朋友才导致这种变化，决定为她转学，最终他们选择了南方A市的一所国际学校，希望为她换个新的环境，从头开始。他们全家都搬家去了A市，但进入国际学校的初秋，更加找不到价值感了，身边的同学都是富家子弟，大家炫耀的都是自己的名牌和家里的财富。她一度陷入了青春期抑郁。

初秋的妈妈对女儿的青春期问题做了一次深刻的反思：

> 初秋之所以成长为今天这个样子，和我这个妈妈有很大的关系。
>
> 孩子出生时，我在外企打拼，工作压力很大，每天回家都累得半死，只想着自己休息一下，刷刷手机。我很少陪伴女儿，更没有陪她阅读过，也不知道陪孩子阅读的重要性，不知道阅读是人生中最重要的精神滋养。对于我们这些外企人，阅读是一种太奢侈的行为，我自己都没有时间阅读，怎么有能力去影响孩子？所以，第一次当妈妈的我不是一个合格的母亲。
>
> 正因为我在孩子童年时的偷懒和不作为，才带来了初秋青春期的大爆发。扪心自问，我是用什么养大的孩子？是用物质，而不是用精神。我给了孩子最好的物质条件，却没有给到她价值观的引领。到了青春期后，初秋开始天天无所事事，没有人生目标，就是因为她没有找到自己的精神支撑。
>
> 做父母的，最应该重视的是孩子的精神成长、情感成长，同时也要注重自我的成长。看完您的书，我大为震动，您说的用共读的方式实现两代人的同频成长，对我和女儿太有帮助了。
>
> 按照您书中的建议，最近，我和初秋刚刚一起读了《可可·香奈儿传》。香奈儿是时尚界的传奇女性，是初秋心中的女神，之前我对她并不是很了解，但读完这本书，我和女儿都被香奈儿女士坎坷的一生所感动，更为她的坚强、独立、自信、自强不息所折服，就如同书中她说的“我的生活

不曾取悦于我，所以我创造了自己的生活”。

初秋说，她开始醒悟了，之前和同学比谁打扮得更时尚、比谁家更富有，真的是太错误太无聊了，简直令人羞耻。只有比谁的学习更好，谁的综合素质更高，那才是自己的真本事。她说，她也需要去创造自己的生活。

中考后，初秋没能获得理想的成绩，她决定报考美术学院附中，向着心中的梦想迈进。这一次，她的父母尊重并支持了她的选择。他们把她送到一个美术画室，进行异常严格的美术训练。经过一年的艰苦备战，今年9月，初秋终于如愿以偿地进入了她向往的那所美院附中，开始了一段新的人生旅程。

在给父母的信中，她这样写道：“尽管这里的硬件环境远远比不上之前的学校，但我每天都过得很开心，因为我终于找到了我的热爱，做着我喜欢的事情，而且，我终于感到自己是自由的了，从身体到心灵！”

初秋的妈妈说：“我女儿用阅读的方式，找到了人生的目标感，找到了人生的方向和意义，我真为她高兴。”

和青春期的孩子做朋友

初秋妈妈曾经对我说：“我很羡慕你和云舟之间的关系，你们母女很像一对好朋友，而且云舟好像并没有表现出什么青春期的叛逆。”

我笑着说：“哪里，云舟也有青春的迷茫和困惑，但是她依然和我聊她的种种故事，分享她的阅读心得、成长感悟，她依然把我当成她的知心朋友，无话不淡。”

例如昨天晚上，我与云舟一起读了《中国群星闪耀时》，我们一起聊了蔡元培、钱锺书的故事，萧红的故事。我们还讨论了张爱玲和萧红的写作风格有何不同。

在和女儿近一个小时的对话里，我仿佛也回到了自己的青葱岁月，回到了那些编织着诗与梦的年华。可以说，是共同的阅读爱好和对文学的喜好，拉近了我与女儿的心灵距离，让我始终和她生活在同一个精神世界里，并有着彼此理解的话语体系。

女儿读初中之后，我常常在晚餐时间给她讲讲我在工作中遇到的难题和挑战，云舟给了我很多的优质建议，有的建议还充满创意，让我茅塞顿开，让我不得不感叹后生可畏。由此非常感谢我的女儿。而在睡前时光，我们会彼此慰藉，温柔地互道晚安。

青春期孩子的内心其实非常孤独，也非常迷茫，在他们酷酷的外表下，是一颗寂寞彷徨的心。他们非常渴望得到理解，渴望得到认同，渴望我们家长如同好朋友一般与他们欢笑、沟通与协作。

可能很多家长会说，孩子现在和我几乎没什么话可说了，还怎么成为朋友呢？

如果父母能够做到读孩子所读，爱孩子所爱，并与孩子形成良性互动，那么，阅读就将真正发挥出它最强大的功效，帮助孩子解决一系列成长的烦恼，也将化解家长们的不少焦虑。

云舟上中学之后，除了我给她推荐好书之外，她也把自己喜欢的好书推荐给我读，例如《谁的青春不迷茫》（刘同著）、《我的天才女友》（埃莱娜·费兰特著）。通过阅读这些孩子们都喜欢的青春文学作品，再通过和女儿对作品的讨论，我能够进入他们的精神世界，更好地理解这一代00后，理解他们的好恶，理解他们内心的真实想法，理解他们的行为准则和志趣所在。

上一代总是多多少少有些看不惯下一代的，认为他们喜欢一些乱七八糟的东西，认为他们不够勤奋，不够节俭……而下一代则总是认为上一代思想陈旧、老套、啰唆，和自己缺乏共同语言。纵观各国，情况无不如此。

回想我们年轻的时候，我们和父辈之间就常常因为存在这样的代沟而无法做到很好的沟通。那么到了我们和自己的孩子这一代，打破这种认知僵局和沟通障碍的最佳办法就是共读。

通过共读的方式，两代人建立起无障碍的沟通，实现同频成长。更重要的是，父母和孩子之间构建起一致的价值观，由此相互理解、相互尊重、信任和支持，会让成长的很多问题迎刃而解。

这才是纾解让无数家长头疼的孩子青春期问题的有效药方。

和初秋妈妈通完电话，我打开手机，翻看了初秋最近几天的朋友圈。照片上，初秋已经是亭亭玉立的大女孩了。在远方的夕阳下，她静静地微笑着，眼神里是一份崭新的自信、安宁与坚定。祝福你，孩子，祝你成为你想成为的自己，开启一个美好的新世界！

6 如何建立更优质的青春期亲子关系？

做孩子的成长合伙人

这几年，我收到过不少妈妈的邮件和私信，她们纷纷向我倾诉与青春期孩子相处的烦恼，说孩子到了青春期之后像是变了一个人，变得父母都快不认识了，孩子叛逆、易怒、厌学、沉迷游戏，和父母的关系降到冰点。

在全球范围内，青春期孩子的问题都不同程度地让父母焦虑、揪心，缺乏有效的解决办法。数据显示，初高中生宁可跟网友说心里话，也不爱跟父母沟通，表示愿意跟父母说心里话的高中生仅有20%左右。如何与00后重建亲子关系，是值得每一位父母认真思索的重大课题，也是摆在每一个家长面前的严峻挑战！

什么样的亲子关系才是青春期孩子们所期望的？什么样的亲子关系既能帮助青春期的孩子身心健康地成长，完成人生的阶段性目标，又能让家长感觉轻松自如呢？

孩子的心愿：希望父母能和我们像朋友一样

涵涵是云舟的同学，她的妈妈曾在一家知名外企工作，涵涵读小学后，便辞职成为全职妈妈，每天接涵涵上学放学，为她准备可口的晚餐，无微不至地照顾她，无时无刻不陪在她左右。

读五年级时，涵涵悄悄对云舟说："你知道吗？我简直快要窒息了！我妈把我管得像犯人一样。昨天我妈终于答应我一个人去买东西了，我下楼去买瓶可乐，本来还挺高兴的，结果走到楼下，一回头，看见我妈正趴在窗边死死地盯着我呢！”她叹了一口气，接着说，“我感觉，我妈就是唐僧，念着紧箍咒，给我脑袋上戴了一个圈儿，只要我跑远点儿，就要被她的咒语给拉回来。我从来感受不到她对我的信任。”

这是一位典型的直升机似的妈妈，成日盘旋在孩子上方。上中学后，听说涵涵常常和妈妈爆发激烈争吵，孩子还为此离家出走过。涵涵妈妈约我聊过一次，她认真地反思了自己：“我非常缺乏安全感，所以，我对涵涵的干预和过度关注，其实是想给我自己安全感，日积月累，涵涵才心生怨恨，才会在青春期大爆发，还说要为了自由向我宣战。之前，我感到很委屈，我为了她放弃了高薪的工作，一天到晚陪伴她，可她丝毫不领情，到现在我开始醒悟，她是她，我是我，我们不能无时无刻地捆绑在一起，那会让我们俩都感到窒息。任何的爱，都需要空间和自由。”

冰冰是我一位亲戚的孩子，今年14岁。他的妈妈向我倾诉了自己的担忧：“孩子都初二了，显得很胆小、懦弱，说话有气无力，凡事都不愿意自己拿主意，口头禅就是，随便，都行，你定！这哪里像个小男子汉，一点儿担当都没有。他爸还指望他以后能接班，可他现在这个样子，真让人一点儿信心都没有。”

我问冰冰妈妈：“那他之前的每个选择是不是大都是你替他做的？”她想了想，点点头说：“之前孩子小，什么都不懂，所以我就大事小事替他做主，读不读国际学校，上哪个培训班，参加同学聚会穿哪件衣服等他都愿意听我的。我也问过孩子的意见，他说都听我的。当时我还很高兴，觉得孩子很听话很懂事，没想到他现在就变成这个样子了。”

我对冰冰妈妈说：“像你这样为孩子规划好一切的妈妈，有个形象的比喻叫‘铲雪车式父母’。从现在开始，你要把选择权还给孩子。”她问：“那要是冰冰选择错了，怎么办？”

我认真思考了一下，回答道：“你应该让他自己去体验生活的万般滋味。如果不让孩子品尝到错误，他就永远看不到生活本来的面目。吃苦、受挫是人生的财富。父母的包办对孩子是没用的，只有孩子自己经历过了，领悟到了，才能自己把自己培养成材。”

我问过涵涵和冰冰同一个问题，你们喜欢和自己的父母以一种什么样的方式相处呢？

他们认真地想了想，回答道：“我希望父母能理解我们，凡事都听听我们的意见，不要什么事都得听他们的，更不要大事小事都管着我们。希望给我们一定的自由度，让我们做一些自己想做的事情，给我们选择的权利。更重要的是，信任我们，不要成天盯着我们，不要查我们的手机。”

涵涵还补充说：“我认为，父母要抓大放小，希望我们和父母能像朋友一样。”

孩子们的这些建议让我陷入了思考。

做孩子的成长合伙人

几个孩子都说很羡慕我和女儿的关系，我就开始思考我们的母女关系又是怎样的一个状态，其中潜藏着怎样的规则，这种模式能够被复制吗？

初三下学期，我女儿即将面临中考，学校已经开了几次家长会，要求家长对孩子严加看管，还提了一系列要求：收走孩子的手机；在孩子的作业和卷子上签字；每天接送孩子，以便确保孩子两点一线；不让孩子参与任何与学习无关的活动；等等。

学校对家长的这些要求我表示理解，因为我们自己当年也是这么过来的。但是我也在思考，如果仅仅以这样的规则来管理00后，是否已经不能够适应时代的要求？

我认真地想了一个晚上，第二天召集了一个家庭会议，对我女儿说："现在咱们有了一个共同的目标，在中考中取得好成绩，考上理想的高中。那么，我们是一个战线上的战友了，接下来我们做一个分工吧。首先，你希望父母为你提供怎样的支持呢？"

我女儿回答说："首先，我希望你们不要给我施加太大的压力，我已经很努力了；其次，我希望你们每天给我做一顿美味可口的晚餐；第三，我希望你们督促我定点睡觉。其他的，我会管理好自己。"

我说："同意，我们一定会做到这三点。同时，你觉得为了实现这个目标，你自己有怎样的责任呢？需要做些什么呢？我给你的建议是，中考拼的是智力、体力和耐力，希望你做好这三方面的平衡。"

云舟说："首先，我会做一个全面的复习规划；然后，管理好自己的时间和复习进度；我还要管理好健康，每天坚持锻炼，定点睡觉，这也是为了保证我有一个好的体育成绩。"

讨论结束后，我们做了各自的角色、定位以及职责分工表。在之后的考前冲刺那段时间，我按照约定，没有像直升机一样盘旋在女儿的上空，而是提供给孩子必要的支持，女儿也按照约定做好了她应做的事情，完成了她的复习计划。最后，女儿在中考中取得了令人满意的成绩，考上了她理想的高中。

回顾这段历程，我突然觉得，我和孩子之间的关系很像合伙人的关系，我们约定好一个共同的目标，彼此分工，通力合作，互相支持与信任，最后一起完成目标。如果把这种合作关系延伸到孩子的整个青春期里，也应该会有很好的结果。

我把这个想法分享给云舟、涵涵和冰冰，他们纷纷鼓起掌来："这样我们肯定特别喜欢，我们就不会和父母产生那么多矛盾和分歧了。只是不知道，他们对这种关系是否认同？"

于是，我脑洞大开，把这种全新的亲子关系定义为"成长合伙人"。

什么是成长合伙人？

成长合伙人是一种新型的亲子关系，即在孩子的青春期里，父母和孩子组成一个团队，彼此理解、相互信任、相互尊重，为着同一个目标通力合作、携手同行，并保持各自的相对独立性。这样的亲子关系既可以让孩子身心愉悦地成长，也可以让父母减轻自身的焦虑，倍感轻松。

例如，在家长最关心的学业问题上，可以用成长合伙人制度来进行管理，即家长和孩子共同商议制定学业目标，然后放手让孩子自主学习，家长提供各类支持，包括资源、时间和技术支持。

孩子如果完成了阶段性目标，家长和孩子应该共同庆贺。如果没有完成，也不要责骂孩子，而是应该和孩子一起找出原因，互相鼓励，一起努力开启下一个阶段的学习。

成长合伙人的核心是咱们前面阐述的家庭共读模式——父母和孩子通过多年共读，一起读书、读人、读世界，从而实现两代人之间无障碍的沟通交流，实现同频成长，最终构建起一致的价值观体系，达到彼此之间的相互信任、尊重与合作。

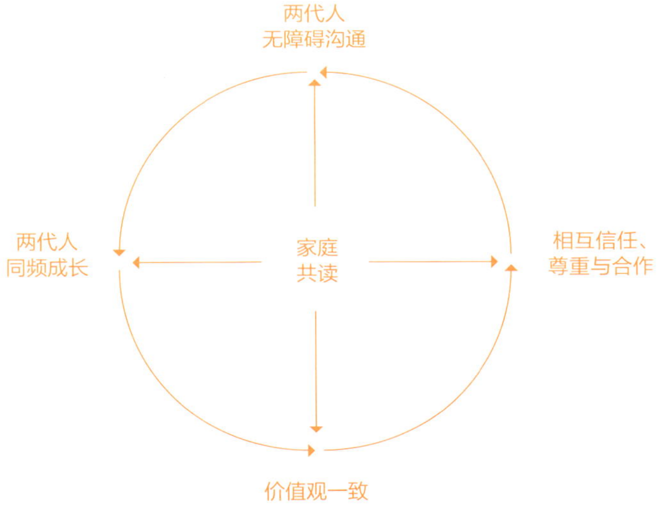

成长合伙人

云舟上初中后迷上了小说创作。她决定利用课余时间，多学习一些小说创作方面的专业知识，并写出一个令自己满意的作品，为此她还参加了学校的小说社。而我则自告奋勇地表示，要成为她的合伙人，为她提供资源和支持。

我为云舟引见了一位知名儿童作家，当起了她的导师，不定期地对她做一些辅导；我还给她报了一个线上的小说创作专业课程，共10节课，和她一起学习；我支持她竞选小说社的社长，并绞尽脑汁为她出谋划策，策划一场有趣有益的小说社活动……

我女儿说，她很喜欢我做她的合伙人，她告诉我："我们的同学都很羡慕我们的合伙人关系。他们都说，希望自己的父母也不要再把自己看成是他们的小孩子，事事命令，事事代办，而是和自己做合伙人，平等独立、一起奋斗！"看来，这样的亲子关系是00后们发自内心真正接受和喜欢的。

小说社在云舟的组织下办得红红火火，还多次得到了学校的最佳学生社团奖。云舟也写出了几个自己比较满意的中篇和短篇小说。她把这些小说放到一些原创文学的网站上，收获了不少粉丝。

制定成长合伙人规则

在孩子的成长途中，家长不应该仅仅是扮演教导者的角色，当孩子进入青春期后，我们可以与他们树立共同的愿景和目标（如提高学业成绩、管理健康），共同去完成一个任务，确立分工，彼此合作，彼此信任与尊重，相互支持，风雨共担，成功、利益共享，就像真正的合伙人那样。

女儿告诉我："老妈，当你的合伙人真好，我立刻觉得自己是一个独立的大人了。你愿意平等地和我讨论问题，愿意倾听我的意见，尊重我的想法，还和我并肩战斗，咱俩变成一个团队了！"

高兴之余，我暗暗吃了一惊，难道我之前不是这么做的吗？我开始反思，也许自己觉得自己是一个开明的母亲，已经做到了平等、倾听与尊重，但是在孩子眼里，这些也许还远远不够。

进入青春期的他们，思想日益成熟，心理上更加独立，也开始有意识地与父母拉开距离。在这个时候，父母只有像对待合伙人般对待他们，才能够走进他们的内心世界，获得他们真正意义上的尊重与认可。

父母与孩子的成长合伙人关系，需要遵循几个原则：

1. 通过沟通达成一致目标，双方为了一个共同的目标而奋斗；

2. 梳理清楚各自的优势和短板，确定各自的分工和协作机制，优势互补；

3. 彼此支持，彼此信任，彼此尊重；

4. 建立有效的沟通机制，彼此倾听，各抒己见，民主决策；

5. 遇到问题，大家一起沟通解决，而不是相互抱怨；

6. 取得阶段性成果后共同分享，并确定下一个奋斗目标。

这个规则跟企业的合伙人合作原则很类似，强调的是彼此的平等、尊重、信任、合作、分享、共同担当。

两代人之间如何做到信任、尊重与合作？

信任、尊重与合作这三个词说起来容易，做起来难，如何具体落到实处呢？

《硅谷超级家长课》是被誉为“硅谷教母”的埃丝特·沃西基写的著作。她发明的TRICK教养法风靡世界。TRICK代表的是：信任（Trust）、尊重（Respect）、独立（Independence）、合作（Collaboration）与善意（Kindness）。

沃西基的三个女儿都被她教育得非常出类拔萃：她的大女儿是谷歌的第16名员工，被称作“谷歌之母”，现在是YouTube的CEO（首席执行官）；二女儿是一位人类学家和流行病学家；三女儿创立了一家基因检测公司，位居（2019年）“全球科技业领导者”第10位。更重要的是，这位妈妈不仅教育了自己的孩子，她还是硅谷一所中学的高中老师，她的学生有乔布斯的女儿、林书豪等。

沃西基主张把孩子当作成年人对待，给他们充分的信任和尊重。我特别喜欢她的一句话：在孩子们漫长的学习和生活中，他们就是自己的CEO，家长要努力让他们学会独立、担当、分享与爱，让他们拥有健全的人格是比成为CEO更重要的事情。

如何信任孩子？

沃西基认为，信任应该从父母做起，只有我们相信自己为人父母时所做的决定，才能相信自己的孩子能在自强与自立方面取得重要且必要的进步。

具体来说，我们要在实际行动中信任孩子。例如，我主张要放手让孩子自己写作业，不要在旁边不停地指手画脚，唠唠叨叨。我们要相信孩子有独立完成作业的能力，这会让孩子开始建立自信，并相信自己的价值。更要放手让孩子独立去完成一些他们力所能及的事情，比如为家里购物，去某个陌生的场所让他带路，让孩子策划一场家庭会议，策划一次家庭出游，等等。

那么，如果孩子撒谎怎么办？沃西基告诉我们，如果孩子只是撒了一个小谎，没有干什么原则性的坏事，请用幽默的方式给他一个小惩罚，或者给他一个小任务让他弥补过失。惩罚的目的是进一步强化信任。我们要给孩子一个改正错误的机会，这样就能继续信任他了。

如果孩子撒谎是因为犯了较严重的原则性错误，比如逃课等，那就要相应地受到较为严厉的惩罚，之后仍然要原谅他们，然后与他们修复和重建信任关系。

如何尊重孩子？

我们能给予孩子最基本的尊重，就是对他们的个性和言论的尊重。每个孩子都有自己的天赋，父母的职责就是发现和培养它，我们要做的就是支持他们发现并追求自己的目标。

前一段，我女儿对我说，他们学校要组织校园戏剧节，他们班打算表演《雷雨》片段。女儿还说，自己已经报名当导演了。我当时建议她，《雷雨》是中国戏剧的巅峰之作，还是家庭伦理剧，对他们这群高一的学生来说，是不是难度大了一些？

女儿兴致勃勃地说："没事，我们就想挑战一下。"我想了想说："那好吧，我支持你们！需要我为你们做点什么吗？"

当时，北京人艺剧院正好在上演话剧《雷雨》，于是，我出了一大笔银子给孩子买了最好的票，让她和同学一起观赏并学习了这部人艺的经典之作。在后来一个多月的排练过程中，当女儿遇到困难或者遇到团队合作中的小问题小矛盾时，我都尽可能地提供自己的建议，帮助她解决。

孩子们的愿望和兴趣可能与我们不同，我们应该尊重。不管他们选择做什么，我们都要督促他们尽自己最大的努力，在他们选择并热爱的事情上，用高标准去要求。

最重要的是，我们要给他们关爱和支持，这样他们才能获得探寻自己道路所需的勇气。

我有一位优秀的女性朋友，最近却和她青春期的女儿闹得不可开交。有一天，这位妈妈来找我倾诉，说她女儿昨晚离家出走了。我问她发生了什么事。这位妈妈说，昨晚，她女儿要去参加同学的生日聚会，化了妆，穿了条超短裙。她见了女儿的这身打扮后厉声呵斥："大晚上的浓妆艳抹，还穿成这样，想要干什么？难看死了！还不赶紧去把脸洗了。"她女儿听到后，委屈地哭了，然后就跑出了家门。

我对这位朋友说，我认为这是你的不对，你不应该对女儿这样说话。你想想，你会对你的朋友，对你的同事这样说话吗？

她说："当然不会，但她是我女儿，我管教她不是应该的吗？"

我说："没错，教育她是你的职责。但是你忘了，孩子正处于青春期，自尊心很强，你这样的沟通方式她肯定是接受不了的。"

我接着说："如果是我女儿这样打扮，我首先会说，哇，宝贝，你今天好漂亮，这是要去参加什么派对吗？女儿肯定很高兴，搞不好还会展示一下她给朋友准备的生日礼物。我会说，这件生日礼物真有新意，她一定会喜欢的。然后我会说，宝贝，我能提一个小小的建议吗？我觉得你的妆可以画得稍微再淡一点，这样更能显出你的青春美丽。现在这样，稍微有点老气哟。”

如果是这样沟通，我想女儿大概率会欣然接受的。

我认为，对孩子的尊重，首先要从沟通方式开始，不要把他当作是你的孩子，理所当然地呵斥和教训，而是要把他当作你的朋友、同事，每句话，特别是意见建议，出口之前都先想想，这样说是否妥当，孩子是否能接受。

如何与孩子合作？

沃西基认为，合作意味着全家人、全班同学一起努力。对父母来说，合作就是鼓励孩子参与讨论、决策，甚至是规则的制定和执行。从前，遵守规矩是孩子最重要的技能之一，父母控制了家中的一切。今天，这种专制型的教养方式已经行不通了，我们不能简单告诉孩子该做什么，不该做什么，而是应该询问他们的想法，与他们一起寻找解决方案。这种教养方法尤其适用于青春期的孩子。

父母与孩子的合作可以渗透到家庭生活的每一个部分，例如一起分担家务，让孩子明白他的任务不仅仅是学习，他也是家庭中重要的一分子。

我非常喜欢的一种合作方式是，和孩子一起制订假期的出游计划。我们会召开家庭会议，共同讨论目的地，然后分好工，谁负责策划旅游线路，谁负责安排每天行程，谁负责找有特色的民宿，谁负责找当地的特色餐饮，等等。而在出游的过程中，孩子会负责看地图、看天气、和当地人沟通、当好翻译等。

另外，让孩子成为自己的老师，是父母与他们合作的一种很重要的方式。例如，在旅途中，我发现女儿很会用手机地图，很快就能找到附近的美食。在表扬她的同时，我会虚心地向她学习，与时俱进。现在的孩子对于互联网的使用，对于新知识的接纳和运用程度已经远远超过了我们，他们就是我们的老师。在这样的学习过程中，孩子的成就感、价值感油然而生。

学会与他人合作，是孩子成长途中非常重要的一件事，就让他们先从学会如何与父母合作开始吧，这是他们迈向现实世界的第一步。

父母和孩子之间如何做到信任、尊重与合作？两个原则：第一、把孩子当作成年人看待；第二、把孩子当作朋友和同事看待。这样我们就能明白，该如何与孩子沟通与合作了。

父母该关注的和该放手的

“我是为了你好！”这句话是何等的熟悉。在我们年少时，我们的父母常常把此话挂在嘴边，所以我们必须事事遵从父母的意见，小到衣食出行，大到选择学校、选择未来方向。

于是，我们常常会不假思索地把此种亲子关系复制到我们和孩子身上，尽管我们受过了更好的教育，看过了更多的世界。我们似乎从来没有反思过，这种“为你好”孩子是否接受，是否真的是为孩子好，是否还有可以改进的空间。

我认为，在重建亲子关系上，家长应该关注的有四件事：

1. 阅读。阅读是孩子认识世界、触摸人生的万能钥匙。所以父母应该亲自把这把钥匙交到孩子手中，并教会他如何使用，和他一起打开精彩世界的大门。

2. 交友。中国的古语“近朱者赤、近墨者黑”早已说明了交友的重要性，对于成长期的孩子更是如此，孩子的朋友对他成长的影响力远胜于家长。所以，家长对孩子交的朋友要仔细观察与甄别，并不时提醒。

3. 行走。俞敏洪老师在他的书《不负我心》里写道："孩子成长有两条必经之路，一是和知识相遇，二是和大地亲近。和知识相遇意味着阅读，和大地亲近意味着行走。"父母需要带着孩子去行走，不仅仅是走马观花地旅行，还需要将阅读和行走结合在一起，去深度地体验世界、体验众生。

4. 运动。阳光下的奔跑与挥洒汗水，不仅能让孩子收获健康的体魄，还能锻炼他的意志和勇气，提升他的团队合作力，帮助孩子练就强大的内心。所以，家长要督促孩子制订运动计划，把孩子"赶"到操场上去。

家长该放手的有三件事：

1. 生活细节。孩子进入小学中高年级后，家长只需为他们准备好衣食即可，具体吃什么穿什么，不要太多指点，应该让孩子学会管理自己的生活，照顾好自己，整理自己的房间，掌握基本生活能力。

2. 兴趣爱好。每个孩子都有自己的兴趣喜好，只要它是健康的合理的，家长就不该横加干涉，给他们一份自由，让他们找到生活的乐趣。

3. 时间管理。青春期的孩子都渴望拥有更多的时间自由，所以，孩子如何安排自己的时间，家长不要过多干预。

母爱是一场得体的退出，是时空意义上的退出，但心灵不退出。我们的心要始终和孩子在一个频道上，要给予他无条件的爱，理解他的行为，包容他的错误，支持他去追求自己热爱的事。

我曾接触了不少00后的少年，他们的善良和仁厚让人感动，他们的见识和视野让人赞叹，这一代孩子们的智慧、创造力和潜力已经远远超出了我们的想象。所以，我们做父母的唯有与他们建立起合伙人一般的关系，与他们一起学习、一起成长、一起努力，才不至于被他们抛在身后，才能和他们一起到达无法想象的未来！

就像纪伯伦的诗《你的孩子，其实并不是你的孩子》中所写的那样：

你的孩子，其实并不是你的孩子，
他是生命对自身的渴望而生的子女。
他借你而来，却非因你而来。
他与你在一起，却不属于你。
你可以给他以爱，却不能给他以思想，
因为他有自己的思想。
你可以庇护他的身体，却不能庇护他的灵魂，
因为他的灵魂属于明天，属于你的梦境也无法到达的明天。
…………

第二章
让阅读面向未来

7 孩子读书不少，语言表达却不好，如何提升？

很多家长都问过我这样一个问题：“我的孩子读了不少书，可你让他说说这本书都讲了什么内容，自己有什么感受和收获，他却什么都说不出来？感觉书都白看了。”

提出这个问题的家长意识到了孩子读书后表达的重要性。阅读的过程是一个闭环，除了泛读和精读这些输入环节，还包括口头表达和书面表达的输出环节。孩子只有在读完书后进行复述、朗诵、演讲、辩论、表演、写作等，才能真正把书中所读、所感、所获变成自己的东西，才算是真正把书读成自己的了。只有完成这个阅读闭环，孩子才算是达到了阅读的真正目的。

最高效率的学习是输出，我们需要找到一些方法，让孩子在阅读之后尽量表达，这对锻炼孩子的逻辑思维、口头表达、批判性思维，帮助孩子把书读活都将大有裨益。

我总结了多年的阅读教育实践经验，并采访了很多热爱阅读的优秀少年及他们的父母，总结了一些阅读后提升表达力的有趣又有效的方法。

鼓励复述故事

在孩子的幼年和童年时代，家长给孩子读完书、讲完故事后，可以让孩子复述一下，比如复述故事的开头或结尾，或是复述孩子最喜欢的片段，然后再让孩子试着复述整个故事。

在复述故事的过程中，家长要允许并鼓励孩子对故事进行改编，这是让孩子发挥想象力的一个练习。在这一过程中，父母一定不要打断他，也不要纠正他的错误。孩子复述完之后，一定要为孩子点赞，同时要表扬孩子的努力与成果。

父母还可以鼓励孩子在小伙伴面前或是在班级里给大家讲讲他听到的这个故事，相信小伙伴和老师的掌声更能增加孩子的自信，并让孩子更加热爱阅读。

共同讨论情节

读完书后，家长可以与孩子讨论一下，他最喜欢书中的谁，为什么，他最讨厌故事里的谁，为什么。

家长还可以问问孩子，书里面他最喜欢哪段话，哪个情节，为什么喜欢。

例如，读完了《小王子》，可以和孩子讨论一下，为什么小王子会离开自己的星球，玫瑰花在书中有什么含义，飞行员为什么会被小王子打动。

这样轻松的对话，其实是引导孩子对书的主题、内容做进一步的思考，从而避免了孩子读书只是读一个故事，读完之后像一阵轻风吹过，脑子里什么都没留下。

这样的讨论，也是家长和孩子建立情感共鸣，建立共同价值观的好机会。

在我的新书《向上生长——给孩子的名人故事》中，我在每个故事后面都设立了一个亲子互动的话题，供家长们参考。

例如，我给孩子们写了科比在年少时坚持日复一日的枯燥练习，常常从晚上练到黎明时分，见过凌晨四点的洛杉矶，所以才会在日后取得辉煌成就的故事。在这个故事的结尾，我设计了这样一些问题："你有什么热爱的事情吗？你曾为了某个目标付出过艰辛努力吗？你收获了什么？"

之所以设计这些问题，是希望家长能引导孩子对自己的人生目标进行深入思考，并进一步理解当下坚持刻苦学习的意义。

通过这样的引导，我希望读者们能对故事的深刻内涵理解、消化、吸收，并进一步转化为自己的行动。

特别想强调的是，讨论的时候，家长需要耐心倾听孩子的表达，不要直接否定孩子的观点。我们要更认真地听，更多地鼓励，更多地弯下腰来，试着去理解孩子，去和孩子共情，这样才能实现和孩子同频成长，阅读的讨论也才有了更深刻的意义。

组织阅读分享会，做阅读演讲

对于青少年来说，独读书不如众读书。孩子一个人阅读不免寂寞，如果能组团阅读，结盟众读书，不仅可以激发阅读欲望，增加阅读乐趣，更能帮助孩子很好地做到阅读输出，把所读所思表达出来，做有效的转化，提高阅读理解能力和口头表达能力，从而激发孩子阅读的深度和广度。

我的一位读者艾敏的妈妈联合了几位同学和妈妈，一起组建了一个读书俱乐部，取名为“艾书吧”。这个俱乐部正式成立于2020年9月4日，当时只有上小学二年级的5个孩子。现在，这个俱乐部里已经有了50多个孩子，迄今为止，艾书吧已经组织了24场读书会。

艾书吧的具体运营方法是：

1. 找到几位和孩子同龄、志趣相同的孩子，他们的父母都认同阅读教育理念，成立线上读书群；

2. 选书，每次由一位妈妈和孩子主导；

3. 制订好阅读计划，每日在微信群里公布导读内容，孩子们跟着这个节奏共读一本书；

4. 每读完一本书，就组织线下的读书主题分享会，让孩子们能够近距离地探讨，真正做到读有所思，学有所为。

在线下读书分享会上，每个孩子都要做一个小小的阅读演讲，形式不限，时长不限，主要目的是让孩子们变得更乐于与他人做深度交流，这是未来社会非常需要的一项重要能力。

阅读演讲包含几个方面的内容。

1. 开场

好的开场白是成功的一半。如何做一个漂亮的阅读演讲开场？可以讲一个小笑话，或提出一个跟学习生活相关的能引起大家共鸣的问题，或是做一个小调查。总之，用一个有创意的办法引起大家的兴趣，吸引大家的注意力，让大家在笑声中和思考中有兴趣听下去。

2. 讲好一个故事

需要给大家讲讲书的主要内容和故事，故事中要有人物，有转折，有高潮，有结局。更重要的是，故事要能打动人心。

3. 结尾提出问题

在阅读分享的结尾处，如果分享人能提出一个开放型的思考题，则是点睛之笔。

例如，在艾书吧某次读书分享会上，8岁的艾敏同学做了一次阅读演讲。

> 你是否曾与家人吵架时说过狠话，并因此而后悔？
>
> 今天我给你讲讲我最近读过的一本好书《天蓝色的彼岸》。
>
> 书中，小男孩哈里和姐姐吵完架后，对姐姐说："我走了，我再也不会回来了，要是我死了，你会后悔的。"
>
> 哈里骑车出门，没想到真的被一辆大卡车撞死了，他为了向姐姐说声对不起，于是成为幽灵，重返人间。看到昔日的同学一如既往地生活，他的心里一阵奇怪的剧痛，像是一种悲伤、渴望和想要再次活过来的冲动。他看着痛失自己的亲人们掩饰着悲伤，艰难、努力地生活，他想要给他们安慰，但他透明的身体却那么无能为力，那感觉就像自己是玻璃缸里一条看着外面世界的金鱼，周围的事物都是你熟悉的，但你却再也融不进去了。
>
> 在电影院里，哈里看到了好多没能完成愿望而在人间飘荡的幽灵，他们终日守着电影消磨时光。当哈里终于以一种特别的方式完成心愿时，他乘着彩虹返回他乡，还有许多人和他一起朝他乡行进，那个方向就是——天蓝色的彼岸。

这本书，让我们从孩子的视角，用孩子的方式认识了死亡。当哈里凝视着同学们为缅怀他种下的小树，衷心地发出祈愿，希望小树拼尽全力地活着，这也是对所有人、所有事的希望。

是啊，努力好好地活下去，就是对生命最好的交代。你有没有想过，如果自己离开这个世界，那些爱你的亲人和朋友将会陷入怎样的境况？如果给你一次机会，你还会回到这个人世间吗？

艾敏的分享让同学们纷纷掉下眼泪，并陷入了沉思。

实践表明，阅读演讲不仅可以加深孩子们对书的理解，更能够激发起他们心底的热情，把从书本中感受到的爱与正能量传递给更多的人，帮助更多的人。

组织阅读辩论赛

阅读分享是把自己的观点表达出来，那么辩论就是一个把观点不断完善甚至推翻重建的过程。对孩子而言，辩论可以很好地锻炼他们的批判性思维和多角度思考的能力。

艾书吧针对《狼王梦》中的一个论点推出了“小小辩论家”活动。《狼王梦》是一本关于梦想、关于爱的书。母狼紫岚为了实现丈夫黑桑的遗愿——成为狼王，独自将四只小狼抚养长大，结果付出了惨痛的代价。

孩子们首先在微信群里发出了赛前通知：

赛前通知

辩题

《狼王梦》中的母狼紫岚将自己和黑桑的梦想寄托在后代身上。父母规划孩子的人生，对孩子来说是件好事吗？

活动形式

参考电视节目《奇葩说》和《世界青年说》

孩子们可以根据自己的意愿选择正反方
（正方 4 人，反方 4 人）

辩论赛具体日程

11 日 晚 6 点 模拟赛

12 日 晚 6 点 正式开赛

期待伙伴们的优秀表现！

最终拟定的辩题是：父母规划孩子的人生，对孩子来说是件好事吗？

在接下来的线上辩论赛中，孩子们表现得异常精彩。

正方观点是：父母规划孩子的人生，对孩子来说是件好事。

正方四名小选手从“规划”的定义入手，围绕规划分类、父母角色和父母策略三个方面，以谷爱凌、苏翊鸣等孩子们耳熟能详的名人成长历程为例，还引用了孟母三迁的典故，着重强调“规划”不等于“强制”，“规划”不等于“家长制”，最终肯定了教练式父母是孩子人生规划中的必要角色。

反方观点：父母规划孩子的人生，对孩子来说不是件好事。

反方四位小选手以“授人以鱼，不如授人以渔”入手，强调父母缺少对孩子自主选择能力的培养，可能导致孩子过度依赖他人及自主意识变差。很多时候，他们会去想，这到底是谁的人生，我的人生为什么我不能做主，从而产生逆反心理。所以，家长更应该从小培养孩子去做正确决定的能力，而不是事事替孩子决定，也不要害怕孩子出错，甚至在一些可承受范围内，让他们去试错，这种错反而可能会利于孩子成长。

综合正反方的观点，最后孩子们得出：

1. 要分清规划和教育的本质区别，像反方辩友所阐述的，规划无疑是给孩子的人生套上了枷锁，剥夺了他们选择的权利，父母不应过多干涉孩子学习知识、树立正确人生观和价值观的过程；

2. 假如父母为孩子做的规划与孩子的能力和性格不匹配，会使孩子痛苦万分，甚至会付出更大的代价；

3. 父母在孩子的生命中，应该扮演引导与陪伴的角色，而不应该扮演“主宰”的角色，孩子的人生应该由自己做主。

这次辩论赛后，孩子们都表示玩得好开心好有趣。家长们在观赛后也纷纷表示，这样的阅读辩论不仅能帮助孩子提升表达能力，养成批判性思维，还能让他们学会从多角度辩证地去看待问题。所以，这样的辩论赛要多多举办。

辩论，不仅仅能提升孩子的口头表达能力，更能帮助孩子成长为一个心怀宽广、能理性全面看待事物的人。

组织诗歌朗诵会

独读书不如众读书。同样，独读诗不如众读诗。家长也可以为孩子们策划组织一场诗歌朗诵会，规模可大可小，但一定要有仪式感。

孩子可以朗读中国传统文化经典，也可以朗读自己喜欢的现代诗，还可以朗诵自己原创的诗歌。让孩子们在诗歌中结伴成长，让他们的心灵从小就沉浸在诗意中，是特别有意义的一件事情。

策划一场诗歌朗诵会，需要做如下准备：

1. 确定主题；
2. 让孩子们根据主题，自己写诗或者找到一首自己喜欢的诗；
3. 为每首诗歌制作PPT和背景音乐；
4. 找一个合适的场地，最好能和主题的氛围相契合。

2021年3月，艾书吧的孩子们经过一个半月的悉心准备，举办了主题为“畅游诗海词林，尽赏大美中国”的第一届儿童诗词大会。

小主持人做了精彩的开场：

> 诗词是传承古今的歌唱：“无边落木萧萧下，不尽长江滚滚来。”
>
> 诗词是感天动地的情怀：“莫道桑榆晚，为霞尚满天。”
>
> 诗词是勇载使命的理想：“江山代有才人出，各领风骚数百年。”
>
> 诗词是创造未来的力量：“到中流击水，浪遏飞舟。”
>
> 同学们，让我们一起，共赴这场诗词的盛宴。

本次比赛艾书吧共有15人参与，其中1人作为主持人，其余14人分别组成4支参赛队，赛程设置了背古诗、组诗句、对诗词、判诗意、填诗句和说诗词六个环节。同学们还朗诵了自己写的诗歌。

从金戈铁马到琴棋书画，从大漠孤烟到水墨江南，从忠肝义胆到千里婵娟，一首首诗词歌赋让孩子们感受到了中华儿女的家国情怀。所有的小诗人们动情地朗诵着中国诗词，收获了一段关于诗词的美好回忆，受到了一次传统文化的洗礼。

在诗歌朗诵会上，孩子们所展现出的才华让在场的每一位家长都惊叹不已。所以，家长们有必要给孩子们搭建这么一个小小的舞台，让他们自由地书写自己的年少时光，这也是让他们的想象力、创造力得以发挥的最佳天地。

每个孩子都是天生的诗人，他们透明如水晶的心灵是诗歌最优质的土壤，他们大胆好奇的想象是诗歌最奇异的翅膀。所以，他们脑海里的诗句总是不断涌现。所以，父母需要去帮助孩子挖掘他们内心的灵性，鼓励他们吟诵出自己的诗篇。

帮孩子们运营了几年艾书吧后，艾敏的妈妈总结了几点经验与大家分享：

1. 要调动孩子的积极性，对孩子们讲明这个读书吧的群主暂时由妈妈来代理，等他们大一些就把这个群的管理权交给孩子自己；

2. 每次阅读分享的组织者和参与者都以孩子为主角，家长的任务是做好服务；

3. 在这个过程中要引导孩子培养组织、分享与合作能力。

说到孩子们这几年在艾书吧中得到的收获，艾敏妈妈的眼睛里闪烁着晶莹的光，她说：

这几年，通过艾书吧线上线下的阅读，女儿的语言表达能力、文字组织能力以及团队合作力、领导力都有很大的提高，她现在可以自己组织一些活动，动手能力也增强了不少。他们学校有一些项目制学习项目，她会自己去查信息，能用PPT做一些简单的展示。

在与同学讨论问题的时候，艾敏比较有想法，有主见，能坚持自己的观点，但并不固执，能说出理由和根据。在现实生活中，艾敏看到某一个事物，就会进行发散性思维，想到她曾经读到了什么，还要去考证什么，由此她能更加系统地了解一个事物。通过几年和小伙伴们的共读，艾敏对知识的探求有了真正的自驱力，无须家长再做更多的引导和干预。

参与艾书吧的孩子们对阅读的兴趣都大有提升。一起阅读的过程，提升了孩子主动阅读的想法和能力。看到大家都在读书，每个孩子都唯恐自己落后。在群体阅读中，孩子们热烈讨论，能带动不爱说的孩子主动开口表达，变得更善于表达。除了语言表达，孩子们还可以把自己的想法画出来，也明白了读书不是为了做题，而是为了自己的兴趣。

“我还不够丰厚，但是，我愿意和孩子们同行，愿意持一本书做桨，和孩子们一起，向更远更深处漫溯，向更广更阔处前行。”艾敏妈妈深情地说。

8 孩子读书不少，写作还是没提高，怎么办？

在阅读和写作之间架起桥梁

“我的孩子读了不少书，可就是写不好作文，一拿起笔就觉得没话可说，写出来的文字干巴巴的，叫人看不下去，这是怎么回事呢？有什么方法可以帮助提高孩子的写作力吗？”

这是关于孩子写作，家长们最高频问及的一个问题。

我女儿云舟曾经在小学六年级时获得“中国百名少年作家”称号，曾获得“中国少年作家杯”全国征文大赛一等奖、“叶圣陶杯”全国中学生新作文大赛一等奖等多个全国作文大赛的奖项。还在《语文导报》《中国少年作家》等媒体共发表了30多首诗歌、散文和中篇小说。所以，很多爸爸妈妈都来问我：“你是怎么培养你女儿云舟写作的？”

我特别想说的是，从小到大，云舟没上过任何作文班，即使在报培训班盛行的那个时代，我们也从来没有光顾过。那么，云舟是如何具备了出色的写作力的？

写作力是需要从小开始培养的能力，它绝不仅仅是指写作文得高分的能力，而是指能运用书面文字，准确、清晰、流畅地表达个人观点、见解和情感的能力，是沟通力、思维力、领导力的书面表现形式，更是孩子在未来社会中获得成功不可或缺的能力。

“半亩方塘一鉴开，天光云影共徘徊。问渠哪得清如许？为有源头活水来。”用朱熹的这首诗来描述阅读与写作的关系是非常恰当的。阅读是一个从输入到输出的闭环，读书为输入，写作则是输出的重要书面形式，读完、说完、写完，才算是真正把书读成自己的了。所以，阅读之后的写作也就变得尤为重要。云舟在分享她的阅读与写作经验时说："读而不写，是一种无效阅读。"

如何激发孩子的写作兴趣？

为什么写作文会成为很多小学生的负担和家长的焦虑？是因为孩子们从心底不喜欢写作，对此毫无兴趣。要从小培养孩子的写作力，首先要激发孩子对写作的兴趣。只有孩子对写作产生了兴趣，他才会愿意从"说点什么"开始，慢慢过渡到拿起笔"写点什么"。

方法一：做一本孩子的童年语录

从云舟幼年时代开始，我就很注意启发她自由地表达自己的想法和感受。她经常说一些让我们意想不到的词句，我就赶紧用笔记下来，后来慢慢地越积越多，就整理成了云舟语录，记在一本漂亮的大本子里。

后来，每隔一段时间，我就打开这个大本子，把这些语录读给她听。每每念完，她便瞪大了眼睛，骄傲地说："妈妈，我说得真好！是不是？"她还指着那个大本子说："你看！我都有了自己的第一本书了，对不对？"我点点头，竖起大拇指："是的，宝贝，你真棒！"我还告诉她，现在是妈妈帮她写，以后她就可以写自己的第二本书、第三本书了！

帮孩子做人生的第一本书，是我们给孩子的第一次写作启蒙，也是我们帮他收藏的第一份人生记忆，弥足珍贵。

方法二：做一本孩子的作品集

孩子读小学后，父母可以定期搜集孩子的作文，为他做一本优秀作文集，让他看到自己的写作成果，增加写作方面的成就感。

云舟读初中后，我就为她做了一本作品集《芸蒸霞蔚》，里面收集了她写的小说、诗歌、散文、获奖作文等。这本文集是她给自己青春的第一份礼物，也让她增加了更多的成就感。

方法三：为孩子寻找一个阅读与写作的圈子

孩子受同龄人的影响往往远大于父母。如果孩子的身边有这样一群朋友，他们常常分享彼此读过的书，聊的话题都是自己最近写了点什么有趣的东西，他们相互影响，彼此欣赏各自的作品，甚至暗中较量，那么身处这个圈子的孩子是不用让人操心他的写作和成长的。

我为云舟找到了一个优质的“少年作家”培养平台，在那里，她结识了一大群和她一样热爱阅读与写作的优秀少年，看到了“山外有山，天外有天”的广阔。他们平日里在线上交流，暑假在作家班的夏令营中相互切磋、华山论剑，采访知名作家，自己演话剧、搞辩论赛，热闹非凡！这样一个圈子极大地开拓了孩子们的视野，优化了他们的成长，也激发了他们更大的写作热情。

如何在阅读与写作之间架起桥梁？

写作是阅读之后的产物。“读书破万卷，下笔如有神。”阅读为写作积累了一个取之不尽的语言宝库、一个思想的宝库。

当孩子有了一定的阅读积累后，他的写作力一般来说都会自然而然地上一个台阶。但是，为什么会出现“我的孩子课外书也读了不少，写作文依然很费劲，他总感觉没有东西可写，或是写出来的文字乏善可陈、言之无物”呢？

我认为，这种情况是孩子读书过快、囫囵吞枣的结果。孩子只是读了一个故事，但书中美好的文字、深刻的思想并没有被他理解、消化和吸收，即在输入的阅读和输出的写作之间，没有得以真正的转化。那么，如何实现这样的有效转化呢？如何在这“输入”和“输出”之间架起一座桥梁呢？

方法一：让孩子抄书、背书

先跟大家分享我的一段成长经历。

我小学时读的是一个全国实验班，我们从二年级开始就没有语文课外作业了，老师只要求每周读完一本课外书，每天看完都要摘录自己认为优美的句子和段落并进行背诵。而语文课的内容在低年级就是朗读自己的摘抄内容。到了高年级之后，就是每个同学都到台前做阅读演讲，即分享自己的阅读收获。

几年坚持下来，我们班的每一位同学都有了非常出色的口头表达能力与写作能力，语文成绩拿高分更是不在话下。三十年后的今天，我们都很感谢当年的抄书背书，它为我们打下了语文学习的坚实基础，并帮助我们培养了终身阅读的习惯。

尽管有些专家认为阅读时应该让孩子保持一种自由的状态，不应该让他们做摘抄和背诵，但是，大量的教育实践证明，在孩子的启蒙阶段，对于一些优质图书，让他们抄书、背书，其实是学习语文、提升写作力的有效方法。

方法二：说读后感

现在孩子们的时间都很紧张，所以要求他们读完一本书就写一篇读后感是不现实的。但是，每读完一本书，父母都可以鼓励他们说一说读后感，这对于他们的阅读输出是大有裨益的。

云舟每读完一本书，都会与我讨论书中的场景描写、情节设定、人物命运等，我常常鼓励她："你刚才说得挺好的！你用手机把这段话录下来吧！"然后，我会把这些话整理成文字。到小学中高年级后，她就慢慢养成了写读书笔记和读后感的习惯，不一定是长篇大论，更多的是她读到某处的感悟和联想，只言片语而已，因为她觉得把这些记录下来，回过头来看挺有意思的，仿佛看到自己的成长轨迹。其实，这些思想火花是最有价值的，它们唤醒了孩子的内心宝藏。

云舟的学前时代，我没有让她学习认字，只是不断地给她念书，常常应她的要求把一些故事和段落反反复复地读给她听，所以书中很多优美的句子和段落她都能背诵。当她上小学后开始写作文时，老师很惊诧于她的文字能力，而她则说："妈妈，小时候你把那么美丽的词语、句子都灌进了我的脑袋里，现在，当我一拿起笔，感觉那些词语和句子就如泉水般流淌在我的笔尖。"

方法三：随意地写写读后感

女儿现在已经读高二了，我请她总结一下她自己是如何养成这样的写作力的。她认真地思考了一下，说道："读完书后，写读后感很有必要，但是不要写成老师要求的那种格式，可以随意些，写一首小诗，画一幅画，续写故事结局，等等，要让读后有一个深度思考的过程。"

云舟表示，写读后感不限于阅读一本书，听了一首很感动的歌曲，看了一部优秀的电影，看了一部喜欢的动漫，都可以随意地写一写，有感而发是最佳的写作状态。

方法四：带着孩子读世界

阅读不仅仅是指读书，哲学家圣·奥古斯汀曾说过，世界是一本大书。所以，我们需要带着孩子多去读一读世界这本最美最神奇的大书。

在寒暑假，不要让孩子泡在各类辅导班里，带着他去山野乡间、城里城外四处走走。不要走马观花，而要和孩子一起用心去读世界。我相信，他所听所看到的一切会直接刺激他的写作欲望。

但切不可在游玩之前和游玩中给孩子布置硬性的作文任务，那样会损坏孩子的游玩心境，适得其反。写作，一定是孩子有感而发的行为，家长只能启发和引导，这是我们需要牢记的。

读书、读人、读世界，如果让这样的阅读成为孩子从小养成的生活习惯，如果他对阅读已经“一日不见如隔三秋”，那么，写作的难题必然也会迎刃而解了。

如何培养与提升孩子的写作力？

我认真梳理了云舟成长过程中一些好玩儿有趣的练习写作的方法，在这里分享给大家。

方法一：写日记

真正的写作一定是先写给自己的。所以，写日记是培养孩子写作力的一种有效方法。

云舟读学前班之后，老师要求他们每天用拼音写日记。刚开始时，云舟觉得太难了。我就鼓励她：“你看，你小时候都写了一本书了，只不过现在老师要求你们用拼音自己写了，而不是妈妈代你写了，但写的内容都是你每天想说的话啊！所以，没有什么难的啊！”按照这个思路，云舟就不再害怕写拼音日记了。

从那之后，云舟养成了写日记的习惯，不一定每天都写，而是有感而发，记录那些她认为值得回忆的生活片段。她给自己的日记本取了一个好听的名字，叫“艾丽莎”。她把它当成了最好最可亲的朋友，所以她也就把写日记当成了一种与好朋友倾诉、抒发情感的放松方式。她有时写道：“艾丽莎，今天我有一件高兴的事，一件不高兴的事，你想先听哪一件呢？”有时写道：“艾丽莎，又有两天没来找你说话了，你不会怪我吧？”

后来我发现，这样纯属私人的写作其实是最正确的写作训练方法。

哲学家周国平先生说：“一个人有了苦恼，去跟人诉说是一种排解，但始终这样做的人就会变得肤浅。要学会跟自己诉说，和自己谈心，久而久之，你就渐渐养成了过内心生活的习惯。”这样的写作，能使人“留心并善于捕捉住生活中那些有价值的东西”，“把易逝的生活变成长存的文字，就可以以某种方式继续拥有它们了”。

方法二：改编故事

我们可以鼓励孩子在读完故事后，以改写、续写等方式对文学作品进行二次创作，写出属于他们自己的故事，编写更有趣的台词。这是阅读后最有趣、最有创意的输出方式之一。这种改编，刚开始可以是孩子的口头叙述，之后家长可以鼓励孩子把这些改编的前传和后传都写下来。

例如，教育戏剧专家郭云老师曾组织孩子们为《人猿泰山》写一个后传。郭老师先提问：“如果你是泰山，是否选择跟女孩进城？如果你是女孩，是否考虑跟泰山住在森林里？为什么？”

有一个组的学生写道：女孩决定跟泰山回到森林里。之后，发生了哪些故事？泰山所在村子的动物们召开紧急会议，大家商讨，是否同意让人类女孩进入它们的世界。表示同意的动物认为，可以尝试和人类沟通，可能会获得双赢；表示反对的动物则认为，人类迄今为止的表现让它们不能相信人类，让人类进来可能会带来灭顶之灾。

郭云老师说："你会发现，这样的改写提高了学生们的阅读兴趣，引发了他们的思维风暴，激发了他们写作的想象力和创造力，并让学生们有兴趣去研究写作手法。孩子们都非常喜欢。"

方法三：创意写作

培养孩子的写作力，除了写作文之外，鼓励他们创意写作是一个经过实践证明的好方法。创意写作是指以一种具有想象力的、通常是独特又赋有诗意的方式表达作者的思想和情感的写作形式。创意写作很符合孩子的天性，且容易被孩子所接受。

读完《海子诗集》后，云舟也模仿着写了几首感叹人生的诗，虽然还很稚嫩；看完《红楼梦》，她就在草稿本上画起了人物图谱，开始动手规划自己的第一部小说；读完《少年读徐霞客游记》，她也学着自己画插图，做了一本那样的游记……我发现，在这样的模仿背后，是孩子闪光的灵性和伟大的创意。

为孩子开设一个微信公众号也是鼓励孩子进行创意写作的好方法。孩子可以在公众号里发表自己的漫画、诗歌、散文，分享自己的喜怒哀乐、随想感悟，记录自己的成长历程。而粉丝们的点赞、打赏、留言更会增加孩子写作的乐趣和动力。

云舟从初中开始为所在的班级办班报，每个月出两期。她成立了一个小编辑部，自己担任主编。同学们都踊跃投稿，投稿的内容种类繁多，精彩纷呈，有班级新闻、同学趣事、国内国际大事综述加上评论、微型小说、人物速写、科幻作文等。孩子们都说，给班报投稿比写作文好玩儿多了。这样的写作方式轻松活泼、有益有趣，最大程度地调动起了孩子的写作积极性，激发起了孩子的写作潜能，值得提倡。

方法四：写家书

女儿进入青春期后，我发现有很多重大问题，例如爱情、成功、人生的意义等，需要和孩子做更深入透彻的交流。我真心希望把自己几十年人生岁月中所积累的一点智慧、感悟和走过的弯路都告诉孩子，希望能对她有所启发和帮助。

这个年龄段的孩子似乎都不太愿意听家长的长篇说教，但如果把这些肺腑之言用文字的形式与孩子进行真挚的交流，孩子是乐于接受的。所以，我常常会给女儿手写一封信，晓之以理、动之以情地和她畅谈，而女儿也会给我认真回信。我俩都用一个大纸盒子把彼此的信仔细保存起来。那是我们的时光宝盒，珍藏着我们母女之间最温暖的心灵相拥、最动人的灵魂交流。

我们亦可以把写家书视为提升孩子写作力的一种辅助方法。

关于写作的几个重要问题

问题一：要不要让孩子看作文集，并背诵其中的范文？

作文集是同龄孩子的佳作集，可以偶尔看看，了解一下同龄孩子的所思所想，很是有趣。但我建议，不要让作文集成为孩子的主要阅读内容，更不要让孩子去背诵其中的范文。这样会让孩子形成一些写作的套路，限制他们的想象力。

孔子云：取乎其上，得乎其中；取乎其中，得乎其下；取乎其下，则无所得矣。所以，孩子们应该背诵的是人类文化长河中的经典名篇，背诵唐诗宋词，这样才有利于他们形成美好的语感，有利于他们积淀深厚的人文底蕴。

问题二："双减"之后，用不用给孩子请作文方面的家教？

我是不主张给孩子报作文辅导班的。因为，绝大部分的作文辅导班讲的都是一些条条框框，如：如何开头，如何结尾，如何写三段式。可能从短期来看，孩子在作文辅导班里获得了一些应试的技巧，作文分数会有所提高。但是，这样的教学方法感觉像是把孩子装进了一个"套"中，"套"住了他们的思维，使他们的创造力和想象力受到严重束缚。

写作能力的培养，可不像有些功课用刷题的方法是可以刷出来的。写作力得以提升的关键，在于阅读的积累和人生阅历的积累，在于对世界的不断观察和深入思考。所以，报作文班显然不利于孩子的写作力培养。

认识到这一点，家长们就能明白，不用再请家教来辅导孩子写作了。

问题三：孩子的写作是为了拿高分吗？

我们要告诉孩子，我们为何要写作。写作仅仅是为了考试时拿高分吗？

大部分孩子的写作都是从他写人生的第一篇作文开始的。这样的写作，让他们从一开始就觉得写作就是一项打分的作业，是一项必须完成的任务，从心底就产生了抵触情绪。作文自然也就成了一门苦差事，毫无兴趣可言。而真正的写作，一定是作者有强烈的表达愿望，并能在写作过程中感到莫大的愉悦。也就是说，写作是写给自己的，是写出自己的想法和情感，分享自己的内心感受与人生经历。只有先写给自己，孩子们才能感受到写作给自己带来的乐趣，才能从心底爱上写作。

很多孩子甚至很多家长都认为，写作文的目的就是为了在考试时拿高分。如果抱着这样的写作态度，我们是不可能培养出真正优秀的写作力的。

云舟三年级时，有一天放学回家，表情非常沮丧，我问她是怎么回事，她说，今天她的一篇作文自认为写得挺好的，却被老师批评说，不像是一篇作文，而像是一篇散文。

我立刻把云舟的那篇作文拿来读完，并做出客观理性的评价。云舟的这篇作文文笔流畅，感情真挚，文中用了不少排比句来描写校园秋天的美景，对于一个三年级的小学生来说是一篇好作文。只是文中没有用老师所教的“总分总”的方式来开头和结尾，所以整篇作文看起来更自由散漫一些，没有常规作文的味道。

但是，我们为何要要求每个孩子所写的作文都千篇一律呢？为何不允许他们有更个性化的表达方式呢？为何要求每篇作文都像八股文那般索然无味呢？我对云舟说：“妈妈觉得你作文写得挺好的，像散文就像散文吧。散文也是好作文的一种。你不是看了好些散文集吗？”

她点点头，然后想了想说：“可是，这篇作文我就得不了高分了！”

“得不了就得不了呗，我们写作文可不是为了得高分。”

“那写作文是为了什么呢？”云舟又问。

我认真想了想说：“我认为，写作文是为了记录你的美好时光。等你长大后，再打开你的作文本，会被里面的文字深深感动，会怀念起你的年少岁月。写作是为了记录，记录我们的人生。”

我们要让孩子懂得，写作与我们的生活是那样亲近，我们绝不是为了分数或考试而写作，而是为了自己的这颗心，为了记下希望保存的美好时刻，为了与别人交流自己的所感所悟。

这才是写作的真正意义。当孩子明白了这一点，他就会对写作产生出真正的感情，而不是讨厌和畏惧写作了。

“文章千古事，得失寸心知。”写作力的提升是一个漫长且艰辛的过程，但只要刻意练习，量的积累终将会引发质变。一旦孩子拥有了出色的写作力，无论他将来身处哪个行业，从事怎样的工作，都会如虎添翼，脱颖而出。

最后分享一首云舟在小学毕业前夕，怀着对老师和同学的眷恋，写下的长诗。

青春·聚散·别离

我们像天空中潇洒的白云
相识、相知、相离
短短的一瞬间
却包含了所有的情谊

六年前那个迷茫的夏至
绿茵草地上那场奇妙的邂逅
让我遇见了你们
那是一种神奇的缘分

就像黑夜过后的白昼
那颗缓缓升起的启明星
明亮而清晰地
照亮了你们的脸庞

晨光悄悄地勾勒出时间的棱角
那温暖的空气里是笑声的味道
有朝气的白衬衫在蓝天下奔跑
白玉兰花和女孩儿淡淡的微笑

金色的夕阳下充满歌声的学校
一场大雪将世间一切变得寂静
黑板上白色的粉笔书写着青春
运动会上响彻云霄的呐喊欢笑

那棵梧桐树荫下的一缕缕阳光
悄悄倾诉着我们的心事
墙角那一张张光影斑斓的课桌
带给我们的那一片天地

这，是我们回忆里的样子
这，也是我们梦里的样子
但又是一年的夏至
我们最终还是散在了那棵老树下

我们相伴几度雁南飞

待到花开又花落
一千多个日日夜夜
无声无息地逝去

闭了眼
仍是初见的模样
纵然心头有千丝万缕的不舍
都将在那年夏至后匆匆离去

当操场边的玉兰花再一次绽放
当那熟悉的校歌声再一次响起
一切，才刚刚开始
一切，又早已走远

我们即将面临人生中的第一次分离
让我们在微笑中看到泪光
让我们在泪光中看到成长
还为一张张稚嫩的面孔增添了几许责任与担当

一双双斟满了幸福泪水的眼睛
写着满满的不舍
在自己青春的那一页上印满了
深深的希望

青春
是一首诗

是一次次欢笑
是一次次流泪

她像冬日刚刚融化的积雪
变成了纯净无瑕的冰片
飘落在了河面上
映射出晶莹剔透的光

谢谢你们
带给了我青春的光影
谢谢你们
在我的青春中成为一道美丽的风景

（该作品获得第十九届“中国少年作家杯”全国征文大赛一等奖）

9 如何提升孩子的英文阅读和表达能力？

用好第三种力量

云舟的英语能力很突出，尤其是口语。她一年级时纯正的发音让英语老师都很惊讶，问我家中是不是有外籍人士，或者云舟有没有在国外长期待过，自然是没有。

2016年，云舟获得第四届“外研社杯”校园英文短剧大赛北京赛区一等奖；2020年，获得第十一届“希望中国”青少年中英双语文化素养展评活动初中组全国二等奖。她很多同学的父母都问我，云舟是如何学英语的？我的回答是：功夫在课外。

我自己也曾是外语学习的高手，在学生时代，从初一到高三每个期末的外语考试成绩都是99分（满分100分），高三毕业被保送至北京外国语大学。可以说，我是把自己当年学习外语的一些经验传授给了孩子，也收到了事半功倍的效果。

如何提升孩子的英文阅读和表达能力？有一些被实践反复验证过的行之有效的第三种力量值得家长们好好利用。

厘清两个基本问题

问题一：孩子幼年时，英语学习学什么？

在孩子英语学习的启蒙阶段，最应该重视的是发音，因为一旦孩子出现了不纯正的语音，改起来很难。所以，在孩子刚开始学英语时，尽量让其接触标准的英式英语或是美式英语发音，父母有必要为孩子请一些发音真正标准的英语老师。

问题二：如何处理好中文学习和英语学习的关系？

我常常看到一些妈妈对着不满3岁的宝宝说英语，无论孩子说什么，妈妈都用英语进行回答，这些妈妈想让孩子从小打好英语基础的良苦用心可以理解，但这种做法却需要探讨。孩子生活在中国，中文是母语，只有当孩子建立起了母语的基本体系，能用母语做正确表达之后，才能开始外语教学，否则，孩子容易混淆两种语言，更不利于建立起自己的语言体系。

孩子上小学后，一些父母非常重视其英文学习，但却不重视孩子的语文学习，理由是，反正中文每天都用，怎么都能学好。

这样的做法是本末倒置，因为一个人的外语水平再高，也不可能超过你的母语水平。换句话说，你的母语水平最终决定了你外语水平的高度。我在北京外国语大学读书的时候，老教授们常常对我们说："一定要把你们的中文学好，否则你的外语成绩是上不去的。"

如何让孩子开口说英文？

有不少孩子把英语学成了"哑巴英语"，即会做题，但不敢说、不会说。造成这种现象的原因是中小学的外语教学普遍重视语法和语言知识，以升学而非听说应用为主要目标。

在外语学习中，听是说的基础，只有听多了，有了足够的输入量，才能有输出量，即英语口语的表达。

那么，如何提升孩子的英语听力？

家长要为孩子构建一个英语学习的氛围，每天固定一个听英语的时间，15分钟即可。可以利用上下学等碎片化时间，听儿歌，听英文歌曲，听英语新闻，看原声电影、电视剧是练习听力的一个重要途径。

听完之后，如何让孩子开口说英文呢？

第一，让孩子从大声朗读课文开始，到背诵课文，然后尝试着和同学编辑小对话。

第二，在家里，父母和孩子的日常问候语尽量用英文表达。

第三，找一个固定的英文时间，如周五的晚餐时间，试着用英文和孩子聊天。

第四，鼓励孩子多参加学校举办的英语演讲、英语朗诵、英语夏令营等活动，鼓励他们大胆地在公共场合说英语。

第五，通过一些优质可靠的线上英语学习平台，让孩子交一些外国朋友，进行线上聊天。

利用第三种力量

要想学好外语，仅仅依靠学习教材中的内容是远远不够的，必须利用好第三种力量。

1. 阅读绘本、小说、诗歌等英文图书

孩子上小学时，在阅读完中文版《夏洛的网》《小王子》《假如给我三天光明》《柳林风声》《哈利·波特》等之后，可以尝试着阅读相应的英文原著。这对孩子是一种挑战，也是一种乐趣。孩子在“啃”原著的过程中将会体会到英文的语言之美。

上中学后，孩子可以根据自己的词汇量挑战一些大部头的英文书，如唐诗宋词的英译本，有许渊冲先生翻译的《美得窒息的唐诗》《美得窒息的宋词》《美得窒息的诗经》，林语堂先生用英文写成的《苏东坡传》，等等。

2. 看英文原声电影、听英文歌曲

迪士尼的不少经典电影和皮克斯公司的佳作是云舟童年最美好的记忆之一。那些关于梦想、勇气、爱与坚持的故事带给了她和小伙伴们无尽的欢乐，也帮助了他们用最快乐的方式实现英语学习的长足进步。

下面是云舟推荐的几部英文影片：

《哈利·波特》《寻梦环游记》《心灵奇旅》《冰雪奇缘》《疯狂动物城》《灰姑娘》《花木兰》《狮子王》《玩具总动员》《飞屋环游记》。

具体方式是：先看完整部电影，然后选取其中几个孩子喜欢的片段反复观看，让孩子模仿其语音语调，并进行背诵。如果有条件的话，还可以进行表演。

孩子还可以下载一些手机上的App，如“英语趣配音”“英语配音狂”，做原声电影的配音游戏，模仿其语音语调。还可以让孩子学着模仿演唱电影中的歌曲，这些都是提升英语听力与口语的最佳方式。

3. 组织一个爱英语联盟

常有妈妈问我：“我的孩子对英语学习没啥兴趣，对学校的功课都是应付了事，怎么才能让他爱上学英语？”

有一个有趣好玩儿的方法，推荐给大家。

独学习不如众学习。家长们可以把同龄的几个孩子组织起来，成立一个英语联盟，让孩子们定期聚在一起看英文原声电影，最好不去电影院看，就在家里看。孩子们吃着爆米花，看着电影，不时聊聊剧情，不亦乐乎。

然后，孩子们可以自己选取电影中的一些经典片段，疯狂模

仿其中的语音语调。接下来，举办英语表演的聚会，让孩子们轮流上台表演他们练习多日的经典片段。

云舟在小学时曾和同学们多次筹办过这样的聚会。孩子们自己排练，采购道具，布置场地，发邀请函，最后自己换上服装，戴上帽子，带着各种道具闪亮登场，用流利的英语重现《疯狂动物城》和《哈利·波特》中的经典桥段，精彩至极，引人入胜。“观众们”发出阵阵热烈的掌声和叫好声，孩子们则收获了满满的成就感。

实践证明，这样的方法可以极大地激发孩子的英语学习热情，同时提升孩子的英语口语水平。这个活动可以和孩子们的中文读书会相结合，读完中文图书，再看原声电影，表演其中片段。孩子们乐此不疲，由此形成一个良性的中英文学习循环。孩子们在学中玩，玩中学，双向提高了自己的中文阅读能力和英文口语水平。

4. 参加英语夏令营

中文水平的提升需要长期的积累、沉淀、浸润；而外语学习的性质则不同，如果能营造一个纯英文的环境，让孩子沉浸其中，浸泡5～7天，则会看到明显的进步。经验证明，集中训练可以快速提高孩子的外语综合能力。

每个寒暑假，云舟都要参加一个英语夏令营，进行浸泡式强化学习，每次结束后她自己都能感到外语能力的突飞猛进，甚至是质的飞跃。

5. 让孩子当当小翻译

家长可以创造一些孩子和外国朋友面对面沟通的机会，例如参加一些英语角、出国旅行等。此时家长可以对孩子说：“我的英语不太好，今天你来给我们当小翻译吧！”这是锻炼孩子的绝佳机会。

云舟读小学六年级时，我们一起出游，我假装不会英文，让孩子为我做各种翻译，例如问路、在餐厅点餐、过海关、与各种工作人员聊天等等。大家都夸奖她这个小翻译当得好，她也深深体会到了用外语打开世界的快乐，并在实践中提升了自己的外语能力。

英文阅读和中文阅读的关系

中文是由单个的汉字组成的，这是与由单词组成的英语最大的不同。

对于中文阅读，当孩子完成了识字阶段，就进入了阅读的自由王国。一般来说，认识1000个汉字后，就可以自由地阅读图书和报纸了。我认为，学有余力的孩子完全可以阅读一些更有难度的作品，阅读一些优质的成人作品。所以，可以让孩子自己来实现中文阅读的“拔苗助长”，自我挑战一些更有难度的大部头作品，帮助其思想的成熟。

在我童年时，家中有一个很大的书柜，那是最让我痴迷的地方。书柜上摆满了我父母的书，他们都对我毫无保留地开放。我记得自己从三年级开始就读《十月》《当代》等文学杂志，读《红楼梦》等古典名著，也读《高山下的花环》《晚霞消失的时候》《第二次握手》等当代文学作品。从童年起，我的口头表达能力和写作能力就非常出色，这些都得益于“拔苗”式阅读的积累。

而英语是由单词构成的，某个单词不认识就成了孩子在阅读英文时的最大障碍。所以，孩子的英语阅读需要做较为严格的分级。目前已经有完整的英语分级阅读体系和英语分级阅读读物可供孩子使用，这里就不再赘述了。

孩子的英语阅读可以和中文阅读有机结合，而英语阅读的难度需要做降维处理。例如，幼儿园时读迪士尼的中文故事《冰雪奇缘》《托马斯的故事》《小熊维尼的故事》，上小学后则可以读迪士尼相应的英文故事；小学高年级时读中文版《傲慢与偏见》《老人与海》，初高中时就可以读简·奥斯汀和海明威的原著。如此的阶梯式双语阅读，让孩子增加了阅读乐趣，拓宽了思维边界和视野，更加自如地在两种语言之间穿梭翱翔。

利用好外文图书、原声电影、英语俱乐部、英语夏令营等第三种力量，孩子的英语学习将变得轻松简单、有趣有益，并且事半功倍。

10 如何把名著读活？

用好玩儿的方式成为名著达人

2022年的高考作文题目，着实让高考生、中学生和家长们“惊艳”了一把，尤其是全国甲卷的作文题，让很多考生直呼“无从下手”。

作文题：

《红楼梦》写到“大观园试才题对额”时有一个情节，为元妃（贾元春）省亲修建的大观园竣工后，众人给园中桥上亭子的匾额题名。有人主张从欧阳修《醉翁亭记》“有亭翼然”一句中，取“翼然”二字；贾政认为“此亭压水而成”，题名“还须偏于水”，主张从“泻出于两峰之间”中拈出一个“泻”字，有人即附和题为“泻玉”；贾宝玉则觉得用“沁芳”更为新雅，贾政点头默许。“沁芳”二字，点出了花木映水的佳境，不落俗套；也契合元妃省亲之事，蕴藉含蓄，思虑周全。

以上材料中，众人给匾额题名，或直接移用，或借鉴化用，或根据情境独创，产生了不同的艺术效果。这个现象也能在更广泛的领域给人以启示，引发深入思考。请你结合自己的学习和生活经验，写一篇文章。

这道题被大家公认为2022年高考中最难的一道作文题目。有语文专家分析认为，名著成为高考的考试内容已经比较常见，不过名著“进作文”，还比较新颖，或许今后会成为一种趋势。《红楼梦》是新统编教材中设计的必读书目，选进作文，既旨在考学生的基础阅读，也考察了学生的创造性思维拓展能力。

阅读名著，尤其是阅读古典名著，一直以来都让不少孩子和家长倍感头疼。而把名著读活，读出自己的理解和感悟，更是时代对学生们提出的新要求。

我把这道作文题拿给云舟看，云舟说："从小我就是个红楼迷，这题可难不倒我。你看，在这段阅读材料里，可以找到题眼——'众人给匾额题名，或直接移用，或借鉴化用，或根据情境独创'。"

"这里的移用、化用、独创，是对待某种事物的三种不同的态度，是从低级到高级的层层递进的关系。"云舟接着说，"我可以举这个例子：对于国外的高科技，中国是如何对待的？例如手机的生产，我们在改革开放的这三十年中，就走完了从直接引用即引进知名品牌，到借鉴采用——创立合资品牌，最后实现中国式创新——创立自己的知名品牌'华为'等的三部曲。"

"还可以有一个角度。"云舟继续说道，"给亭子题名并没有给出唯一正确的答案，它是一个开放性的选择，可以启发我们多面性的思维，就如同苏轼的诗句'横看成岭侧成峰，远近高低各不同'。例如，对于人生幸福的理解，对于痛苦的理解等。"

总之，要写好这篇作文，需要对《红楼梦》有一个基本的了解。这道作文题中透露出一个重要的信息，即从前中考、高考中关于名著的考题，考的更多的是对名著的记忆，现在的考题则已经变得非常灵活，考的不再是孩子对于名著中人名、地名、情节等的记忆，而是对名著的理解、思考和见解，这就要求孩子要读活名著，读后要有自己的思考、分析和观点。这对孩子阅读古典名著提出了更高的要求。

孩子阅读古典名著，有三道"坎儿"要过：一、对名著没兴趣，不愿意碰；二、不知道怎么读，读不下去；三、读完之后，不知所云，没有自己的思考和见解。

如何激发孩子对古典名著的兴趣?

云舟是一个资深的红楼迷，她说《红楼梦》对于她，是唯一一本随时都可以拿起来读进去的书。在她眼里，贾宝玉是一个彻头彻尾的女权主义者，因为他和那些本是奴婢的丫头们打成一片，甚至成为知己。他爱护她们，呵护她们，这在那个男权社会是不可想象的。所以，贾宝玉甚至不是曹雪芹本人，而是曹雪芹心中那个理想的自己。

不管云舟的这个观点是否正确，她有着自己独立的思考，这是难能可贵的。

那么，当年我是如何激发起女儿对《红楼梦》的兴趣的?

还在云舟上二年级的时候，我选择了87版的电视剧《红楼梦》和她一起观看。那是一部制作精良、堪称经典的优秀电视剧。剧中演员们细腻真挚的表演、曲折动人的情节、浪漫华美的服装道具和景色都深深吸引了孩子，云舟看得如痴如醉。

看完了《林黛玉初进贾府》这一集，我就为她推荐了青少版《红楼梦》中的对应片段。读完后她感叹道："书比电视剧更好看更精彩呢！妈妈，你看，这一段对林黛玉的描写多美啊！'两弯似蹙非蹙罥烟眉，一双似喜非喜含情目。态生两靥之愁，娇袭一身之病。泪光点点，娇喘微微。闲静时如姣花照水，行动处似弱柳扶风。心较比干多一窍，病如西子胜三分。'难怪老师都推荐我们读这部书呢！"

就这样，看一集电视剧，读一章原著《红楼梦》，云舟一步步地进入了那个如梦如幻的大观园，成了红楼迷。

所以，想让孩子对那些距离他们很遥远的名著产生兴趣，优秀的电影、电视剧是非常好的导读老师，例如87版的电视剧《西游记》《三国演义》、动画电影《大闹天宫》等，都能引领孩子进入名著的美妙世界。

孩子如何啃名著？

孩子读名著要过的第二个“坎儿”是：不知道怎么读，读不下去。

读这些鸿篇巨制的古典名著，我的建议是：学前和低年级时读绘本版，小学中高年级之后先读青少版，然后选取一些原著章节进行精读。

阅读时，可以采用泛读和精读相结合的方式。在完成了对名著的导读后，建议孩子们打开一些改编精良的绘本版、青少版读物，先做通读。通读是把作品先快速浏览一遍，对故事有整体的把握，并产生进一步阅读的兴趣。阅读时可以快速浏览，一目十行地读，跳过一些自己不感兴趣的文字、无关紧要的描写等。

然后，孩子可以选择自己最感兴趣的一些章节，阅读原汁原味的原著，逐字逐句地仔细阅读，带着问题去阅读，有思考地阅读，读后细细品味，掩卷沉思。

这样的阅读方式能够大大提高阅读效率，减少读了几页就读不下去、读不到一半就放弃的情况发生。

推荐书目：《侯会给孩子讲古典文学名著》

这套书把导读、速读和精读相结合，让孩子能在较短时间内高效率地读完、读懂、读透这些古典名著。

学有余力的孩子可以读一些对名著做优质解读的图书，或者听优质的说书音频，这些能帮助他们更深刻地理解原著的内涵，例如《蒋勋说红楼梦》《微尘众》等。

蒋勋先生说：

《红楼梦》读久了，会发现自己也在《红楼梦》中，有时候是黛玉，喜欢孤独，有时候是薛宝钗，在意现实的成功，有时候是史湘云，直率天真，不计较细节。

十二金钗，或许并不是十二个角色，她们像是我们自己的十二种不同生命阶段的心境。

…………

少年时读《红楼梦》，喜欢黛玉，喜欢她的高傲，喜欢她的孤独与感伤；也会喜欢史湘云或探春，喜欢她们的聪慧才情，喜欢她们的大方气度，喜欢她们积极而乐观的生命态度。

…………

一本书，可以让你不断看到"自己"，这本书才是一本可以阅读一生的书。

读完《蒋勋说红楼梦》后，女儿云舟发出感叹："要是蒋勋先生能来当我的语文老师，该多好啊！"于是，《红楼梦》成了云舟的枕边书，她常在睡前随意打开其中一章，读到倦了，便睡着了。

如何变身名著小达人？

最好的学习方式是输出。读了一段名著之后，建议孩子要做有趣的输出。形式一定要好玩儿、活泼，让孩子喜欢，让孩子通过玩游戏变身名著小达人。

输出的方式可以有以下几种。

方式一：我也要当评论家

鼓励孩子对名著中的重要章节、重要人物进行讨论，并结合自己的学习和生活对人物的命运进行更深入的思考。

例如，我和女儿讨论过“林黛玉为何不快乐？”这个问题。孩子们也可以在班上组织讨论会。云舟在班里组织过关于林黛玉、薛宝钗、探春的讨论会。对于薛宝钗这个颇具争议的人物，孩子们讨论的主题是“到底宝钗是可爱的，还是可怜的人？”。不少女生认为，薛宝钗才十几岁就需要处处看人脸色、小心翼翼地说话办事，不能按照自己的真性情活着，没有自我，真是可怜之人。

孩子们还可以组织辩论会，如辩论“王熙凤到底是可怜之人，还是可恨之人？”。孩子们如果能在读完名著后，做这样一些具有思辨性质的讨论，那么当他们遇到如下的题目，就会觉得是小菜一碟了。

下面是2021年天津高三一模作文题，有兴趣的家长可以给孩子看看，讨论一下如何作答。

> 《红楼梦》第二回《贾夫人仙逝扬州城　冷子兴演说荣国府》中借贾雨村之口提到“正邪两赋”之人。所谓“正邪两赋”即“没有截然的好，也没有截然的坏”，而这正体现出文学作品塑造人物性格真实立体与复杂丰富的特点。
>
> 班里要举办主题为“我看名著人物”的读书交流会。请你从《红楼梦》或《三国演义》中选择一个人物，结合相关情节，阐释这种“正邪两赋”的具体表现。要求：写出人物名字，结合人物的言语进行分析，语句通顺，不少于1000字。

方式二：我也要当小说家

1. 画出人物关系图谱。理清并画出人物之间的关系，使之成为自己进一步阅读的工具。

2. 做人物海报、小报。做自己最喜欢人物的海报，画上人物肖像，归纳出人物的外貌特征、性格特征、行为方式、自己对这个人物的理解、喜欢的理由等，从而更好地理解人物。

3. 梳理出故事发展大纲。写出某个章节的故事大纲，可以用思维导图、画画的方式来呈现，从而学习作者架构情节的方式。

4. 改写故事结尾。这是孩子发挥想象力、锻炼写作力的绝佳方式之一。

方式三：我也要当编剧

鼓励孩子比较电视剧和原著有哪些不同之处。可以提这样的问题：你觉得电视剧的改编成功吗？如果你是编剧，你会如何改写这一集的剧本呢？

孩子可以截取小说中的一个精彩片段，改编成对话，并辅以动作、神态、外貌描写、心理描写和场景描写，试着当一回小编剧。

在2021年天津卷的高考试题中，有这样一道题：

> 校文学社拟从《论语》《红楼梦》《三国演义》中选取一个场景拍摄视频短剧。假如你是导演，会选取哪部书中的哪个经典场景？请说明理由。要求100字左右。

如果孩子们当过这样的小编剧，回答此题就不在话下了。

方式四：我也要当导演、演员

让孩子与小伙伴们组成演出团队，表演名著中的某个经典片段，如“孙悟空大闹天宫” “诸葛亮草船借箭” “刘姥姥进大观园”等，不强调服装、化妆和道具，而是强调每个孩子都需要参与其中。

我曾经有幸被邀请参观过云舟和同学们排练《哈利·波特》某片段的现场。在那里，孩子都积极主动地参与，叽叽喳喳发表着自己的看法，通过小组成员集体商议，选出自己的导演，热情高涨地讨论角色分工、台词设计，专心致志地用过期的报纸、废旧的快递纸箱和其他旧的包装材料制作魔术师们的帽子、魔法棒和斗篷，然后一遍遍地练习台词，走位……

这样一个小话剧，孩子们自编、自导、自排、自演，从头至尾主导了全部过程，而且每个孩子都能在其中找到自己的定位，每个孩子都能在这个参与过程中得到价值感和成就感。更重要的是，这个过程能加深孩子对于名著的理解和热爱，极大地激发孩子的想象力、创造力，也能锻炼孩子的组织、协调、沟通及合作能力。

在优质阅读中，孩子终将形成对这个世界的基本认知，形成他们的人生观、价值观，奠定他们的精神品位和人格特质。所以，让他们读一些闪耀着人性光辉、沉淀着人类智慧的经典之作就显得异常重要了，那相当于是把最美好的种子，种进了孩子的心田。

以上一些有趣好玩儿的方式，不仅仅能帮助孩子迈过阅读名著的三个“坎儿”，把他们领进人类文化中一座座庄严堂皇的宫殿，还能让他们晋级为名著小达人呢！

第二部分

Part 2

少年阅读的新功效

第三章

用阅读培养孩子的优秀习惯

11 孩子坐不住、专注力差，阅读能治疗吗？

很多家长朋友都有一个共同的烦恼：孩子无法专注地做好任何一件事，做作业走神，看书走神，屁股上像是长了钉子，一会儿都坐不住。孩子之所以出现这些问题，是因为专注力不够。

专注力是指一个人集中精力、全神贯注、专心致志地去做某一件事情的能力。哈佛大学心理学教授埃伦·兰格在其著作《专注力》中指出，专注力是留意新事物的过程。专注力对孩子的学习力培养意义重大。

但是，孩子活泼好动、坐不住，这也是他们的天性。对此，家长要给予充分理解，不要动不动就着急上火，吼叫孩子。孩子的专注力可以通过一些简单易行、轻松有趣的方法加以培养和提升。

如何有效地培养孩子的专注力，为大家分享三个好方法。

开展循序渐进的家庭共读

通过多年的实践，我发现，从小与孩子共读，是培养孩子专注力的一个特别有效的方式。

我女儿云舟小时候也生性好动，5分钟都坐不住。但是我发现，每天晚上，只要我和她共读一本书的时候，她就能立刻安静下来，认认真真地听我读书、讲故事。经典的童话、优秀的儿童文学、图文并茂的少儿百科全书，都曾是我们共读的内容。

有一次，女儿对我说："妈妈，我好喜欢和你在一起读书啊！"我问她："为什么喜欢呢？"她说："这样我就能和你在一起多待一会儿了！"此话让我感动得掉下眼泪。

因为工作的忙碌，我们常常挤压和孩子在一起的时间。殊不知，这是孩子心中最宝贵最为珍惜的时光。所以，哪怕工作和生活再让人忙碌和疲惫，我们还是要每天抽出一点时间，哪怕5分钟、10分钟，和孩子共读一本好书吧。这是孩子成长路上最经典的仪式，是你们未来所共同拥有的一笔无可比拟的精神财富。

如何共读？可以采取循序渐进的方式，这是培养孩子专注力的一个技巧。

刚开始，可以挑一些孩子喜欢的书，先每天共读5分钟、10分钟，然后再慢慢地把时间延长至15分钟、20分钟、30分钟，具体情况视每个孩子的接受度而定。

与孩子共读是一桩一举多得的美事。孩子可以由此培养起对阅读的兴趣，进而培养起良好的阅读习惯。家长可以借此建立美好的亲子关系，还能同时收获孩子不断提升的专注力。这是一个值得所有父母付出时间和精力的系统工程，需要长期坚持不懈。

更多关于家庭共读的方法、内容、主题等，在本书的第一章中有更为详尽的论述。

做到劳逸结合

靠着家长的高压，让孩子不间断、不休息地学习是绝对培养不出来专注力的。相反，正确的做法在于张弛有度、劳逸结合，让孩子的大脑做到一张一弛。这种做法获得了脑科学专家的一致认同，并且得到了无数孩子的实践印证。

王孟晗同学是人大附中国际班的学生，中考时以几乎满分的成绩（为该校国际部最高分）考进该校，是一个名副其实的学霸！

王孟晗说，自己从不开夜车，并且每天保持1小时的体育锻炼。在学业压力大的初中，他的学习秘诀就是：下午6点多放学，上晚自习到9点半，在此期间高效地写完作业，之后就开始阅读，坚持每天30分钟的阅读时间，他说这是让自己的心灵得以放松的有效方式。

我们都知道"磨刀不误砍柴工"这句话，在孩子的专注力培养上，尤其如此。

《杰出青少年的7个习惯》的作者肖恩·柯维提出，只有定期让孩子对自己的身体、头脑和情绪进行修整、恢复、充电和更新，他们才能始终保持敏锐的感觉，从容应对生活。

具体怎么做呢？

第一，关爱孩子身体的最好方法就是让他多锻炼。孩子在专注学习一段时间后，一定要督促他去阳光下奔跑，去球场上挥洒汗水，让他紧张的学习脑得以放松和休息，这是保障他在漫长的学习生涯中一直坚持高效学习的关键。

第二，让孩子找到学习的乐趣，丰富大脑。不要让学校和课本成为孩子学习的唯一途径。家长们需要帮助孩子找到身边的素材来快乐学习。例如，给孩子看一看BBC的纪录片，或是看看《美国国家地理少儿百科》。孩子会发现，原来地理不仅仅是书本上那点枯燥的知识，这个世界是如此丰富多姿、令人向往。陪孩子多看看英文原声电影，如《疯狂动物城》《寻梦环游记》，让他学着唱其中的主题曲，孩子就会爱上英语学习。给孩子多看几部优秀的历史电影，如《三国》《建国大业》，孩子自然而然就会对历史感兴趣。

第三，呵护孩子的情绪，让他每天多笑一笑。细心的家长肯定会发现，现在的孩子没有我们童年时那么爱笑了，尤其是那些无论何时何地都在学习的孩子。还给孩子一点自由时光，让他多开怀大笑吧！

在家里，我们可以和孩子一起打造一个“欢乐角落”，里面放上孩子喜欢的毛绒玩具、图书和电影等。当孩子情绪低落、生气苦闷时，来到这个欢乐角落，抱抱毛绒玩具，看看轻松的喜剧电影，听听喜欢的音乐，和好朋友打打电话倾诉一下，那些坏情绪就会慢慢消退。

只有保持孩子的情绪健康，才能保持他们的身心健康，这才是他们在人生这场马拉松中成为最终赢家的根本。

只要让孩子做到以上三种“劳逸结合”，那么当孩子再坐下来专心学习时，他就会有更大的兴趣和热情，也会有更持久的专注力。

学会目标拆解

如果我们要求孩子为了某个较为长远的目标（如期末考试三科成绩上90分）而让他每天专注学习几小时，他们的确是很难办到的，这是对成年人提的要求。

老子说过：“天下难事，必作于易；天下大事，必作于细。”对于孩子，我们需要把那些远大的目标拆解成一个个可以实现的小目标。例如，把英语的期末成绩考到90分这个大目标拆分成一个个小目标：每天背单词5分钟，每天背英语课文10分钟，等等。

合理的目标制定，可以让孩子小步走且快步前进，并且能够从小目标的实现上尝到成功的甜头。这样一来，孩子们才能够在不断进步的过程中树立信心，增强动力。

另外，孩子每完成一个小目标，家长要做到及时奖励，如发一颗棒棒糖、满足一个小要求等。对孩子在提升专注力上的每一个小进步也要给予奖励，以此增加孩子的信心。

专注力是一切认知的基础，一个拥有较强专注力的人定能取得更好的成绩，并能更好地发挥自己的潜能，把事情做得尽善尽美。通过循序渐进的家庭共读、劳逸结合和拆解目标，相信每个孩子都能极为有效地提升专注力，并最终养成做事专注高效的习惯，为自己的一生奠定良好的基础。

最后，推荐几本帮助孩子提升专注力的好书。

适合3～6岁孩子阅读：

“我会管理自己”系列绘本之《好动的迪嘟》［法］路易松·涅勒曼　编著

书中，在课堂上一刻也闲不住的迪嘟最后用了什么方法让自己安静下来，开始专心学习了？作者给出的答案让人意想不到。

《10分钟专注力恐龙王国贴纸书》孙雪松　主编

对于那些小恐龙迷，这套书用立体的方式再现了超酷的恐龙王国，通过找不同、走迷宫、连线、玩贴纸等多种游戏，吸引孩子安静下来，关注细节。

《3～6岁涂色书》北京小红花图书工作室　编著

涂色是孩子都喜欢的游戏。能不能给太阳涂上绿色，给河水涂上橙色，给小熊涂上蓝色？这本书让孩子在线条画上尽情挥洒自己的想象力，专心致志，乐此不疲。

适合小学低年级孩子阅读：

《名著图画捉迷藏》李冠中　主编

这套书把四大名著中的经典片段和孩子都爱玩的搜图游戏结合起来，让孩子在阅读名著故事的同时，去找寻一件件隐藏物品，一举多得。

适合小学中高年级孩子阅读：

《荣恒方格训练》王靖雯　主编

这套书分为古诗词练习、数字练习和色彩干扰图练习，用专业的阶梯式练习帮助孩子实现“看见—看清楚细节—看清楚全貌—记住”的过程，提升孩子的专注力。

12 孩子做事拖拉、没效率，读什么书能提升孩子的时间管理能力？

大概每个父母都曾为孩子早晨不起床、写作业拖拖拉拉、做事磨磨蹭蹭而着过急，上过火，发过脾气。其实，孩子之所以总犯拖延症，归根到底，是因为他们还没有学会时间管理。

教育学家研究表明，优秀的学生在年少时都养成了时间管理的习惯，而正是这些好习惯，让他们受用一生。

环顾周围可以发现，那些优秀人士无一不是拥有着卓越的时间管理能力。而这个能力，孩子越早掌握就能越早开始拥有自我管理的能力，从而成为一个身心健康、做事高效的人。

那么，如何培养孩子的时间管理能力呢？实践证明，阅读这个教育工具，可以帮助孩子建立起时间管理的概念，进而养成时间管理的习惯，告别拖延症。

用阅读帮助孩子认知时间管理

我的一个经验是，当我们对孩子的某类问题感到头疼，找不到解决方法的时候，就可以试试阅读这个教育工具。对于绝大部分孩子都会犯的拖延症，我们也可以从阅读切入，以此为突破口，帮助孩子建立起时间管理的概念和原则，然后和孩子一起把书中的方法用于实践，一步步建立起时间管理的好习惯。

给大家举个例子。

现在每天回家陪孩子写作业，成为很多家长朋友特别头疼和焦虑的事情。一位妈妈对我说，这就是每天的一场战斗啊！但我仔细回想了一下，从我女儿云舟上小学的第一天起，我就从来没有陪她写过作业，所有的作业都是她一个人独立完成的。那么，她和我到底是如何做到这一点的呢？在她上学前班的时候，我们共读了一本好书，从此以后，她开始按照书中的方法慢慢地学会了时间管理，慢慢地养成了独立高效的学习习惯。

我帮助云舟学习时间管理的第一本书就是《快乐儿童的7个习惯》。当时她刚上学前班，我和她一起共读了这本书。书中通过一个幽默风趣的故事，告诉了孩子一个最重要的处理学习与玩耍的原则：先工作，后享乐。

从此以后，女儿就开始学习这种时间管理方式，并用书中所讲的方法以及一些自创的小工具规划自己的时间，逐渐学会了合理安排好自己的时间，独立自主地完成作业，然后再做自己喜欢的事情。

后来，我把这本书推荐给了很多年轻父母。他们在和孩子共读之后都表示，这本书是一个特别好的教育工具。孩子在活泼有趣的故事中体会到了拖拉的后果，认识到了做事高效的重要性。

《快乐儿童的7个习惯》是风靡全球的《高效能人士的7个习惯》的少儿版，书中所讲述的7个习惯已经被全球数亿人奉为做人做事的“黄金准则”，被誉为“能改变命运的7个习惯”。这7个习惯既适用于职场上的成年人，也适用于成长中的青少年，更适用于人生刚刚起步的儿童，让他们从小开始过一个有准备的人生。在美国，这本《快乐儿童的7个习惯》被引进到中小学课堂，成为孩子们的必修课。

“先工作，后享乐”是《快乐儿童的7个习惯》中管理自己的基本习惯，即每天先完成自己的学习，然后再去做自己喜欢的事情。这是时间管理的底层逻辑和起点。让孩子明白了这一点，他们才会从此开始学着管理自己的学习。

这个习惯我认为是7个习惯中最难养成的一个，但也是最让孩子受益终生的一个习惯。因为一旦孩子养成了这个习惯，就会从容地管理自己的时间，从容地面对各科考试，一劳永逸。

我在小学和中学时代，一直被同学们称为是全班学得最好、玩得最好的人。我最大的秘密就是，非常高效地学习。我不仅能在自习课里做完所有的作业，还能复习完当天功课，然后就有了更多的属于自己的时间，能做自己喜欢的事情了！

孩子要想学得好，又玩得好，需要让他们掌握一些时间管理的工具。

让孩子学会使用时间管理的工具

时间对于年少的孩子来说，绝对是很抽象的概念，因为时间摸不着、看不见。让孩子学会管理时间，他会不知道从哪里开始下手。所以，我们要把抽象的时间具象化，带孩子用具体的形象来表示时间，进而学会分配和管理自己的时间。

第一个工具：时间苹果

把时间具象化的方法有很多。在孩子上小学之前，时间苹果是帮助孩子学习时间管理的一个简单易学的工具。

我们可以告诉孩子："每天从放学回家到你睡觉前的时间是固定的。这些时间就像是一个苹果，其中红色的部分是你的学习时间，剩下的是你的自由时间。如果你能高效地完成自己的学习，那么你所拥有的自由时间就会变多，就有更多的时间去做自己喜欢的事情了。"

家长可以和孩子一起画这个时间苹果，坚持7天，然后看看7个时间苹果有没有变化。其中是学习时间增多了，还是自由时间增多了？一起找找原因，然后和孩子一起规划一下，下一周，如何才能让绿色的自由时间增多？

第二个工具：时间日志

这个工具适用于小学中高年级的孩子，能让他们学会每天自己规划自己的时间。方法很简单。找一个笔记本，每天用一页纸，左边写上待办事项、重要事情，右边是一个时间表，孩子需要在每个时间段里填写上自己需要做的事情。孩子可以把当天的各科作业、要参加的课外活动、玩耍计划等按照“先工作，后享乐”的优先级原则一一写在上面。每完成一项，就打一个钩。每天睡觉前，检查一下自己当天的日志，如果发现哪个必须完成的作业还没有打钩，就要反思一下，为何没有完成，用什么时间来补上。

第三个工具：时间轴

这个工具主要用在孩子的期末复习中。每一科目的复习进度就是一个时间轴。

以语文为例，如果共有8个单元的内容需要复习，现在距离期末考试还有3周的时间，那么可以每周复习3个单元，最后一周复习两个单元，然后再做总复习。做完计划后，可以在时间轴上标注出每周的目标。之后，每周完成规定的复习任务后，就在时间轴上的那一段涂上一个自己喜欢的颜色。

这样，孩子随时都能清楚地看到每门功课的复习进度，并根据情况做出调整。我相信，如果按照这个时间轴的进度，按时完成了所有的复习计划，考试时孩子一定是不慌不忙、胸有成竹的！

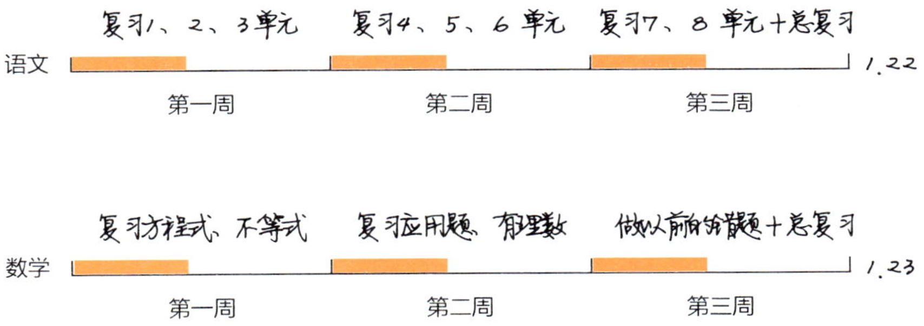

第四个工具：假期日历

寒暑假是孩子最期待的欢乐时光，如何规划好自己的假期，兼顾好出游、阅读、学习、做公益、参加夏令营等众多活动，过得有趣有益有收获，是锻炼孩子的时间管理能力的好机会。可以用假期日历这个小工具来帮忙。

找到一份7月、8月的日历，先把要做的事情列出来，然后再用彩笔按照时间段标注到这本日历上。例如，参加夏令营是什么时间，去学游泳是什么时间，旅行是什么时间。先用铅笔标，以便修改。然后再用彩笔标好，还可以加上喜欢的图标。欣赏一下这份暑假日历，是不是很有成就感啊？

这个暑假日历一定请爸爸妈妈和孩子一起来制作，因为这上面不仅仅是孩子的暑期计划，更是全家人的暑期计划。这样孩子就可以了解到，爸爸妈妈也有很多自己要做的事情，大家都在为着自己的目标而努力呢。所以，每个人就没有理由不执行自己的计划啦！

以下是时间管理的几个注意事项。

一、每天吃饭、睡觉的时间都是一样的，不要制造例外。

因为有一次例外，就会想给自己放假，制造更多的例外了。

每天在固定的时间里做固定的事情，这样习惯就可以逐步养成，就不会觉得每天早晨定时起床是一件多么痛苦的事情了。

可以说，习惯是缓解痛苦最好的办法。

二、周六日和平时的生活节奏是一样的。

即使第二天是休息日，也不要养成头天晚上不睡，第二天睡到中午才起的坏毛病。周六日要保持和平时一样的生活节奏。我们出去旅行的时候也尽量保持同样的生活规律，不搞特殊，这样习惯就不会被破坏。

三、用设定时钟的方式，管理自己的学习和娱乐。

孩子可以设定计时器，每学习30分钟，休息5分钟，时间一到便要立刻结束。一旦开始建立起了这样的约定，孩子就会对抽象的时间有了更具体的认识，进而安排好自己的考前复习时间以及考试时的答题时间。

优秀的时间管理者都会注意钟表，看看时间过去了多少，所以孩子需要学会掌握对时间的感觉。

时间管理中的成长合伙人原则

关于陪孩子写作业，有一句话特别形象：不写作业，母慈子孝；一写作业，鸡飞狗跳。

事实上，陪孩子写作业是一种完全错误的行为。我们来做一个假设：如果你在工作的时候，老板或领导一直坐在旁边，不停地唠唠叨叨，指手画脚，你会不会烦得要死？不要说有创造性地工作了，恐怕就连最基本的工作都难以完成了吧？

孩子也是如此。他们也需要被信任、被尊重、被理解。我们家长不要变成孩子的监工，而是要让自己成为孩子的成长合伙人。

在一次线下课上，我刚讲完这句话，马上就有一个小男生站起来看着他妈妈大声说："说得太好了！妈妈，你听见了吗？这是我们的心声。"

在写作业和学习上，家长和孩子采用成长合伙人的合作方式更为合适。

首先，家长和孩子一起制定学业的大目标，然后再一起拆分成小目标，如每天要独立地完成作业，要在几点完成作业，要力争每科作业的错误率在多少以下。注意，这个目标一定不能是家长单方面的要求，而是要孩子一起参与，是在和孩子召开家庭会议进行充分沟通之后的结果。

第二，家长要对孩子信任、尊重和放权。从写作业的第一天起就告诉孩子："我相信你自己一定能很好地完成作业，我不会在旁边盯着你。"家长要做到放手让孩子自主学习。

第三，家长提供各类支持，包括资源、时间和技术支持，但请一定注意，家长是支持者，而不是亲自上阵，替孩子完成作业。

第四，双方商议并制定奖惩措施，且要严格执行。家长要和孩子约定好，如果孩子在规定的时间内很好地完成了目标，将会获得怎样的奖励；如果孩子没有按照规定的时间完成目标，将会受到怎样的惩罚，例如做10个蹲起。

家长和孩子以成长合伙人的方式共事，彼此都找到适合自己的位置，更有利于孩子的成长，让他们从小就学会独立、自主与合作。

孩子初学时间管理时要注意以下两件事。

一、父母一定要狠心"逼"一下孩子，帮助孩子养成习惯。

拖延是人的天性，做时间管理是在与人的天性作战，开始时必定艰难无比，需要外力的干预。

云舟刚开始写作业时，总是喜欢开小差，当过了规定时间她还没有完成作业时，我就会收走她的作业本，让她把没写完的作业本第二天交给老师。这样执行过两次之后，云舟就知道了妈妈的“厉害”，彻底改掉了写作业磨蹭的习惯。

二、和孩子一起制定时间管理表。

父母不陪孩子写作业是对孩子的信任，但孩子在开始学习做时间管理表时，我们一定要和他们一起共同学习时间管理的方法，助力其掌握时间管理的工具。这是我们为孩子提供的支持。

培根曾说：“既然习惯是人生的主宰，人们就应当努力求得好的习惯。习惯如果是在幼年就起始的，那就是最完美的习惯，这是一定的，这个我们叫作教育。教育其实是一种从早年就起始的习惯。”

一旦孩子学会了合理规划和管控自己的时间，进而学会管理自己的学习和生活，他们就能成为自己人生之路上的主驾驶，掌控好前进的时间和节奏。我们家长只需坐在旁边，作为副驾驶，帮助他们看清前方的道路，为他们提供合理化的建议。这将令家长和孩子都倍感轻松愉悦。

最后，给大家推荐一个儿童时间管理的小书单。

适合3～6岁孩子阅读：

《快乐儿童的7个习惯》［美］肖恩·柯维 著

帮助孩子养成书中的7个习惯，这是给孩子成长的一份无价的礼物。

《学会管自己幼儿版——歪歪兔自控力教育系列绘本》之《歪歪兔迟到了》 歪歪兔关键期早教项目组 著绘

书中爱睡懒觉的歪歪兔最后是如何做到按时起床的？在他身上一定能看到每个孩子的影子。

《托马斯和朋友·幼儿性格培养互动故事》之《游戏时间》英国HIT娱乐有限公司　著

托马斯是英国家喻户晓的小火车，这一次总管派托马斯去码头接歌唱演员，他完成任务了吗？他是如何做到的？

《谁偷走了我的时间呢》［韩］崔星美　著

书中遭遇了时间小偷的小主人公遇到了大麻烦，最后他是如何赶跑时间小偷的？

适合7～12岁孩子阅读：

《别再叫我拖拉斯基》龚勋　主编

作者通过40多个鲜活生动的故事，告诉孩子们时间的宝贵，帮他们学会合理利用时间，与懒惰的坏习惯说再见！

《时间商店》［韩］李奈英　著

小主人公为了考试取得第一名，用一块魔力手表，每天购买十分钟时间，代价是出卖自己的快乐记忆，从而引发了一系列离奇故事，由此唤起孩子们对于时间和幸福的深入思考。

《杰出青少年的7个习惯》［美］肖恩·柯维　著

《快乐儿童的7个习惯》的青少版，书中给到了更多用于青少年时间管理的具体方法，很接地气很实用，帮助青春期的孩子学会规划时间与生活。

13 孩子无法控制自己的行为和情绪，读什么书能提升自控力？

常常有家长朋友问我：孩子很容易发脾气，控制不住自己的情绪，怎么办？孩子不遵守规则，约定好的事也做不到，怎么办？孩子就喜欢吃垃圾食品，怎么办？

我认为，孩子们的这些问题归根到底是孩子缺乏自控力或者说自控力不够，克制不住自己的行为所造成的。

什么是自控力？自控力是个体在没有外界监督的情况下，适当控制、调节自己的行为和情绪，保证目标实现的一种综合能力。

拥有自控力的孩子能克服学习上的种种困难，管理好自己的时间，优质地完成学业；拥有自控力的孩子能抵挡住外界的不良诱惑，管控好自己的行为，品行端正；拥有自控力的孩子能管理好自己的情绪，保持乐观开朗的心态，积极锻炼，做到身心健康。

一个孩子的自控力与他自身的智力因素是没有关系的。自控力来自孩子的内心，而不是头脑。每个孩子的自控力都具有差异性，而正是这些差异性，导致了孩子行为上的不同。

如果家长能够帮孩子从小就刻意地锻炼和提升自控力，那么未来他一定是一个懂得如何管理自我、管理人生，懂得如何获得幸福的人。可以说，自控力是孩子拥有幸福人生的基石。教育的终极目的是让孩子学会自我管理。

既然自控力对孩子如此重要，那么父母应该如何帮助孩子培养和提升自控力呢？

自控力教养核心原则

还是那句老话：孩子不听我们的，他们模仿我们。

如果父母经常因为一点小事对着孩子大吼大叫，孩子也会变得爱生气和爱吼叫；如果我们回到家后毫无节制地玩手机，孩子也会沉迷手机；如果我们暴饮暴食，孩子则很可能成为肥胖儿童；如果我们自己是宅男宅女，孩子则几乎做不到热爱运动。

只有我们学会了管理自己的行为和情绪，成为一个有理智、有节制、有目标的人，孩子才有可能成为同样的人。很少有孩子从小就懂得自我控制、抵挡诱惑，这是一项需要后天培养的能力。而自控力培养的关键，在于为人父母的言传身教，在于父母在自律方面所起的表率。

用阅读这个教育工具帮助孩子认知自控力

在我的粉丝群里，很多妈妈倾诉：孩子很爱生气，生起气来就大喊大叫，乱扔东西，怎样才能让他消气？孩子特别黏人，怎样才能让他学会独处？孩子每天睡觉都是一件特别费劲的事，怎么哄都不肯睡，有什么办法让孩子学会自己睡觉？

于是，我给这些家长推荐了法国儿童心理学家路易松·涅勒曼创作的“我会管理自己”系列绘本中的《生气的莫娜》《我不想睡！》《诺亚的安静时光》《金发女孩和三只熊》这几本书。

书中用孩子听得懂的语言，讲述了一个个温暖的小故事，告诉了孩子一些管理情绪的好方法。例如生气时，用卷筒把“气呼呼小精灵”吹走，吹得远远的；不想睡觉时，可以学着像乌龟一样安静，或是和爸爸妈妈一起唱歌，跟他们回忆一件白天的美好事情。

很多妈妈和孩子共读之后都反馈说，孩子们很喜欢读这几个故事，读的时候能很快就安静下来。另外，书中的那些小方法让孩子们觉得很有趣，孩子边听边模仿，轻轻松松就帮助家长安抚了孩子的情绪，甚至家长们在读后都觉得自己学会了运用呼吸等方法更好地排解了自己的情绪。

云舟在小学低年级时，也曾经因为上课总是爱和同学讲话而受到老师的批评。如何帮助孩子更好地管住自己呢？

当时，我为她选择的是《孩子，先别急着吃棉花糖》这本书。这是一本风靡全球的关于儿童情商培养的书。书中用生动有趣的笔调，讲述了一个小女孩珍妮弗的成长故事。珍妮弗在成长中遇到了各种各样的问题和烦恼：找不到学习的意义、不被同学认可等。她的爸爸乔纳森给女儿分享了自己小时候参加过的斯坦福大学的棉花糖实验，还给女儿讲了一个个小故事，教给她不少解决烦恼的好方法。在父亲的帮助下，珍妮弗不再遇事抱怨，变得更有自信、更快乐、更会管理自己，无形中养成了受益一生的好习惯。

我对云舟说："其实啊，我们可以把生活中所面临的每一个小诱惑都看作一颗棉花糖。如果我们能做到管住自己，不接受这个棉花糖，那么，我们就能有更大的收获。如果你能做到上课管住自己，不和同学乱讲话，那么，就会得到老师的表扬而不是批评，也会得到妈妈的奖励哟！"

然后，我和女儿约定，如果明天她能做到上课的时候不和同学说话，也将得到一个好吃的棉花糖。就这样，云舟开始一点点地学会上课管住自己。

阅读真是一件特别有效的教育工具，当家长为孩子的某些行为习惯头疼的时候，不妨到优秀的图书里去寻找智慧的外力，然后在与孩子的共读中获得成长和进步。

延迟满足能力的小海报

培养孩子自控力的关键，是培养孩子的延迟满足能力。

延迟满足是指一种甘愿为更有价值的长远结果而放弃即时满足的抉择取向，以及在等待期中展示的自我控制能力，即我们平常所说的忍耐。为了追求更大的目标，可以克制自己的欲望，放弃眼前的诱惑。延迟满足不是单纯地让孩子学会等待，也不是一味地压制他们的欲望，说到底，它是一种克服当前的困难境况而力求获得长远利益的能力。

我们要让孩子明白这样一个人生规则：好多人生的愿望并非立马就能实现，你必须为此付出等待和长久的努力。

在培养延时满足能力的过程中，家长要采取循序渐进的方式。例如，孩子刚开始写作业时，针对孩子坐不住的特点，第一个月让孩子学习20分钟，休息10分钟；第二个月让孩子学习30分钟，再休息10分钟……

家长可以为孩子设计一个相关的小海报，展现出他的相关数据增长，让孩子惊喜地看到自己的巨大进步，获得成就感。这有利于培养孩子的自信，不会给他们造成过大的心理压力，还能让他们轻松锻炼自己的自控力。

让孩子学会管理自己的身体健康和心理健康

让孩子成为一个身心健康的人，是所有父母的愿望和教育的终极目标。当孩子进入青春期后，他们的课业负担日益加重，学业竞争更加激烈，他们的情绪随着身体的发育和外界的变化变得异常波动。郁闷、愤怒、焦躁等各种负面情绪常常不期而至，此时他们的身体健康和心理健康都面临着前所未有的挑战。

所以，青春期里，父母最大的责任是帮助孩子学会管理自己的身体健康、管理自己的情绪，努力让孩子成为一个身心健康的人。

具体怎么做呢？

此时，我们要运用成长合伙人原则。首先，和孩子一起讨论、商议，确立自己的身体管理计划和情绪管理计划。

我们要让孩子明白，身心健康其实是合二为一的，如果我们能很好地管理自己的情绪，尽力保持平和、从容、淡定、不急不躁的心态，那么，这将成为我们身体健康的最重要基石。

心理健康管理计划

1. 情绪管理

我们可以告诉孩子，每个人都有负面情绪，这是很正常的一件事。我们要接纳那个生气的自己，理解自己。但是我们不能任由自己沉溺在这样的负面情绪里，我们要走出来。

当生气或愤怒时，首先要深呼吸几下，这能帮助你平静下来；然后，你可以站起来，到一个更安静的环境里独自待一会儿，走出影响你情绪的场景；接着，你可以和自己说说话，拍拍自己的肩膀，告诉自己，一切都没什么大不了的。这样，你就会发现，那些坏情绪会慢慢地离自己远去。

做一张情绪管理表，让孩子每天记录一下。今天心情很好，画一个大大的笑脸；心情很不好，画一个哭丧的脸。一周之后统计一下笑脸有多少个，由此留意自己的情绪变化。发现笑脸渐渐增多时，为自己大大点赞，之后可以有意地逐渐提升目标。

2. 创建自己的Happy Time

我们可以和孩子讨论，每天都创建一段自己的Happy Time（欢乐时光）。例如，午餐后，可以和同学在美丽的校园里散步谈心欢笑，或是戴上耳机独自漫步，听一段美丽的音乐；晚上睡觉前，写写日记，看看小说，发发呆，或是做点其他什么自己喜欢的事情，让紧张了一天的疲惫身心彻底放松。

每个周末都创建一段固定的Happy Time，可以是周五的晚上，家里点上香氛蜡烛，一家人聚在一起聊聊天，吃点美食，说说八卦，看一部老少咸宜的喜剧电影，放声大笑。

每个月都创建一段Happy Time，让孩子和好朋友去聚餐，打球，郊游，玩剧本杀……去做他们喜欢的有益身心的事情，让孩子尽情地释放身心，快乐充电。

这样的Happy Time对于孩子的成长意义重大。它能让孩子学会欢笑，学会放松，学会自我减压，学会清理自己心里的垃圾，学着轻松地笑对人生。

身体健康管理计划

我们可以告诉孩子，如果能很好地管理自己的饮食，积极运动，就能拥有健康的身体，从而支撑起繁重的学业。这个过程其实也是提升孩子自控力的绝佳机会。

1. 管理自己的饮食

告别垃圾食品，避免青春期肥胖，做最靓丽的自己。

面对美食时，不要改变自己平时的饮食习惯而暴饮暴食，要学会抵御住美味食物对自己的诱惑。这种对于美食的自我克制，不仅能让自己拥有健康的身体，还能让人学会抵挡住外界更多的不良诱惑，坚守内心。

2. 热爱运动

每天尽可能保持1个小时的运动时间。另外，在日常生活中，随时随地都可以利用一切机会多运动，例如用步行代替坐车，用爬楼梯代替坐电梯，协助父母做一些家务劳动。在休闲时间，尽量不要宅在家里，而是走出家门，多多参加户外活动。建议家长帮助孩子做一个健康管理表，记录孩子每天的运动时间，及时总结，帮助孩子坚持运动。

当心理健康管理计划和身体健康管理计划制订好了之后，最重要的是把它们转化为实实在在的行动，而不是变成一张废纸。而父母需要做的是为孩子实施上述计划提供必要的支持、帮助和资源，多和孩子沟通，询问他们的需求。

在这些计划的执行过程中，我们最应该说的话是：

我能为你做点什么吗？

有什么需要我帮忙的吗？

怎么样？今天开心吗？

有什么需要我支持的，尽管说哈！

我们不能说的话是：

你怎么今天又这么丧？

你怎么又犯懒了？

你看看你，怎么吃这么多！

你怎么这么胖？

你怎么又和同学出去玩了？

把青春期的孩子看作是成年人，把他当成你的好朋友，你就找到了和他正确沟通、愉悦相处的最佳方式。

俄国作家陀思妥耶夫斯基曾说：“如若你想征服全世界，就得先征服自己。”成长的历程，就是一段不断学习管理自我、控制自我的历程。如果做到了这一点，你终将收获身心的健康，拥有一个平和圆满、自如丰盈的人生。

下面为大家提供一份帮助孩子提升自控力的书单。

适合3～6岁孩子阅读：

《学会管自己幼儿版——歪歪兔自控力教育系列绘本》之《神奇的等待礼盒》歪歪兔关键期早教项目组 著

威威龙最喜欢吃巧克力了，于是爸爸送了他一盒巧克力，让他等一个星期再打开。威威龙迫不及待地打开，却看到里面都是石头。爸爸说，7天后，石头才会变成巧克力……这个方法，值得家长们一试。

《好动的小兔子》［美］詹姆斯·M.福利 著

小兔子巴特在森林运动会获得了跑步冠军，但却没了朋友。在巴纳比叔叔的帮助下，巴特发现了自己的问题。最后，巴特不仅赢得了冠军，还得到了大家的称赞。他是如何做到的呢？

适合6～9岁孩子阅读：

《妈妈，我真的很生气》［美］吉娜·迪塔-多纳休 著

乔希很爱生气，最后他用了什么好方法学会管理自己的情绪？

《当我安静下来》［西］双纽线工作室 编绘

当我们安静下来，就能听到那些嘈杂的世界中被忽略的声音，听到花开虫鸣的声音，听到我们内心的声音。

适合9～12岁孩子阅读：

《孩子，先别急着吃棉花糖》［美］乔辛·迪·波沙达 著

珍妮弗的爸爸给出的7颗棉花糖，是7个成长的锦囊妙计，能帮助她找到学习动力、建立自信、掌控时间、善用金钱、达成目标、找到好朋友、减肥成功。

《孩子，假如你吃了棉花糖》［美］乔辛·迪·波沙达 著

艾瑞曾是一个懒懒散散的淘气包，在乔纳森爷爷的帮助下，开始完成“棉花糖计划”，学会认真完成作业、不吃零食、不玩游戏，变得越来越优秀。那么，你是否也想拥有这样的“棉花糖计划”，让自己发生惊人的蜕变？

《99℃——孩子，做更好的自己》［美］乔辛·迪·波沙达 著

99℃的热水不能沸腾；100℃的热水可以产生蒸汽，拥有让火车奔跑的力量。当我们处于99℃时，要尽全力去完成眼前的事情，积累自己，只有这样，当机会来临时，才能尽快提升那个1℃，毫无遗憾地去实现梦想，成为闪闪发光的人！

14 如何帮助孩子有效地管理手机?

如今，手机成了不少父母的心头大患：不想让孩子用手机，可孩子常常需要使用一些学习软件才能完成作业；而放任孩子使用手机，又可能让孩子沉迷游戏，无节制聊天，无障碍接触不良内容，不能自拔。我身边有一些正处于青春期的孩子，为了手机的使用问题，和父母发生激烈冲突，学业成绩下降，甚至离家出走。

很多中小学明文规定，禁止孩子把手机带入学校，甚至禁止孩子使用手机。有不少家长的做法是完全不让孩子接触手机。但我认为，对于孩子使用手机这件事，切不可搞“一刀切”，还需要随着孩子的年龄增长不断调整策略。

在这个移动互联网时代，让孩子完全不接触手机是不可能的，而手机和孩子的学习、社交也都发生着必然的联系。

还有很重要的一点，孩子爱玩的手机游戏也不全都是负面的。例如，有一款游戏叫“我的世界”，很多学习优秀的孩子也都很爱玩，理由是，玩这个游戏可以锻炼他们的创造力和想象力。而在全球2000多所学校里，“我的世界”已然成为教学工具，在历史、地理、物理等课程中，通过还原历史场景、展示地壳运动和电路知识等，帮助老师进行教学。

所以，我们可以换个角度来看待孩子使用手机的问题。手机为孩子打开了一扇看世界的精彩大门，孩子们可以由此获得更多和世界连接的学习通道。手机还可以被视为我们培养孩子自控力的一个重要工具。

那么，如何让孩子学会有效管理自己使用手机，让他们受其益，而不受其害呢？这是家长所面临的巨大挑战和全新课题！这也是锻炼和形成孩子的自控力，最终让孩子成为一个自律的人的重要一课。

很显然，一味地禁止是行不通的，那会让孩子更加渴望。这就如同大禹治水，“疏”比“堵”更科学有效。

在这个问题上，我们依然可以运用成长合伙人原则，帮助孩子学会更有效地使用手机。

签订“手机使用协议”

家长和孩子结为成长合伙人之后，在使用手机这个问题上，也要采取合伙人的协作模式——充分讨论、达成一致、有效合作。

家长和孩子可以一起协商，共同约定，起草一份约束彼此的手机使用协议，以做到真正的彼此陪伴、共同成长。

首先，召开家庭会议，制定共同目标，即让手机成为社交工具和学习工具，不能影响到父母和孩子的交流和沟通，不能让手机对孩子的成长造成负面影响。

然后，讨论具体实施策略。家长首先要自我约定，每天在家看手机的时长不能超过多少，且固定在什么时间段；晚餐时间不可以看手机；家长不可以玩手机游戏，且每天应该留出一段固定的时间陪伴孩子。

之后，共同商议孩子的手机管理办法。孩子在不同的成长阶段需要制定不同的规则。

3～6岁的孩子，不建议使用手机。对于这个年龄段的孩子，我提倡多阅读，让阅读在孩子的大脑中占据第一的位置。当孩子外出时，可以为孩子佩戴电子手表，便于和父母联系，以防紧急情况，并教会他们如何求救。

小学一至四年级（即6～10岁）的孩子，为了学习需要，可以配备手机，但有几个通用规则需要告诉孩子：第一，手机不可以带到学校；第二，在吃饭时不可以使用手机，这有利于自己的进食健康，也是对他人的尊重；第三，上床后不使用手机，因为屏幕的蓝光会影响睡眠质量，而良好的睡眠是获得健康的重要途径；第四，在一些需要保持安静的公共场合，例如电影院、报告厅、展览厅等场所，要关闭手机或调至静音状态，这是基本的教养。

这个阶段，孩子的手机上可以安装的软件只能是有益于孩子学习与阅读的，如各类学习App、英语词典等，不建议下载社交软件和游戏软件。

家长需要和孩子商议后定下每天使用手机的固定时间和时长，如果孩子对哪款手机游戏感兴趣，经过家长的鉴定后，可以在家长的手机上安装这款游戏，在与孩子讨论后，定下玩游戏的时间，如每天10分钟。

以上方法能帮助孩子从小开始学习自我控制和自我管理。

小学五年级至初三（即10～15岁）的孩子开始进入青春期，他们对交友和探索未知世界有了更多的需求，对独立和自由有了更多的渴望，在手机的使用上也希望有更多的自主权。家长应该理解和尊重孩子的这种渴望。

我们仍然需要和孩子进行商议，然后定下手机管理协议。

1. 手机里可以安装微信等社交软件，也可以安装少量的有益游戏，但绝不可以装载黄色或暴力相关内容。

2. 父母和孩子商定每天使用手机的时间、时长和场合。

3. 信任原则：父母要告诉孩子，“我信任你，我相信你能遵守我们的约定，我尊重你，我不会去翻看你的手机！”

4. 惩罚措施：如果孩子违反了你们的约定，或者辜负了你的信任，就要受到相应的惩罚。惩罚措施也由父母和孩子共同商定。

5. 危险性：我们还要告诉孩子，如何在互联网的世界里保护好自己。乔希·西普在《解码青春期》里写道："一部手机不只是一件科技产品，如果使用不当，它就会变成一件危及你安全的武器。"他提出，让孩子们使用手机前必须承诺：不发送或接收裸体照片；不用手机搜索色情内容；收到陌生人的可疑来电，需要告诉父母；不用手机去取笑别人或欺负别人，这不是幽默。

最后，我们需要做一件有仪式感的事情，那就是把这份手机协议打印出来，一式两份，家长和孩子都签字，庄严而郑重地把它挂在家里醒目的位置。这不仅仅是一份关于手机管理的协议，也是一份培养孩子自我管理能力、自我控制能力，以及家长和孩子共同学习与成长的重要约定，需要双方都拿出足够的毅力、耐心和恒心坚持做下去，彼此监督、共同成长。

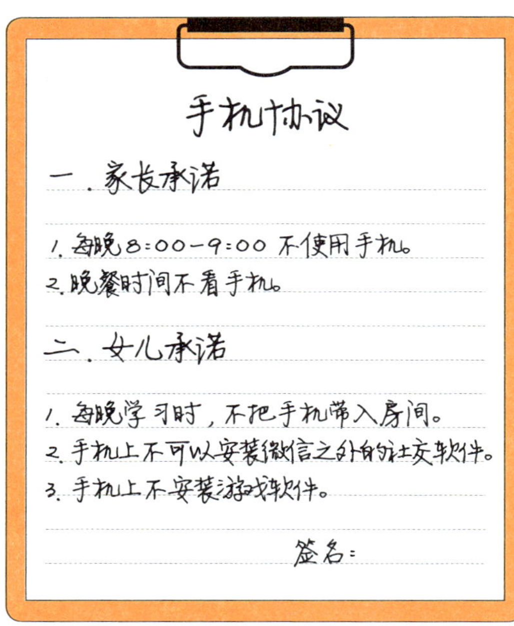

帮助孩子找到自己的兴趣爱好

我们曾经做过一个关于小学生玩手机的调查问卷，关于为何玩手机这一项，85%的孩子填的是打发无聊时光，或是最佳娱乐方式。这也就是说，孩子们在课余时间往往找不到更有趣的娱乐方式，所以认为玩手机最能打发时光。

而帮助孩子告别无聊的最好方法，便是帮助他找到他最喜欢最感兴趣的事情，且这件事是有意义的，让孩子愿意认真地去完成，体会到其中的快乐，这样，孩子就会感到充实起来了！

特别需要注意的是，如果只是出于升学的目的，家长强迫孩子发展某类兴趣爱好，那只会让孩子心生厌恶，一旦他有机会就会立刻放弃，一辈子都不愿再多看一眼。真正的兴趣，一定是让孩子从心底喜欢，并能激发起他的学习动力和热情，让他愿意一直投入时间和精力去做的事情。

那么，如何帮助孩子找到他的兴趣爱好，甚至是他的一生所爱呢？这可不是一件容易的事情。而阅读依旧是一个很好的工具。

我女儿在小学一年级时，每天下午三点就下课，我不想把她送进各式各样的学科培训班，所以她也一度感到很无聊。还好，我家附近新开了一家少年阅读馆，里面有满满几面墙的好书，还有各类和阅读相关的活动，如朗诵、烘焙等。她去看了以后很喜欢，就决定待在那里。在那里，她读了几本莫奈的画册，便自己开始试着临摹，居然有模有样，于是就对油画产生了很大兴趣，开始找老师进一步学习。现在，画油画依旧是女儿放松自我的娱乐方式。

通过阅读，孩子可以发现一个全新的世界，可以接触到文学、科技、天文、历史、艺术等各个领域，从而打开视野，从中开发出自己对某个领域的崭新爱好。

每个人的兴趣爱好都可以广泛多样，它们不一定都能发展成为我们的优势或特长，但是我们从对它们的由衷喜爱中体验到了热情、喜悦与快乐，它们为我们结交到了更多的好朋友，它们让我们享受和放松，让我们的人生变得更加有趣，这就已经足够了。

我们必须让孩子明白一个道理：如果用无聊的方式来打发无聊，你就会觉得更无聊。这句话的意思是如果你没有节制地玩手机、看电视，以此打发时光，你会毫无收获，只会觉得更无聊的。

家长先戒掉手机瘾

常常有父母问我，怎样才能让孩子少玩点儿手机？我总是笑着反问："您在家里爱刷手机吗？"他们中的大多数都不好意思地笑了。

孔子云：其身正，不令而行；其身不正，虽令不从。

曾经有一张图片让我很震撼，图中，一位妈妈带着年幼的宝宝在乘坐地铁，母子俩的手里都拿着一本书，图边有这么几行字：

> 旁边的人问妈妈："你是怎么劝说你的孩子去阅读而不是玩各种电子设备的呢？"
>
> 妈妈说："孩子们不听我们的，他们模仿我们。"

是的，孩子就是我们最真实的镜子，我们希望孩子成为什么样的人，首先我们自己就要成为那样的人。与其苦口婆心地劝说孩子少玩手机，不如我们自己先放下手机，不再不停地刷朋友圈、刷视频。我们一定要这样要求自己，让我们自己成为孩子的榜样。

让我们打造家庭读书仪式，和孩子一起拿起书本，享受书香！平日里，可以带着孩子来到阳光下，和他一起踢球、捉迷藏，大声欢笑；周末，带着孩子逛一逛博物馆、美术馆、图书馆，让孩子体验艺术之美、文学之美；假期，带着孩子去一去乡村，去一去户外，让他感受到真实世界的丰富多彩！

手机并不是洪水猛兽，它是一把双刃剑，如果利用得好，可以成为孩子学习的好帮手、好工具、社交的好朋友，如果用得不好，则会伤及孩子的成长，危及孩子的安全。

在这个移动互联网时代，我们要和孩子一起学会不让自己成为手机的奴隶，被其绑架，而要做它的主人，合理地有控制地使用它，取其精华去其糟粕，把它变成我们的高效能学习工具，和孩子一起获得更多有价值的东西，例如智慧、视野、见识和社交技能。

第四章 用阅读提升孩子的综合素养

15 阅读能让孩子提高学习成绩吗？
阅读力就是学习力

有一些妈妈对我说：“我们都知道阅读对孩子很重要，但课外阅读能提高孩子的学习成绩吗？毕竟，孩子的学习成绩是最重要的。”

还有家长问：“您这么强调阅读，但是阅读时间过多，会不会挤占孩子的学习时间？学习语文、数学等科目才是最重要的。”

我的回答是：阅读就是在学习，阅读是学习最重要的方式之一，而且能帮助孩子形成强大的学习力。

先和大家分享一下我的成长故事。

我于上世纪八十年代末就读于重庆市人和街小学，那是一所公认的优质小学，当时我就读于学校里唯一的全国实验班。这个实验班的最大特色就在于：二年级（过完识字阶段）之后，我们便没有了语文课外作业，取而代之的是每周读一本书。

老师并没有给我们规定必读书目，只是要求我们不能看连环画和漫画书，必须读全字书；并且，每周写一篇读书笔记，三、四年级时，读书笔记的内容是摘抄自己认为优美的词语、句子、段落，并进行背诵；到了五六年级，读书笔记的内容换成了写读后感，并且语文课的主要内容就是同学们轮流上台，以演讲的形式分享自己读完一本书的收获与感悟。

我们的语文老师这样坚持了四年的结果是：班上绝大部分同学都有思想有见解，其思考的深度和见识的广度远远超过了同龄人；同学们个个演讲能力出色，写作能力俱佳；小升初时，95%的同学升入重庆市重点中学，中学毕业时多位同学被保送至北京大学、北京外国语大学、浙江大学等名校。

小学毕业三十年后的今天，我的同学中有旅居国外的科学家、拓展非洲的企业家、央企领导、作家、建筑师等各行业精英。当我们再聚首时，都非常感谢当年的阅读教育助力我们养成了热爱阅读的习惯，让我们成为终身学习者。

上世纪六十年代，斯坦福大学曾做过一个著名的“棉花糖实验”，而在当时的中国也做过一个“用阅读替代课外作业”的教育实验，这个在中国鲜为人知的实验在三十年后的今天交出了一份令人满意的答卷。受益于阅读的我们都成了栋梁之材。更重要的是，我和同学们都留住了一份对童年最美好的回忆，那是我们成为身心健康的人的根基。

这个“用阅读替代课外作业”的实验证明：把孩子从题海中解放出来，从简单重复的作业中解放出来，通过阅读就能帮助孩子形成强大的学习力，并提升综合素养，让孩子成为一个真正优秀的人。

阅读力就是学习力

我童年经历的这个实验证明，阅读能帮助孩子形成强大的学习力。童年和少年时代是孩子各项能力发展的黄金期，其中最为重要的是学习力的培养。而让所有人梦寐以求的学习力，90%以上需要通过阅读力的培养得以提升。

苏霍姆林斯基曾说："想让学生变得聪明起来的办法，不是补课，不是加大作业量，而是阅读、阅读、阅读。"

那么，什么是阅读力？阅读力是指在阅读中理解、分析、思考、比较、归纳、总结、判断的能力，以及想象、创造的能力，也就是一个人的学习力、思想力和创新力。同时，伴随着阅读，可以提升孩子的专注力、耐力、毅力。

"股神"巴菲特从青年时代直至耄耋之年的今天，一直保持着学习的习惯，他每天花在书房里的时间始终保持在4～6个小时，翻阅最新的行业分析和财务报表。巴菲特清楚地知道，一旦停止了学习，就会被时代抛下。巴菲特直到今天都还坚持学习，就在85岁时，他还专门学习了新媒体，通过网络向全世界做直播。

巴菲特从童年起就对股票表现出浓厚的兴趣，在11岁那年曾经经历过一次不成功的投资，这让他意识到了持续学习的重要性。后来他始终谦虚地吸收新的信息和知识，不断完善自我。正是这样的清醒认识，才让巴菲特走向成功，并持续成功。

巴菲特说，最好的投资就是投资自己。而投资自己最好的方式之一就是保持终身学习，尤其在离开学校后，仍需学习不辍。终身学习最重要的一个方式是坚持阅读。任何人坚持这个好习惯，都会受益终生。

阅读是成长的发动机

云舟在小学低年级时成绩也就是中等水平，可我并没有着急上火地给她报课外辅导班、找家教，而只是安安静静地让她好好阅读。到了六年级上学期，云舟的语文、英语一跃成为全年级第一，数学也一改落后面貌，俨然成了一匹黑马。班主任老师让我去家长会上介绍经验，我说云舟是“厚积而薄发”。云舟的数学老师在家长会上还特别强调，要重视孩子的阅读能力，不然连应用题都读不懂。

我们做家长的，在小学阶段要尽量从容一些，不要过分在意孩子一时的学习成绩，而应该着眼于长远的未来，着眼于对孩子一生最重要的能力的培养。

对于一个孩子，他应该具备的最重要的能力是什么？也许有人回答是学习能力，是考高分的能力，是与人交往的能力。但我一直认为，阅读是一个孩子应该具备的最重要的能力。

在这个知识更新飞速的时代，唯有终身学习才能立于不败之地。而阅读是实现终身学习的唯一途径。

《人民日报》曾刊文，指出“初中掉下的成绩，可能都是小学欠下的阅读账”。我们身边有不少家长从小学低年级起就狠抓孩子的学习成绩，让他把大量的时间都投入作业和补习班中，并满足于孩子所得到的高分。其实，这样做对孩子是一种巨大的损失。

因为，孩子在这个阶段的好成绩是一种假象，那只是多次机械性刷题的结果，而孩子的心灵却因为没有受到好阅读的滋养而缺乏真正的理解、思考和想象的能力。

到了小学高年级后，孩子终究会因为阅读量的缺乏和阅读力的缺失，失去成长的动力。这就好比一辆燃料不足的跑车，自然不可能在人生的赛道上跑得多快多远，更没有可能插上双翼，展翅高飞了。

因此，父母要摆正自己的心态，不要被那句“不能让孩子输在起跑线上”所误导。学习是一场马拉松，人生更是一场马拉松，拼的是智力、体力、耐力和毅力，拼的是认知、高度和格局，更是心态。欲速则不达。

如何培养和提升阅读力？

既然阅读对孩子的学习如此重要，无论是升学还是未来社会都对孩子的阅读力提出了前所未有的高要求，那么，我们家长要如何培养和提升孩子的阅读力呢？

一、学会快速阅读

快速阅读，即对一本书进行速度较快的浏览，并能从中找到中心主题、关键词、关键句等核心信息，这是每个学生都应该掌握的核心阅读能力。

那么，如何进行快速阅读？

1. 阅读目录。拿起一本书，我们首先要阅读目录，这样做可以快速且尽可能广泛地了解信息，是读书最常用的重要方法，由此可以了解本书的整体结构。

阅读目录，包括读各个章节的大标题，以及以下的文章标题。阅读章节大标题可以了解本书的整体框架，而阅读文章标题可以了解文章的核心观点，由此对本书建立起一个总体的认知。

2. 阅读序言。读书先读序言，这是阅读的一条捷径。

如果是作者本人写的序言，作者会写到该书的创作起源、创作目的和自己的核心观点等。如果是别人写的序言，会有对该书的评价。这些都会帮助我们在阅读之前，先对该书形成一个基本的认知，带领我们进入阅读场景。

特别要指出的是，在阅读完整本书后，我建议回过头来再读一遍序言，一方面会对序言里的内容有更深刻的认识，另一方面序言中的某些观点会加深我们对书的理解。

3. 阅读中心句。中心句大都分布在文章的开头、结尾以及中间各个段落的开头和结尾处。将这些关键部分阅读完之后，会对文章形成总的印象。

如何快速找出关键句？这是一个需要刻意练习的能力。

我的经验是，读书时，手里一定要拿一支笔，一方面可以随时标出关键句、关键词，另一方面可以随时在文字旁边写上几句自己的感悟。这是我多年来养成的一个重要的阅读习惯。

4. 跳读。跳读指跳过书中一些无关紧要的部分，重点读关键性内容的一种快速阅读方法。善于运用跳读法进行阅读，不但可以提高阅读速度，而且能够很快抓住关键，把握文章主题。

跳读的具体方法如下：

阅读时，眼睛快速地扫过去，对于一些不感兴趣的内容直接跳过去，所谓一目十行；

抓取一些大标题、小标题、黑体字进行阅读，核心内容往往都在其中；

读到感兴趣的地方或者觉得关键的地方，再放慢速度，仔细阅读，并用笔进行标注。

对于文学作品中的一些纯景色描写等可以直接跳过。

通过一些结构词语，如“由此”“总之”等可以很快找到关键性的总结句。

5. 快速阅读要保持注意力的高度集中。快速阅读不只是求速度，还要求做到理解内容。如果注意力不集中就很难保证在极短的时间内找到关键信息，并对内容进行理解。因此，阅读的速度越快，就越需要保持高度集中的注意力。

快速阅读时不要读出声音。读出声音是每分钟200字，默读最高可达到每分钟500～800字。

二、学会深度阅读

有不少妈妈表示，她们在孩子的阅读量和阅读速度上感到焦虑，因为身边有的孩子一年能读完100多本书，平均每周读3本，自己的孩子每周还读不到1本。我告诉她们，孩子的阅读应该追求的是质量，而不是数量。

阅读，分为浅阅读（泛读）和深阅读（精读）。对于一些较为浅显的图书，建议孩子用泛读的方式花上不多的时间快读阅读。而对于一些有难度有深度的经典之作，建议采用深度阅读的方式。

如何进行深阅读呢？

1. 在读之前，可以用看纪录片、看电影、查资料、听书等方式，了解作者的生平、写作的历史背景，以及该书的历史地位、影响和价值，为阅读做一个有效的导读。

2. 在读的过程中，要鼓励孩子边读边思考。遇到精彩之处，可以反复阅读和背诵。

在这里给大家推荐两个阅读工具。

阅读思维导图。思维导图的形式多种多样，最简单的方法是画一棵大树，主干上标出本书的核心观点，分支上标出其次重要的内容、观点以及关键词。

阅读海报。阅读海报的内容和形式可以更自由活泼一些，可以是为书中人物画一幅肖像，标出他的年龄、外貌、性格、爱好、成就、优点和缺点等；也可以是向别人推荐此书，写出推荐的理由是什么，读完此书有什么样的收获和体会。

3. 读完之后，和父母、同龄人讨论书中值得思考、值得回味的地方，或是拿起笔写下自己的所感所获，对本次阅读做一个总结和升华。

事实证明，坚持深度阅读的孩子，几年之后他的理解力、学习力、表达力等远远超过了那些只是泛读的孩子。

三、读完一本书

当下，人们被手机等电子产品所绑架，阅读得最多的是微信、短视频。阅读的日益碎片化已经是一个不争的事实。但是，这样的碎片化阅读对孩子们的成长是没有益处的。

孩子在课堂上的阅读大部分都只是书籍的片段或部分章节，这样的碎片化阅读不能帮助孩子形成整体的知识体系，深入理解宏大的历史场景，培养深厚的文化底蕴。这个问题怎么解决？

全国著名特级教师于永正老师表示，提升孩子的语文素养其实很简单，就是读好书，读整本书。目前，“整本书阅读”这个理念已经被写进新课标。而整本书就像一幅优美的画卷，可以让学生长久地沉浸在其中。

我们家长应该鼓励孩子进行整本书阅读，不仅仅是阅读绘本，还要阅读一些有一定难度的书籍。只有进行过整本书阅读的孩子，才能形成深刻的理解力和非凡的想象力，才能构建起完备的知识架构。

我认识的很多优秀少年都表示，他们都从头到尾啃完过一些经典书籍，这让他们的综合素质、思想深度明显地优于同龄人。

四、阅读和表达相结合

孩子仅仅会一个人安安静静地阅读还是远远不够的，家长需要鼓励孩子利用各种生活中的机会，把书中的故事、知识和道理讲出来。这一方面是帮助孩子加深对书中内容的理解和消化，另一方面也极好地锻炼了孩子的思考力和复述、归纳、概括能力。

我在前面的章节中已经做过相关的阐述，在这里就不再赘述了。

五、阅读要与实践结合

读书在中国一直是一件被推崇的事，但常常有“读过那么多书却依然过不好这一生”或者是读成了“书呆子”的情况发生，这是为什么？我认为，之所以读过那么多书，却依然过不好这一生，是因为把书读成了死书，也就是，没有把书中的智慧转化为自己的智慧和行动。

我反对读死书。读书一定要和实践相结合，一定要把书中的智慧、感悟、知识转化为我们的能力，落实到我们的行动，指导我们的人生，这样才能算把书读成自己的了，才能让书成为我们的导师，成为人生的助力器。

例如，在我的书《向上生长——给孩子的名人故事》中，我给孩子们讲了篮球巨星科比年少时经历人生第一次失败的故事。

科比在高中时就展现出了惊人的篮球天赋和高超的技艺，但因为他打球太“独”，不懂得与队友合作，所以导致球队惨败，与州冠军杯擦肩而过！科比被队友和教练指责后伤心不已，甚至想过退队。但是他终于站起来直面失败，把失败当成一面镜子，看到了自己的缺点和不足，及时改正，最终和队友紧密配合，夺得了州冠军杯！

随即，我给了家长和孩子一个互动话题：你是否也经历过失败？你是如何面对的？科比的故事给了你怎样的启迪？我希望父母也能和孩子分享一下自己少年时的失败故事。

我给女儿云舟分享过我年少时第一次经历惨痛失败的故事。

高二时，我参加了某项外语的国际奥林匹克比赛中国赛区选拔赛，结果出来，我没被选上。可以说，那是我人生中的第一次重大失败。之后的一个星期，我数次伤心哭泣，觉得自己跌入了谷底。一位老师跟我说："孩子，人生还长着呢，你还有很多个下一次！"

这句话像火炬一样，烧干了我的眼泪，点燃了我的心。是的，我还有下一次！

当我冷静下来，我发现自己的问题所在。我开始更加刻苦地学习，不断提升自己的外语水平，最终我在高三时被保送进入北京外国语大学。

所以，我想告诉你的是，不要害怕失败，更不要轻易认输。失败对每一个人而言，都是一份成长的礼物。从中我们可以发现自己的弱项，然后力争补齐，并在这个过程中收获一颗更强大的内心，让我们成为更好的自己。

家长的亲身经历和感悟一定会带给孩子更多的震撼、思考和收获。

只有连接书内和书外的世界，知识才能转化为智慧，思考才能转化为行动，素质才能转化为能力。

阅读如何与实践结合？

方法一：让孩子当一当小记者

当小记者是阅读转化为实践的一种重要方式。在当小记者的过程中，孩子要完成查资料、写提纲、采访、写作等环节，这是他们把平日所读所学得以极大释放的过程。

云舟一直坚持着“阅读+”，即阅读和实践相结合，不读死书，把书中所学所获用于践行。初中时，她创办了班报，组建了编辑部并担任主编。这些出自孩子们之手的报纸活泼生动可爱，报道着身边的种种要事趣事，也关注着国际国内大事，传播着更多的光和热。办报的过程更是对孩子们各项能力和品质意志的淬炼。

方法二：让孩子当一回小老师

风靡全球的费曼学习法的核心是把学习的内容用自己的话讲出来，用老师备课的状态去学习。所以，让孩子上台讲课，用自己的语言把所读到的讲出来，让他把自己的所学进行系统化梳理和输出，是对他的内部体系进行二次整理的过程，是一种非常好的培养孩子阅读力和表达力的方式。

我们可以有意识地组织一些小课堂，让孩子讲讲他们的所读所获。孩子们在当老师的过程中，将收获到学生们的掌声和肯定，从而增加他们的自信，更大地激发起他们的阅读兴趣，形成良性的阅读循环。

方法三：让孩子把所读表演出来

阅读是输入，写作是输出，而表演作为中间媒介，能够很自然地帮助孩子从输入转为输出，整个过程孩子都很开心，水到渠成。

首先，需要有一个剧本。家长或老师可以鼓励孩子选择书中的一个精彩片段进行改写、续写，或者自己编写剧本。

例如，我女儿小学时参加了一个戏剧社，孩子对一些经典的文学作品如《梁山伯与祝英台》《花木兰》的结局进行改编，也曾改写《卖火柴的小女孩》《西游记》中的精彩片段。孩子们都觉得超级有趣。他们可以天马行空地想象，写出来的剧本往往脑洞大开。

孩子们还对《哈利·波特》的结局进行过改写。他们让自己喜爱的邓布利多校长、斯内普教授继续活在世上，并加入对伏地魔的总对决中，成为哈利·波特一方的重要军事力量。

他们还让哈利·波特和赫敏最终成了一对。他们说，这叫强强联合。在这样的改写中，孩子们表达着对这个世界的美好愿望和独特理解。

当时，一个孩子对我说："我们可以自己表演自己的剧本，说自己写的台词，唱自己写的主题曲，这比让我们按照老师分好的角色、照着剧本死记硬背台词要好玩儿一万倍！"

接下来，孩子们根据自己写好的剧本进行分工，分组排练，最后登台演出，收获掌声和欢呼。

这个过程能极大地激发孩子们的想象力、创造力，同时提高他们的人际交往能力。在整个过程中，孩子需要学习的不仅仅是如何改编原著、如何表演，更需要培养面对困难时的忍耐力、意志力、沟通能力、合作能力、信任、勇敢等素质与能力，这些素质比学科成绩对他们未来的成长更为重要。

衷心希望，每一位家长都能给孩子更多的自由支配时间，让他们能深度阅读一些有价值的好书，这才是培养学习力的最佳途径。因为，在我们无法想象的未来，唯有终身学习才能不被时代所淘汰，而阅读是实现终身学习、获得终身成长的关键钥匙。

后记：

云舟在中考中取得了理想的成绩，考取了她心仪的高中，她的语文成绩和外语成绩依旧很突出。

初中三年，云舟从来没有上过任何语文和外语类的培训班。她认为，自己能够在语文和外语上取得高分，其秘诀就在于一如既往地坚持阅读！在英语学习上，云舟除了看英文原著外，还坚持看英文原声电影，唱英文歌。

很多孩子在上初中之后都会抱怨时间太紧、学习太累，根本没有时间阅读。但时间就像海绵里的水，要挤总是能挤出来的，关键在于能否做好时间管理。云舟的习惯是每天在睡觉前阅读半小时，还利用一切碎片化时间进行阅读，例如饭后的一小段时光。另外，不上培训班也可以为她节省出大把的时间进行阅读。

云舟说，阅读对她而言是一种救赎，把她从繁重枯燥的学习中抽离出来，带着她进入另一个美好宁静的令人向往的世界，让她的心灵得以片刻栖息。

在我看来，阅读对初中生而言是一种必不可少的积累和沉淀，是家长和老师之外最大的良师益友，是开阔视野和提升格局的必要路径，也是拓展和深化学科知识的一种最有效的手段和方法。所以，阅读对于初中生不是可有可无的辅助，而是一门最重要的必修课。

进入初中以后，云舟的涉猎面较宽，涉及文学、历史、哲学、美学、科技等领域，并对她喜爱的书籍进行了深度阅读，拓展了知识的宽度和思维的深度，这无疑为她未来的学习打下了更为坚实的基础。这更加证明，不上学科类补习班，用阅读教育的方式，同样可以获得强大且持久的内驱型学习力。

只是，要做到这一点，要求无论是家长还是孩子，都需要有强大的内心定力，不被外界喧嚣的内卷潮流所裹挟，不急不慌，坚信阅读的巨大力量，沉下心来，做好阅读计划，然后从容前行。

阅读是学习最好的发动机和助燃剂。只要坚持阅读，相信每一个学生都能体会到它对于学习的推动作用，其提供的巨大能量是任何一个补习班都无法匹敌的。

16 如何成为一个受欢迎的人？

提升孩子的团队合作能力

我收到过好些家长朋友的私信，都说起孩子在学校里过得不快乐不开心，觉得同学们不喜欢自己，不接纳自己，为一些人际关系问题感到很苦恼。

这样的困惑，是许多孩子在成长途中都会遇到的。除了学业，孩子们心底最在意的就是能否得到同龄人的认可，能否成为一个团队里受欢迎的人。

良好的人际关系不仅是身处职场的大人们所需要的，也是孩子们非常需要的。

学校就是一个小小的社会，一个小小的江湖，孩子们在其中历练、成长，开始认识自己的社会属性，开始学习如何在团队中与人沟通、协作，一起获得集体的成功。每个孩子的成长与发展都不是独立的，他们必须在与同伴的交往互动中完成社会化，成长为一个社会人，这对孩子的成长意义重大。

与他人的合作能力是社会的要求，是孩子在未来立足职场不可或缺的重要素质。在很多发达国家，学校非常注重培养学生的团队合作能力，包括对学生的独立思考、自信、社会适应性等个人素质的提升，也包括与人沟通互动、换位思考、双赢思维、倾听等能力的培养。

在未来，一个人是否具有团队合作的精神和能力，要比他所掌握的知识和技能更为重要，这也是未来人类区别于人工智能的核心竞争力。懂得如何与人合作，才能在事业中不断完善自己、提升自己，才能不被人工智能所取代。

更重要的是，如果孩子在校园生活中收获的是同学的信任、理解和喜爱，学会如何与他人合作，那么，他定会拥有健康的人格和心理，从而奠定美好人生的根基。所以，对孩子来说，具备良好的团队合作能力是成长的必备技能。

那么，我们家长应该怎么做，才能帮助孩子成为团队里受欢迎的人呢？

在阅读中学习如何与他人相处

当孩子遇到人际交往方面的困惑和烦恼向我们倾诉时，家长讲的大道理往往孩子不太容易接受。而此时，和孩子共读一本书，给他讲一个故事，让他自己去领悟往往会收到更好的效果。

在我推荐过的《孩子，先别急着吃棉花糖》这本书里，有一个关于“找到好朋友的靛蓝色棉花糖”的故事。当我的女儿为得不到同学的理解而感到苦恼时，我就和她一起阅读了这个故事。

故事的主人公珍妮弗很想得到同学们的认同，于是花了四十五美元，买了一堆人偶钥匙圈，挨个送给班里的同学。结果，同学们对珍妮弗送礼的做法却颇有微词。

晚上，珍妮弗向自己的母亲倾诉了自己不被同学们接受的痛苦。妈妈告诉她，与同学们的友情是需要用心、用正确的方法来经营的。珍妮弗最终意识到了自己的问题所在——用金钱不可能收获同学的喜爱，而是要在别人需要帮助的时候，竭尽所能地伸出自己的双手，用心帮助同学，这样才能得到同学的认可和喜爱。

读到这里，女儿也开始回忆与反思自己在与同学相处中的问题，并学着珍妮弗的样子写下了“改善同学关系方案”。

让孩子学习团队合作的三大黄金原则

第一个原则：双赢思维，让每个人都有收获

我们要告诉孩子，真实的世界里的确充满了竞争、比赛，会有输赢，但是除了你争我夺之外，还有另外一条更好的出路，那就是“双赢”。

双赢意味着人人都是胜利者，人人都有收获，它是一种既宽容又坚强的想法。在合作中，我们不仅要考虑自己的收获、自己的利益，还要考虑到合作伙伴的想法和利益。我们在设计合作模式和合作规则时，需要把对方的利益也设计进去。合作应该就像是一顿各取所需的自助餐，每人都能取到自己喜欢的食物。

我们可以给孩子讲这么一个故事。

一个年轻人问长老：“听说另一个世界里有天堂和地狱，可天堂和地狱到底是什么样的地方呢？”长老回答：“天堂和地狱其实是两个完全相同的地方，唯一不同的，是在那儿的人。”

在天堂和地狱里，都有很多人围成一个圈，圈中间有一个很大的锅，锅里煮着美食，但唯一吃饭的工具却是一双足足有一米长的筷子。拿着这么长的筷子根本没法儿吃饭，住在地狱里的人都争先恐后地去抢别人的食物，一会儿就打得头破血流。而住在天堂里的人呢，大家一旦用自己的筷子夹到好吃的，就会喂给自己对面的人，请对方先吃，不用争也不用抢，每个人都能从容地吃上饭。这就是天堂和地狱的区别。

我们要告诉孩子，只有做到了双赢，才会有人不断地想与你合作。自私、只考虑自己利益的人，永远不可能有真正的朋友，更

不可能得到别人的帮助。只有学会了双赢，你的身边才会有一群重情重义的小伙伴，当你遇到难题时，才能够得到他们全力以赴的帮助。

第二个原则：学会倾听，先倾听再开口

这个原则的背后深意是学会先理解别人，然后再争取别人的理解。

在学校里，老师教孩子们各类知识，但很少会有老师教孩子们如何倾听别人的谈话。但倾听是一种非常重要的沟通技巧，因为人类内心深处最大的渴望是被人理解。人人都想被人理解，倾听就是理解别人的前提。

所以，我们要告诉孩子，倾听不是在浪费时间，而是在表达我们对对方的关心和理解。倾听光用耳朵还不够，还需要通过肢体语言、声音反应等来实现，更需要我们站在对方的角度，去试着理解对方。

如果孩子在年幼的时候就学会了如何耐心地倾听别人的谈话，那么他们将受益终身。

第三个原则：协作增效，发挥最大力量

我们可以告诉孩子，每个人的力量都是有限的，哪怕你再有才干，你只有和具有不同才能的人组成团队，扬长避短、齐心协力，才能干成一件只依靠你个人力量所无法完成的大事情。

具体如何与他人合作，有四个步骤，这是每个孩子都要学习的技巧。

第一步：明确问题所在。每次合作前，大家一定要先确定一个具体的目标以及努力的方向，然后再慢慢讨论接下来的事。

第二步：了解别人的想法。要告诉孩子，在倾听的过程中，要努力接收对方传递给你的信息。他提出了什么样的解决方案？他的理由是什么？我能够接受他的提议吗？我有更好的方法吗？

第三步：让孩子讲出自己的想法。表达自己的想法是参与到合作中最直接的方法。除了表达想法，还要去争取别人的理解。这就需要用感情去打动别人，用道理去说服别人。古人说“动之以情，晓之以理”，讲的就是这个道理。

最后一步：集体讨论后，找到最佳解决方案。大家要一起来讨论，这些想法到底哪个最好，还是说有其他更好的想法。在讨论过程中，请保持开放包容的心态，也不要轻易放弃自己的立场，随波逐流。通常来说，讨论过后，就能找到解决问题的最佳方案，达成一致意见了。合作完成，非常成功!

为什么上一届中国女排能屡屡夺得金牌？最重要的原因是，女排队员们懂得怎么进行合作。

主攻手朱婷控球能力卓越，她在赛场上能大杀四方，第二主攻手张常宁负责在局势紧张时调整队伍的进攻节奏，而女排队长惠若琪则能稳定传球，负责防守和创造反击机会的副攻手更是与队友们紧密配合。

正是因为这样一个配合默契的团队，直到最后一刻仍不放弃，积极进攻，所以她们才能在2016年的里约奥运会上，在和塞尔维亚打平的情况下绝地反杀，拿到冠军。可以说，是中国女排队员们出色的合作创造了奇迹。

在我们身边，合作的例子也有很多。许多植物和动物都是以共生的方式生活在一起的。小鸟会在犀牛的背上找东西吃，它们吃饱了，犀牛也被清理干净了。森林里有着一棵棵高大的红杉树，它们的树根互相纠缠在一起，如此抱团，它们就不会被暴风雨连根拔起。

人类与貌似无所不能的AI（人工智能）最本质的区别在于，人类会沟通与协作，会倾听与双赢，会集合团队的力量去完成目标，而不是单打独斗。所以，我们如果能让孩子从小学习这三个与人相处的黄金原则，无疑是在培养他们面向未来的基本素质。

鼓励孩子多参加团队活动

这些原则也好，方法也好，最终都要通过具体的实践活动，才能转化为孩子的实际行动，才能融进他们的血液里，成为他们做人做事的黄金准则。

一位移民国外的妈妈告诉我，她的女儿从小就一直参加学校的棒球队，每逢假期，每个下午都在球场上训练2～3个小时，顶着烈日，挥汗如雨，每球必争，竭尽全力。他们都认为，这样做，锻炼的不仅是孩子的体能，更是孩子的意志，是培养孩子的团队合作精神。

所以，我们家长要多创造机会，鼓励孩子参加各种团队活动，无论是体育类的、文艺类的，还是科技类的团队活动、比赛、夏令营等，都是锻炼孩子与他人相处能力的绝好机会。并且，我们要做到不插手孩子们的事情，让他们有问题有矛盾有困难时自己学习沟通解决。这种能力将成为他们成长途中的一笔巨大财富。

教孩子学会接纳、包容与欣赏他人

我们要告诉孩子，世间没有一个完美的人，每个人都有自己的优点和缺点。我们要学会欣赏别人的优点，包容别人的不足之处。只有这样，才能在心里接纳别人，才能交到更多的朋友，才能在团队里团结到大多数的人。

家长需要鼓励孩子多和不同性格的孩子接触，认识不同类型的朋友，不要只和自己喜欢的朋友玩，要学会和更多的人友好相处。

要让孩子多去发现别人身上的闪光之处，发现值得自己学习的地方，不拿自己的优点和别人的缺点比较，并对他人给予足够的尊重。最重要的是，父母要以同样的态度去对待他人，接纳他人，这是给孩子最好的言传身教。

让孩子从小养成善于接纳别人、宽容他人的能力，对他的成长有着重要的意义。

我在前面介绍了团队合作的三个黄金原则——双赢思维、学会倾听、协作增效，孩子们则需要在实践中、在团队活动和体育活动中学会运用这三个原则，学会接纳、包容与欣赏他人。

《三国志》中孙权曾说："能用众力，则无敌于天下矣；能用众智，则无畏于圣人矣。"希望我们的孩子学会用"众力"和"众智"去开创属于他们的未来。

歌德曾经说过，合作永远是一切善良思想的人的最高需要。唯有合作，才能创造未来。愿我们的孩子们明白这个道理并且学会如何与他人合作。

最后，推荐一个帮助孩子提升团队合作能力的小书单。

适合3～6岁孩子阅读的绘本：

《我想和你做朋友人际交往绘本》［澳］艾伦·布拉培 著绘

书中有四个关于友情、适应新环境的小故事：森迪和一般人有点儿不一样——她总在转学，所以她总是班上的“新同学”。大家总觉得新同学有点儿怪，森迪会在乎别人怎么想吗？这些故事能帮助孩子迈出人际交往的第一步。

《会长高的房子》［美］吉安娜·马里诺 著绘

美丽的森林里，兔子和猫头鹰是一对好朋友。有一天，兔子的菜长高了，挡住了猫头鹰的视线，于是猫头鹰和兔子产生了争执，它们都想把自己的房子造得高一点，互不相让。兔子和猫头鹰是如何重归于好的？从他俩的故事中，我们或许可以读到自己的影子。

适合7～12岁孩子阅读：

《团结伙伴一起解决问题——歪歪兔领导力教育系列图画书》歪歪兔关键期早教项目组 著绘

这是适合刚步入小学校园的孩子团结伙伴一起解决问题的一套书。在阅读中，家长可以引导孩子，如果他像故事里的主人公一样遇到了这些情况，该如何去面对。

《霍比特人》［英］J.R.R. 托尔金 著

作为《魔戒》三部曲的前传，这本书讲述了比尔博如何从一个普普通通的霍比特人成为受人敬仰的英雄。

《宫崎骏传》何淑蘅 著

宫崎骏的故事将告诉孩子：吉卜力的成功显然不仅仅是宫崎骏一个人的功劳。想要做成一件大事，找到志同道合的伙伴，并毫无保留地信任他们，才是最重要的基础。只要能够相互理解，互相打气并分担压力，哪怕再大的困难都将被一一克服。

17 孩子脆弱爱哭，怎么办？

提升孩子的抗挫力

梓涵是云舟的初中同学，是一个开朗、活泼、有才气的女孩子，成绩优秀，圆圆的小脸上总是洋溢着纯真的笑容，每次见面，她都要和我聊聊她最近读的书。初三毕业时，梓涵因为中考发挥不好，未能考入自己心仪的重点高中，而进入了一所普通高中。

一天，云舟放学后难过地对我说："妈妈，你知道吗？梓涵在新学校里很不快乐，都快抑郁了！"我放下手中的工作，关切地问："是吗？你知道是什么原因吗？""本来她中考没考好，就挺难受的，进了高中后，她的一些新同学还看她不顺眼，孤立她，对她说些很难听的话，老师也不太重视她，她每天都郁郁寡欢的。"云舟接着说，"她说很喜欢和你聊天，也喜欢读你写的书，你能给她打个电话，和她聊聊吗？"

我点了点头，不由得沉重起来，开始认真思考，该如何帮帮这个孩子。

孩子在成长路上不可能一帆风顺，从他走出家门，走进学校的第一天起就会发现，这个世界等待他的不只有鲜花和阳光，批评、指责、轻视、不公都会蜂拥而至。他们稚嫩的心灵往往感到很难承受。如同正在成长的小树，当遇到狂风暴雨时，比起那些参天大树，它们更容易被风暴摧毁。培养和提升孩子的抗挫力，是我们每个家长所面临的迫切任务。

何为抗挫力？抗挫力是指人们面对逆境时的反应能力，即面对挫折、摆脱困境和战胜困难的能力。在英文中，抗挫力的单词是

resilience，原意是指弹性、恢复力、坚韧等品质。

如果我们父母注重从小开始培养孩子的抗挫力，那么当困难来袭时，孩子就不会只是哭鼻子，而是将勇敢面对；当面对重重挑战时，孩子就会无所畏惧，迎难而上；当身陷逆境时，孩子就会不着急不害怕，明白一切可以从头再来。这样的能力，会让孩子如同一株竹子，纵使被疾风骤雨压弯了腰，也能柔韧地回弹。

我给梓涵拨通了电话：“宝贝，听说你不太开心？跟我说说吧！看看有什么我能帮你的？”电话那头传来梓涵压抑的声音：“是的，阿姨，我觉得自己好郁闷。”“别着急，你慢慢说。”我压低了声音，放满了语速。

梓涵抽泣了一下，然后深吸了一口气，向我缓缓倾诉起了来到新高中的失落，对新环境的陌生和不适应，新同学和新老师对自己的不认同……我问她：“你和你妈妈说过这些吗？”“说过，她也着急，也劝我，可她说的那些话我不爱听，我总觉得她是在训斥我。”

之后，我给梓涵的妈妈也打了一个电话，聊了很长时间。同样身为母亲，我理解她的着急、焦虑以及无能为力。我劝慰她：“您不用太着急，给孩子一点时间。梓涵很优秀，相信她一定能战胜眼前的困难，战胜自己，走出困境。”

同时，我还建议她：“和孩子共读一本书吧。梓涵很喜欢读书。你们和孩子共读一本书，一起就书中的话题聊聊，定能找到打开孩子心门的那把钥匙！作品中的人物和故事将教会孩子如何面对人生挫折，这往往比我们父母干巴巴的说教更易于被孩子所接受。”这一次，我为梓涵妈妈推荐的共读书籍是林语堂先生的《苏东坡传》。

用家庭共读去帮助孩子

苦难是人生的必修课。每一个伟大人物都经历过大大小小的苦难，是苦难成就了他们。父母和孩子共读一些人物传记，共看一部电影，那些伟大人物的成长故事能教会孩子如何直面困难、不言放弃，能鼓励他们在人生低谷时保持微笑，沉淀自己，寻找机会。

正如林语堂先生所言，提起苏东坡，每个中国人的脸上都会浮现出亲切和敬佩的微笑。

43岁是苏东坡人生的分水岭，之前他是旷世才子，是朝廷上下的宠儿，之后他因为乌台诗案被贬黄州，境遇一落千丈。

在黄州，苏东坡的住所非常简陋，冬天漏风，夏天酷热，可苏东坡却说："寓居去江无十步，风涛烟雨，晓夕百变。"意思是，自己的住所能看到风涛烟雨，朝阳和晚霞光影的变化非常美丽。他还说，每当午睡醒来，周围的景色会让他忘记了身在何处，拉开窗帘，就能看见江面上的船帆随着波浪起伏，水天相接，一片苍茫。

不仅如此，在黄州，热爱美食的苏东坡还研发了不少佳肴。当时，富贵人家不屑于吃猪肉，而穷人家吃不起也不会吃。据说，苏东坡用各种佐料烹饪出了美味无比又流传千年的"东坡肉"；黄州临水，水产丰富，苏东坡用盐腌好鱼，然后在鱼肚子里加入葱去腥味，再用萝卜汁和酒一起煮，滋味丰美。

苏东坡就是有这样神奇的能力，能把困苦的生活过得有滋有味，充满诗情画意。

知名作家蒋勋先生说，在黄州的这段时间是苏东坡"最难过、最辛苦、最悲惨"的时候，同时也是他生命中"最领悟、最超越、最升华”的时候。于是，我们读到了“人有悲欢离合，月有阴晴圆缺”，读到了“故国神游，多情应笑我，早生华发”，读到了“回首向来萧瑟处，归去，也无风雨也无晴”。

面对人生的重大变故，苏东坡没有怨天尤人、自我沉沦，而是坦然接受与面对。他拿起了锄头，自己动手丰衣足食，开始享受耕种的乐趣；他享受大自然，从山川河流、日升日落中感受到了世间美妙；他酷爱美食，从一蔬一饭中发掘出了人生况味，再把这种种美好注入灵魂。

让苦难的日子熠熠生辉的，是苏东坡那颗达观、宽广而充满诗意的心。我给梓涵妈妈提了个建议，阅读苏东坡在黄州的故事后，你和孩子可以讨论一下这个话题：“苏轼到了黄州后，写下了哪些流传千古的诗词？你最喜欢哪一首，为什么？”

与挫折中的孩子做成长合伙人

当青春期的孩子身陷困境时，父母看在眼里，急在心里，都希望能尽快帮助孩子走出阴霾，让他们恢复往日的欢笑。但我们苦口婆心的劝导往往被孩子视为喋喋不休的说教，不但让孩子听不进去，反而徒增反感，甚至导致两代人之间更为激烈的冲突。那么，此时我们该如何去帮助孩子？如何处理好两代人之间的关系呢？我觉得，成长合伙人原则将发挥更大的作用。

温暖而理智的爱

当孩子进入青春期后，面对困难、压力和挫折，他们往往不是向父母倾诉，而是埋在心里，继而上升为迷茫、沮丧和行为上的种种叛逆。这时候，父母可能错误地理解为，孩子不需要我的帮助，而没有看到孩子其实在向我们发出求助信号，希望有智慧的长辈的指引和帮助。

《解码青春期》的作者乔希·西普曾是一个问题少年，他是个孤儿，在青春期时辗转于很多个寄宿家庭，用各种“恶行”希望被家里的大人早日踢出去。他的内心充满着仇恨和愤怒，直到他遇到了罗德尼先生，一位寄宿家庭的爸爸。在乔希被警察局拘禁了一夜后，罗德尼真诚地对他说：“你视自己为一个麻烦，我们视你为一个机会！”这句话，打开了乔希的心门，让他痛哭流涕、幡然醒悟，从此改过自新。所以，温暖而理智的爱是帮助青春期孩子走出阴霾的有效力量。

独立

孩子面临挫折，其实是孩子独立面对问题、解决问题的一次好机会，是帮助孩子成为一个自立自强的人的好机会。所以，我们需要把挫折视为孩子收获的一份成长的礼物。

因此，我们对孩子不要喋喋不休，过分说教，只需要告诉孩子：“我相信你有能力独立解决问题，走出眼前的困境。”这样的鼓励能帮助孩子收获一颗更加强大的内心。

合作

此时，孩子需要父母的帮助，但也许并不是我们想象中的那种帮助，所以我们需要和孩子沟通，诚恳地问他一句：“需要我帮你做点什么吗？需要我怎样的帮助？”我们为孩子提供他们所需要的帮助、支持和协作，定能被他们认可和接受，与他携手渡过难关。

年少时，家长的话语力量有时远远比不上朋友的力量大。如果孩子身边有一位或几位充满正能量的朋友，能够在他遇到困难的时候安慰他，鼓励他，定会起到非常积极的作用。父母平时要留意为孩子把好选友关，让孩子多结交一些优秀的、向上向善的小伙伴。当孩子遭遇困境时，好朋友的支持和鼓励能给到他最有效的支撑。

这个世上，最宽阔的是海洋，比海洋更宽阔的是天空，比天空更宽阔的是人的心灵。当孩子遇到困难或挫折时，我们如果带着他们登上高楼的房顶，看一看浩瀚的星空，去家乡的江岸湖边感受一下无边浩荡，登上群山之巅去“一览众山小”，那么这些大自然的伟岸壮阔定会打开他们的心扉，帮助他们认知自我的渺小，帮助他们走出困扰自己的窄小天地。

用书信的方式深情鼓励孩子

面对一些较内向或者进入青春期的孩子，书信这种传统的方式是与他们进行深度沟通、打开他们心灵之门的一种有效方式。自古以来，家书是两代人之间达成理解、谅解、和解的桥梁，是传承爱和价值观的鸿雁。

但在当下，父母和孩子都习惯了微信沟通、电话交流，这种短平快的方式看似高效，但往往不能深刻地表达彼此的思想和情感，直击内心。所以，父母可以拿起久违的笔，给孩子写一封信，坦诚而真挚地表达你的思考与观点，表达你对孩子的期望，定会有意想不到的收获。

来自父母的一封饱含深情的信定能融化孩子心中的冰，让他感受到丝丝暖意，也让孩子深刻理解父母的良苦用心，消除父母和孩子之间的隔阂，更能化为一双有力的手，携孩子走出人生低谷。

回到刚才那个故事，梓涵妈妈按照我的建议，给她的女儿写了一封信。她这样写道：

亲爱的女儿：

和你共读《苏东坡传》，让我体会到了久违的快乐。

记得上一次读《苏东坡传》还是我读大二的时候，当时，你的外婆刚刚去世，在那个凛冽的寒冬，我满心悲痛，不能自已，觉得自己快要被这人生的突然变故打倒了。

在学校图书馆的书架上，我翻到了这本《苏东坡传》。苏东坡的故事和他的诗句，像一盏烛光，让我在黯淡中看到了光明。

在人生的最低谷，苏东坡创作出了中国文学史上最伟大的作品，他写下了“竹杖芒鞋轻胜马，谁怕？一蓑烟雨任平生”，“且将新火试新茶，诗酒趁年华”，“但愿人长久，千里共婵娟”等千古名句。

也许，那样的苦难是上天对他的馈赠，让他顿悟了人生的真谛，让他终能以豁达、宽容、乐观的心态面对以后的岁月。

就像咱俩所讨论的那样，苏东坡的故事告诉我们，所有的苦难都会过去，所有的痛苦都会翻篇，而一味地沉浸在其中没有任何意义，只会让自己备受折磨，悲痛加倍。我们需要做的是，学着像苏东坡那样，打开紧闭的心门，去自得其乐，去开怀大笑。

女儿，中考失利，对你的确是沉重的打击。但是孩子，你还有下一次，你是那么聪明和优秀，你还有大把的翻盘机会。相信通过一段时间，你也会被新老师和新同学所认可。即使有一些人不认可，也不必过于在意。在这个世间，我们不可能得到所有人的喜爱。

终有一天，当你回首这段往事时，你会发现，所有的痛苦都成过眼云烟，不值一提，你会笑着对那个16岁的自己说一声："你好，再见！"

亲爱的女儿，最后我想说，我明白你也理解你。之前我的表达可能太急迫了，请你原谅，也请你理解一颗母亲的心。

拥抱你！

永远爱你的妈妈

收到这封信后，梓涵也提起笔，给妈妈回了一封信。

妈妈：

你的信我反反复复地读了好多遍，还把它放在我的枕边，伴我入眠。

原来，你的青春岁月里也曾经历过那样的痛苦，之前你从未和我说起过。

和你共读苏东坡的故事、讨论苏东坡的诗词，让我仿佛回到了童年那些依偎在你怀里听你讲故事的时光，让我重拾了久违的欢乐。在这个过程中，我觉得自己体会到了"和解"的含义。我要像苏东坡那样，学着去和自己和解，和父母和解，和身边人和解，和这个世界和解。

我终于想明白了，不要那么在乎别人都说了我些什么，也不要在乎老师是否喜欢我。我终究是要为自己而活着。我去做好自己的事，管理好自己的学业，才是最重要的事情。

与你分享一个我的好消息：在最近的一次月考中，我的作文拿到了全年级最高分，老师都表扬我了！也有一些同学向我祝贺。这个新学校也没我想象的那么可怕。

高中三年会过得很快，我会让自己忙碌起来，充实起来，让自己的青春充满瑰丽的回忆，更会向着我的目标前行。

请放心吧！

女儿梓涵

苏轼说："古之立大事者，不惟有超世之才，亦必有坚忍不拔之志。"

挫折，是每个孩子成长途中都会经历的。在这个过程中，让我们和书中的伟大人物一起，向孩子伸出温暖的双手，给予他力量和勇气，并伴他同行。

前几天，梓涵发给我这样一张照片，深秋里，一条铺满金黄落叶的路上，她的妈妈正把一大捧银杏叶从头顶撒向梓涵，梓涵则拉着妈妈的手笑成一团。隔着照片，我仿佛听到了母女俩的笑闹声，不由得热泪盈眶。祝福你，梓涵！

下面给大家推荐一份帮助孩子提升抗挫力的书单。

适合3～7岁孩子阅读：

《我不怕挫折：儿童独立性格养成绘本》［日］西内南等著　［日］宫西达也等绘

书中有这样的故事。晚春的草原，小图雅一家要搬家了，他们如何跋山涉水，最终到达水草丰美的好地方呢？（《小图雅搬家》）彼得自告奋勇独自一人划船去花市给爸爸送零钱盒子，但零钱盒子掉进河里了！怎么办？最终，彼得把零钱盒子给爸爸送去了吗？（《彼得去花市》）通过这些故事，孩子们将收获独自冒险、独立乐观解决问题的能力。

《受批评也没关系》［韩］宋尹燮 著

这本书列举了孩子因为睡懒觉上学迟到、挑食、撒谎、上课不认真听讲、和小伙伴打架等原因受到批评的各种场景，并提出了改正方法，让孩子们明白，受批评也没关系，改正缺点后的小朋友会更受欢迎。

《不是第一名也没关系》［韩］杨泰锡 著

这本书通过一个生动的故事告诉孩子，不懂的事情慢慢学，一点一滴去掌握，只要拿出勇气和自信去努力，不是第一名也没关系！

适合8～14岁孩子阅读：

《J.K.罗琳传》［美］马克·夏皮罗 著

《J.K.罗琳传》记录了“哈利·波特之母”J.K.罗琳跌宕起伏的一生，从她的童年、少年、青年时代到她最困苦最黑暗的岁月，直至她逆转人生，取得了空前的成功。罗琳在人生的最低点和最高点是如何面对生活的，则更值得思考。

《梅西》［西］吉列姆·巴拉格 著

梅西在11岁的时候被确诊缺乏生长激素，需要每天注射激素，长达三年。梅西平静地接受了这个治疗方案，但家里已经无法承担这笔昂贵的费用。在山重水复疑无路之际，梅西没有放弃，家人也积极想办法，最终在球探的帮助下全家移民西班牙，向着梅西心中的足球梦继续前行。

《斯蒂芬·霍金传》［英］迈克尔·怀特 约翰·格里宾 著

霍金在21岁时患上了渐冻症，这是一种绝症，但霍金没有向命运低头，而是与病魔展开了长达46年的抗争，始终忍受着常人无法忍受的痛苦。他说："命运有好有坏，也许自己无法左右命运，但是自己可以创造生命的价值，有生命就有希望。"他著书立说，去世界各地演讲，宣传科普，取得了了不起的学术成就，成为21世纪最伟大的物理学家之一。他的命运是灰色的，但他却给这个世界留下了多彩的永不磨灭的痕迹。

18 孩子感觉无聊空虚，怎么办？
激发孩子的目标感和内驱力

有不少父母跟我说，自己的孩子学习成绩不错，但孩子觉得自己就是个学习机器，没有什么人生乐趣可言，觉得干什么都没意思。对此，有没有什么解决方法？我认为，造成这种现象的原因是孩子在学科教育里学到更多的是知识，对于很多成长的烦恼——如何找到一生所爱的事业、如何获得真正的友情、如何面对人生的变故等，他们没有获得答案，所以才会迷茫和苦闷。

对此，我感同身受。十几年的校园学习我们学到的是知识，毕业后，我们在人生的漫长磨砺中收获的是智慧。

如果孩子在年少时能够阅读一些伟大人物的人生故事，让他们收获一些他人用生命积累起来的人生智慧，从而站在更高的人生起点上，获得更广阔的视野，就能更早领悟到人生真正的目标和价值，进而感受到生命的美好。

帮助孩子树立人生的目标感

先跟大家分享一个小故事。

2008年，科比参加北京奥运会的赛前集训时，有一位记者问他："你为什么能够如此成功呢？"那时已经拿下了三连冠的科比听到这个问题时，仿佛又回到了一个人孤独练球的那些晚上，永不熄灭的橙色灯光映衬着高大的棕榈树。于是，他说下了那句名言："你见过凌晨四点的洛杉矶吗？"

科比的成功是他日复一日对自己进行魔鬼训练的必然结果，

而一直支撑着他的，则是内心对篮球的热爱，对未来必胜的信念，它们像火炬一样熊熊燃烧，为他带来源源不断的光和热。所以，想要真正兑现自己的天赋，把自己打磨成一块宝玉，唯有坚持日复一日的枯燥练习。

伟大人物的故事如一盏盏明灯，可以点燃孩子的内心，让他们找到自己的人生梦想。孩子将把对人生梦想的追随，转化为内在驱动力，开始奋发图强，从而达到自我教育的新境界。

云舟在二年级暑假时，迷上了读《哈利·波特》，读得昏天黑地、废寝忘食。她对书的作者J.K.罗琳也产生了浓厚的兴趣。于是，我又为她找来了《J.K.罗琳传》。读完此书后云舟说了这么一句话："原来《哈利·波特》是在那么艰苦的环境中写出来的啊！"三年后，云舟再次读完这本传记，写下了她的感受：

> 罗琳在人生的最低谷，面对生活的压迫，还能坚持自己的梦想，不灰心不放弃，最终创作出了伟大的作品！而在她人生的最高峰，她没有迷失自我，坚持创作、低调生活。她说，自己梦想的欢乐就是美满的家庭，自己最珍视的就是和家人共度的时光，她一直和家人过着平常人的生活。
>
> 罗琳在功成名就后不忘初心，回报社会。她说，自己永远不会忘记那些在贫穷和失业中挣扎的日子。她尤其同情那些靠社会救济金养育孩子的单亲妈妈，一直在用自己的力量帮助着她们！
>
> 从这本书中，我了解了J.K.罗琳所经历的磨难和困苦，也读懂了她在磨难中得到的坚持和智慧！她真是一位了不起的女性。我认为，她是本世纪最伟大的作家之一！我希望，自己以后也能成为一位如此伟大的作家！

之后，云舟真的向着自己定下的这个目标不断迈出了稚嫩却扎实的一步又一步，并初见成效。

她发表了自己的几部中篇小说，也获得了一些青少年文学大奖。例如，她入选“中国百名少年作家”，并成为第一批“中国少年签约作家”。

可以说，是《J.K.罗琳传》点燃了云舟的人生梦想，并给了她在文学道路上不断前行的勇气。而且，她不仅开始更加勤奋学习各科知识，更是广泛涉猎各类书籍。她明白，千里之行，始于足下。

每本书都是一粒种子，种在了孩子的心田。我相信，一本优秀的人物传记，不仅可以丰富孩子们的知识，增长他们的见识，更能点燃他们的人生梦想，帮助他们找到人生的榜样，不断激发他们的志气，给他们以直面人生困难的勇气，增加他们的人生智慧。所以，在每个少年的成长途中，读优秀的人物传记是一门必修课。一部好的人物传记，对少年的心智启蒙、品格塑造所起的作用是不可估量的。

帮助孩子找到真正的人生偶像

很多妈妈都为孩子追一些娱乐圈的流量明星而苦恼不已。那么，孩子到底应该追怎样的星？应该以怎样的姿态去追星？

我曾给孩子们写过这么一段话：

你有“爱豆”吗？你喜欢他帅气的外表、动人的歌声、还是出色的演技？你知道吗？在人类历史上，有这样一些人，他们特立独行，他们才华横溢，他们用自己的智慧和创造力推动了人类不断向前。我认为，他们才是最酷的“爱豆”。

让孩子阅读名人故事，可以为他们提供更广阔的视野，让他们了解各行各业的传奇人物，去发现真正的英雄、真正的偶像。

一位妈妈曾给我写了这么一封信。

亲爱的周老师：

我的儿子叫晓宏，他今年12岁，刚刚进入青春期。从五年级开始，他就疯狂追一个明星。他背着我们逃课去看他的每一场演唱会，如果我们不给他买票的钱，他就去向同学强借，甚至打伤同学。

我和他爸爸多次和他谈话，可他根本就听不进去，让我们非常担心和无奈。

当我儿子听了您讲的科比的故事后，他跟我说，他明白了什么是真正的热爱。热爱不是站在场外尖叫呐喊，而是投入自己的汗水和行动去实现梦想，拼尽全力，永不放弃。

我儿子说：“我觉得科比才应该是我的偶像，我想成为一个像他那样的人。”

从那天之后，我感觉到儿子开始一天天地变了，他不再把自己关在房间里疯狂听那个明星的歌了。他开始和同学有说有笑了，他开始认真学习了。我背地里高兴得不知道流了多少泪。

我给您写这封信，是希望您也可以跟别的家长朋友分享一下，希望那些曾和我一样焦虑的妈妈们能有所收获。

孩子一旦找到自己真正的人生偶像，就会树立起人生目标，进而找到自己的人生方向，如同在茫茫大海上看到了灯塔，不会再对自己的未来感到迷茫和困惑。

最好的家庭教育，一定是帮助孩子树立目标的教育。我很认同少年商学院创始人张华老师说的一句话，他说："帮孩子找到人生的目标是成长的头等大事，有目标感的人生闪闪发光。"

激发孩子的内驱力

常常听身边的家长谈起：孩子学习好像是在为我们学习，非常不情愿。孩子对学习应付了事，如何才能让他爱上学习？

我认为，家长们所谈到的这些问题，从表面上看是孩子不热爱学习的问题，探究深层的原因，是孩子的学习缺乏内在驱动力。

内驱力是内心把一种事情做好的欲望，是想要主导自己的人生、学习并创造新事物，通过自己把我们的世界变得更好的内在需求。所以，只有真正激发起了孩子的内在驱动力，孩子才能真正开始主动学习，而不是被家长催促着学习，孩子才能从学习中体会到收获感、成就感，而不是痛苦。

那么，如何激发孩子的内驱力呢？

从我的实践来看，激发孩子内在驱动力的最有效方法是让孩子多读一些伟大人物的故事。"会当凌绝顶，一览众山小"。孩子只有读过了伟大人物的人生故事，才能领悟何为精彩的有价值的人生，只有与伟大的灵魂对话过，才能找到真正的人生榜样，点燃自己的人生梦想。

教育实践证明，那些闪耀在人类历史星空的伟大人物，最适合担当孩子的人生导师，为他们指明前路的方向。罗曼·罗兰在《贝多芬传》前言里写道："切勿过于怨叹，人类中最优秀的和你们同在。汲取他们的勇气作我们的养料吧！”

一旦孩子们找到了自己的人生榜样，确立了自己的人生梦想，他们内心向上向善的欲望就会被点燃，他们的内在驱动力就会被激发出来，他们就能从外向驱动型学习转变为内在驱动型学习，就会为自己的人生跑车点燃引擎，不断向前，不再感到学习是一件痛苦的事情，不再为一点点小挫折就想要放弃。到那个时候，我们家长就可以倍感轻松了！

读哪些人物传记？

那么，哪些人物传记是适合孩子阅读的呢？

1. 能提升孩子学习力的

学习力是指接受新知识、新信息并用所接受的知识和信息分析问题、认识问题、解决问题的智力，主要包括感知力、记忆力、思维力、想象力等。学习力的突破点在于是否拥有跨界和整合的能力。

推荐书目：《富兰克林传》《苏东坡传》

富兰克林有记者、发明家的勇气，也有政治家、外交家的魄力。苏东坡则集书法家、画家、工程师、政治家、美食家于一身。他们都是名副其实的“斜杠青年”，可以帮孩子打通学科界线，在跨界整合中获得启发，在必要时刻弯道超车。

2. 能提升孩子专注力的

“天才，首先是注意力。”

但凡有成就者，无一不靠极强的认真和专注。唯有真正投入其中，才能排除干扰，感受自主探索的乐趣，发现常人所不知的奥秘。在任何一个领域，只有走得够深，才能走得更远。

推荐书目：《居里夫人传》《爱因斯坦传》

《居里夫人传》是一位伟大女科学家的内心独白，展现了居里夫人自强不息的睿智人生。她在极端困难的情况下完成工作的热忱和顽强令人震撼。在这个泛娱乐化的时代，让我们记住这位朴实、坚韧、伟大的女科学家，因为她的身上真正聚集了伟大的人格、崇高的精神。

《爱因斯坦传》讲述了爱因斯坦思想独立、绝不墨守成规的一生。他尊重自由的精神、颠覆的创造力、对权威的叛逆、对科学的热爱，定会感染你、激发你。

3. 能激发孩子创新力的

世界上所有美好的事物都是创造力的果实。

这些传记以天才的想象力、上天入地的发明创造、超级梦想家的探索和实践，培养孩子发散性思维，守护孩子的好奇心，让梦想的光束照进现实。

推荐书目：《硅谷钢铁侠》《成为乔布斯》

读《硅谷钢铁侠传》，孩子可以看到埃隆·马斯克在一次次的失败中是如何重整旗鼓、东山再起的。这无疑会激起孩子对未来科技的兴趣，对创新的憧憬与渴望。马斯克在创业历程中所展现出的智慧、勇气，创新、敢于冒险、不惧失败的精神，以及改变人类未来命运的使命感和责任感，相信每个孩子读后都会深受感染、备受鼓舞。这将在他们的心灵里悄悄种下一颗梦想与勇气的种子，点亮他们的未来之路。也许几十年后他们就成了下一个改变世界的人。

读《成为乔布斯》，孩子可以看到乔布斯在他的一生中所展现出的智慧、勇气，以及敢于冒险、不惧失败，为所爱的事业拼尽全力直到生命最后一刻的伟大精神。人的一生，需要找到自己所热爱的事情，并为之持续努力，不断创新，永不放弃。

4. 能提升孩子领导力的

领导力本身就是影响力。它是能够站在全局考虑问题，知道如何开展团队合作，懂得如何把资源聚合在一起，从而实现目标的能力。拿破仑和撒切尔夫人都凭借自己在领导方面的雄才大略和勇气，实现个人价值的同时，推动了世界历史的进程。

推荐书目：《拿破仑传》《撒切尔夫人传》

《拿破仑传》有句名言，“不想当将军的士兵不是好士兵”。拿破仑史诗一般的生命历程中，他抓住机遇的智慧和勇气、改写命运的激情和斗志，将化为孩子成长路上的精神财富。

读《撒切尔夫人传》，孩子们可以看到撒切尔夫人是如何从杂货店老板的女儿一步步成为英国名垂史册的女首相的。她用强烈的热情和执着向孩子展示了一个个奇迹。而那句“我要战斗下去，直到胜利为止”也会成为他们面对困境时的力量之源。

5. 能提升孩子社会责任力的

对于我们这个地球，对于我们身处的社会，我们要学会不仅仅是向它索取，对它指手画脚，更要用实际行动去回报它，用无私的行为去改变它。而做好手边的每一件小事，就是改变这个世界的开始。

推荐书目：《德兰修女传》

印度修女德兰为穷人奉献了一生，她被誉为诺贝尔和平奖颁发以来最没有争议的得奖者。她让我们相信，人性原来可以与天使相比也毫不逊色。

德兰修女用她的一生为全世界的人们诠释了什么是真正的爱。她的坚定、她的博爱、她对每一个生命的尊重，跨越了国界，跨越了种族，跨越了宗教信仰，值得世间每一个人铭记与景仰。

优秀的人物传记能帮孩子快速打通一个陌生领域，展示多维生活，提供更多人生场景和选择；能让孩子得以全面触摸人生的宏大图景，在历史大格局中找寻真实的自我；能带孩子感受人性的光辉和成功的必备品质，树立完整的少年成长体系；能让孩子深刻感受苦难不是个体的不幸，而是成功者的必修课，让孩子在人生的关键时刻，更加淡定从容。

读人物传记的方法和工具

人物传记往往叙事宏大、篇幅较长，这给年幼的孩子造成了很大的阅读难度，让他们读不下去、读不完或者读完后不知所云。所以，我们需要借助一些工具帮助孩子阅读人物传记。

在这里，给大家推荐四个工具。

第一个工具：人物大事记

为了不让孩子在阅读时陷于众多枝节中，而是找到人物的重要人生轨迹，做人物的大事记是一个颇为有效的方法。

例如，我曾带着孩子做过《J.K.罗琳传》的人物大事记。我们以时间为轴，梳理出了J.K.罗琳在一些时间点发生的重要人生变化，这样便于孩子一目了然地看到J.K.罗琳的人生之路。这个方法很简便，适用于几乎所有的人物传记，能帮助孩子理清人物人生的发展脉络。

下面就是云舟在读完《J.K.罗琳传》后，在我的指导下完成的“J.K.罗琳大事记”。

人生之路

1965年7月31日，乔安妮·凯瑟琳·罗琳诞生于英国的格温特郡。

小学时，她的学习很好，阅读成绩尤为突出。6岁时她写了第一篇故事《兔子》。

1976年，罗琳进入中学，那时的她是一个戴眼镜的小女孩，相貌平平，学业优秀，有点害羞。她曾说：“赫敏·格兰杰身上有我的影子。”从那时起她便渴望成为全职作家。

1983年，勤奋好学的罗琳考上了英国的埃克塞特大学，主修法语和古典文学，并获得了文理学士学位。

1987年，大学毕业后，罗琳在很多公司做过秘书，但都是糟糕的秘书，因为她总在构思着自己的小说。

1990年，在去伦敦国王十字车站的途中，罗琳突发灵感，哈利·波特在她的脑海中形成雏形。

1991年，罗琳去葡萄牙的波尔图做英语老师。1992年，罗琳与当地的年轻记者乔治成婚。1993年7月，罗琳生下第一个女儿小杰西卡。

1993年11月，罗琳与乔治的婚姻破裂，她带着四个月大的女儿和《哈利·波特》系列笔记，辞职回伦敦。回伦敦后，罗琳靠朋友资助，住进一间鼠患成灾的老公寓，申请了每周69英镑的救济金。在咖啡馆里，她开始了《哈利·波特与魔法石》的创作。

1995年，罗琳完成了第一部《哈利·波特》，并历经波折找到了出版商。该书于1997年在英国出版，大获成功。

成名

1998年，《哈利·波特与魔法石》在美国出版，成为排名第一的畅销书。

罗琳又先后创作了《哈利·波特与密室》（1998）、《哈利·波特与阿兹卡班囚徒》（1999）、《哈利·波特与火焰杯》（2000)，并参与同名系列电影的制作。这些作品的陆续问世，不断地刷新着世界小说发行史的纪录。

慈善

2000年，罗琳向英国单亲家庭委员会捐赠了50万英镑，并担任其形象大使。

2001年4月，为了纪念患多发性硬化症去世的母亲，罗琳又为多发性硬化症协会捐赠了25万英镑。

这个人物大事记以时间为顺序，清晰地勾勒出了罗琳这位伟大女作家的人生路径，帮助孩子达到了“把书读薄”的目的。人物大事记也可以借助思维导图用更简便的方式来表达。

时间	地点	事件
1965 年 7 月 31 日	英国 格温特郡	罗琳出生
1976 年		
1983 年		
1987 年		
1990 年		
1993 年 11 月		
1997 年		
1998 年		
2000 年		
2001 年 4 月		

第二个工具：人生曲线图

伟大人物的一生往往都充满曲折。如果孩子能找到伟人人生的最低点和最高点，并总结出在这些人生节点上他们都是如何面对的，这将对孩子具有巨大的启发意义。

例如，做完罗琳的大事记后，我又带着孩子整理出了她人生的最低点和最高点。

罗琳的人生最低点是1993年11月，罗琳离婚后带着四个月大的女儿，辞职回伦敦。她只能住在一间鼠患成灾的老公寓，靠救济金生活。她开始全身心投入写作中。

罗琳的人生最高点是1998年，《哈利·波特与魔法石》在美国出版，轰动世界。之后的近十年里，罗琳先后创作了《哈利·波特》系列的后六部，这套书成为全球青少年的阅读最爱，创造了一个个奇迹。

然后，我带着孩子一起来思考与讨论，是怎样的力量帮助罗琳从人生低谷里走出来？她又是如何实现了人生反转的？这样的思考与讨论无疑是颇具价值的。

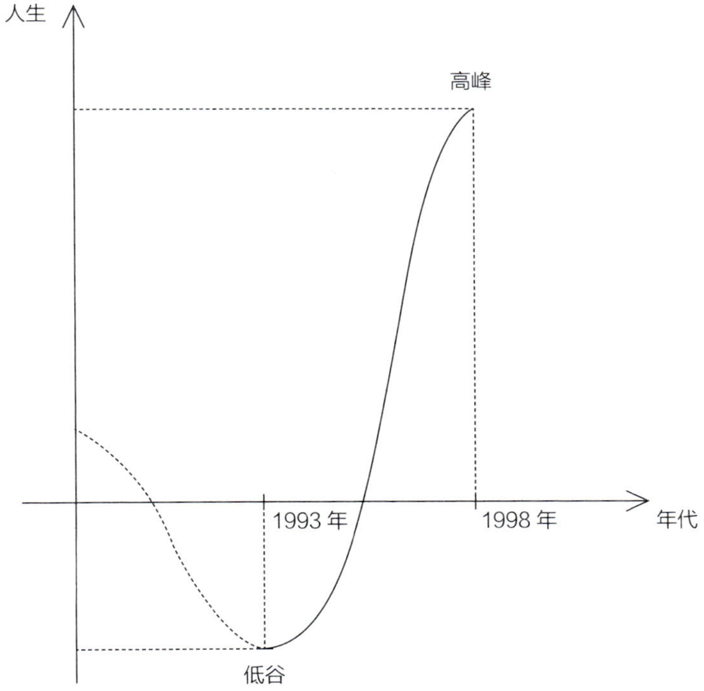

第三个工具：人物海报

为所读的人物做一个海报，可以包括几个方面的内容：（1）人物肖像；（2）人物的主要成就；（3）人物的性格特点，包括优缺点；（4）人物金句；（5）和某一位相似人物的比较；等等。

第四个工具：人物比较图

对于高年级的孩子，在读完两本相似人物的传记后，我们可以建议他们，将两个人物进行比较。例如，孩子们可以比较一下，斯皮尔伯格和卡梅隆同为大导演，在性格特征、人生经历、作品特色方面有哪些相似之处和不同之处。做一张这样的人物比较图，能帮助孩子在宏大的背景下对人物做更为深入的思考与分析。

一个重要方法：家长和孩子同读一本人物传记

人物传记内容丰富，篇幅较长，历史跨度很大，涉及社会生活的方方面面，是最适合父母和孩子一起阅读的好书。

我曾在一些平台做音频课程，给孩子们讲伟大人物的故事，每节课后的留言中都有很多父母表示，自己和孩子一起学习后收获很大，自己也获得了精神的洗礼，增加了见识，开阔了视野。而且，他们还和孩子一起讨论书中的人物故事及其人生选择，从而和孩子拥有了更多的共同语言。这些家长朋友的做法特别值得提倡。

在家长和孩子共读一本本优质图书的过程中，不仅是孩子获得了心灵的滋养、品格的培育及价值观的树立，家长们也获得了自己人生的第二次成长。更重要的是，两代人实现了同频成长。

父母永不放弃自我成长

还是那句老话：孩子，他不听我们的，他只是模仿我们。所以，我们希望孩子成为什么样的人，首先我们自己就要成为那样的人。

如果我们内心始终有目标，并为了这个梦想一直在努力打拼，那么，我们需要时不时地多和孩子谈谈自己内心的梦想，以及一步步的行动和计划。这样一来，我们这份对梦想的执着追求一定会感动孩子，让他们以父母为荣，并去效仿。

我的人生榜样是杨绛先生，希望自己能成为一个像杨绛先生那样的女性，内心强大，犹存天真，笔耕不辍，书写智慧、热爱和勇气，为这个世界带来一些光和热。

为此，我常常和女儿聊起自己对杨绛先生的崇拜，并聊起我的人生目标、工作计划，以及最近我自己正在做哪些事情，例如策划哪个选题，在写哪本书，等等。

女儿对我说："妈妈，我真喜欢你聊起自己梦想时的样子，眼里闪耀着晶莹的光芒。我也喜欢你写作时忘我的样子，仿佛一朵火花燃烧着自己，散发着迷人的光。我希望，我也能成为你那样的女性。"

如果我们能够坚持自我成长，如果我们能够通过阅读、旅行等方式不断提升自己的认知水平，如果我们能够始终保持追梦人的状态，如果我们能够努力让自己成为孩子的人生榜样，成为孩子发自内心认可的人，成为他们敬佩的人，成为他们想要成为的那个人，那么请相信，孩子一定会像我们那样，向着光亮不断奔跑。

第五章

用阅读帮助孩子建立正确的价值观

19 好朋友不理我了，怎么办？用阅读帮孩子收获友情

小学毕业时，云舟和她童年时最好的朋友小猪分别考入了不同的中学。刚进入初中，面对陌生的同学们，云舟很怀念自己那些老朋友，尤其怀念小猪。她常常牵挂着小猪，时不时与小猪联系。

有一天她回家后，闷闷不乐地跟我说："妈妈，我发现小猪最近不怎么理我了，给她发微信她回复得很慢，话很少，周末约她出来玩，她总说没时间。你说，她是不是不想要我这个老朋友了？"说完，云舟的眼里闪烁着晶莹的泪花。

云舟很重感情，老朋友在她的心里占据着很重的分量。与好朋友之间出现问题，自然会难过万分。

云舟所面临的困惑，也是许许多多的少年同样面临的。年少时，除了学业，孩子们心底最在意的就是能否拥有好朋友，能否和好朋友度过最美好的时光。

如果孩子在十余年的校园生活中收获了真挚的友情，收获了

朋友的信任、理解、鼓励，那么，他定会成长为一个积极、阳光的人，定会拥有健全的人格和健康的心理。

那么，我们家长应该怎么做，才能帮助孩子建立健康的人际关系，帮助孩子明白与朋友相处的原则，最终收获真正的友情呢？

如何处理友情中的难题？

当孩子进入青春期面临与朋友相处的困惑时，我们依然可以选择从阅读中寻找答案。于是，我和云舟来到了我们的家庭图书馆。

这一次，我为云舟推荐的书是《如何获得真诚的友情》，作者是朱雀为夏。这本书关注的是青春期孩子的交友问题，为其进行理性分析，出谋划策，提供方法。针对自己的困扰，云舟翻开了这一章：“如何平衡新朋友和老朋友之间的关系？”书中这样写道：

> 如果一生中有这样一个朋友：即便许久未见，远隔千里，依然会时刻惦记你，把你当作一生的朋友，在你遇到人生低谷的时候不会幸灾乐祸，在你取得成功的时候真心为你高兴，那才是弥足珍贵的。
>
> …………
>
> ……当我们和新朋友相处的时间变多时，陪伴老朋友的时间就会变少，老朋友心中难免会有一些失落感。如果遇到

这种情况，你可以尝试下面几种方式。

1. 让老朋友知道你很在乎他
2. 别忘了经常一起做的事
3. 让相聚的质量代替数量
4. 相约在重要的日子
5. 介绍新朋友给老朋友认识

看到这里，云舟说："这些方法我都用过，我是很在乎小猪的，可她似乎不那么在乎我了。她肯定有了新朋友，就把我给淡忘了。"说完，她依旧很难过。

"你刚进初中，难免感到孤独和寂寞，分外思念老朋友，这是可以理解的。"我指着书中的另一段文字，念给她听："即便是关系再亲密的朋友，两个人也是独立的个体，我们不能干涉对方交友，这是他的自由。人的一生中，在不同时期、不同地方会结交不同的朋友。而且个人自由和亲密关系是不冲突的，如果你们是真正的朋友，即使她在新学校里有了新朋友，也不会影响你在她心中的地位以及你们之间的友情。"

于是，我建议云舟："把老朋友放在心上，并不妨碍你去交新的朋友。你也应该去打开心门，在新学校里去主动认识一些新朋友。退一步说，如果对方真的不想和你做朋友了，也没有必要强求。"

"妈妈想把动漫大师宫崎骏说过的一段话送给你，那就是'人生就是一列开往坟墓的列车，路途上会有很多站，很难有人可以自始至终地陪你走完。当陪你的人要下车时，即使不舍也该心存感激，然后挥手道别。'"我看着女儿的眼睛，对她深情地说，"无论怎样，我们都应该感激那些曾经陪伴过我们的人，感激他们给予过我们的温暖美好，感谢他们带给过我们的动人回忆。无论是面对友情还是爱情，我希望你都能拥有这样的态度和认知。”

真正的友情

“真正的友情应该是什么样子的呢？”云舟接着问。我沉思了一下，给云舟讲了关于本世纪最伟大的物理学家霍金的友情故事。

霍金在身患渐冻症之后，还能取得举世瞩目的成就，和他两个好朋友的帮助密不可分。

一个是霍金的助理唐·佩奇，他陪着霍金一起出席国际学术会议，一起发论文，一起给研究生上课。当年，佩奇在加州理工学院念博士学位的时候，赶上霍金在那里做访问学者，上课的时候两人谈得很投缘。毕业之后，佩奇花了很长时间去申请博士后职位，结果根本没有合适的，最后霍金在剑桥大学邀请佩奇去担任助理。后来，霍金指导佩奇的研究方向，佩奇当霍金的研究助手，两个人一起发表了不少关于黑洞的论文，成了最合拍的伙伴。

多年以后，佩奇成为在量子宇宙学领域大放异彩的著名物理学家。回忆起往事，他非常感谢老师霍金对他的栽培，而霍金则特别感谢佩奇这些年来无微不至地照顾自己的生活。

天体物理学家基普·索恩和霍金是多年的老朋友，他们曾经定下了一个世纪赌约，这个赌约后来也成为现代物理学史上的一段佳话。

1964年，天文学家在遥远的天鹅座星系发现了一个天体，这个天体不断发射出X射线。它到底是什么？为什么会放出X射线？接下来的十年里，无数物理学家不断测量和计算这个天体的相关数据，试图找到答案。霍金和索恩也不例外。霍金猜想，这个天鹅座天体的射线源很有可能是一个黑洞。但十年过去了，研究依然没有取得重大突破。

当霍金感到消沉时，索恩说，咱们来打个赌吧！我赌天鹅座星系的射线源一定是一个黑洞。如果我赢了，你就得给我订阅一整年的《阁楼》杂志；如果我输了，那我给你订阅四整年你想要的杂志。怎么样？”

一听这话，霍金也兴奋起来，他尤其喜欢和别人打赌。于是他非常高兴地接受了赌约。就这样，刚刚笼罩在这两位大科学家心上的一片愁云惨雾顿时烟消云散了。

几年之后，随着科学观测越来越精确，霍金和索恩的猜想终于被印证是正确的，那就是一个黑洞。结果是索恩赢了，霍金输了。霍金高兴万分，他遵守约定，给索恩订了一整年的《阁楼》杂志，索恩也喜上眉梢，接受了这个赌资。

讲完这个故事，云舟感叹道："霍金的人生之路有了这两位好朋友，真是幸运啊！"

我说："可不嘛！霍金和他的助手佩奇，多年来彼此帮助，彼此扶持，一起合作，取得了不小的成就；霍金和他的朋友索恩，在人生低谷时彼此打气，以幽默的方式互相鼓励。这些好朋友一直照顾着霍金的情绪和身体，对霍金真心相助，最终成就了霍金。这就是真正的友情。"

从文学中感悟友情

年少时代，友情是孩子们最珍视的感情，他们从书本里读到了"桃花潭水深千尺，不及汪伦送我情"，读到了"海内存知己，天涯若比邻”，读到了“莫愁前路无知己，天下谁人不识君”，读到了“山回路转不见君，雪上空留马行处”，他们渴望着去寻找这样的默契，去拥有这样的真心。

《夏洛的网》讲述了小猪威尔伯和蜘蛛夏洛之间的感人故事。夏洛最终为了威尔伯献出了自己的生命。这段最真挚的友谊带给了我们关于生命的深沉思索。

《追风筝的人》讲述了两个阿富汗少年关于友谊、背叛、救赎的故事。仆人的儿子哈桑用生命实践了“为你，千千万万遍”的诺言，谱写了震撼人心的友谊诗篇。

《夏至未至》用诗一般的语言叙述了两个男生傅小司和陆之昂的故事。他们俩的相互鼓励、慰藉、护卫成全了彼此，造就了彼此。就像书中所言，“那些男孩，教会我成长”。

《月光小巷》中，主人公“我”和新认识的朋友经历了月光小巷里的怪人怪事，在矛盾中学会了和解与接纳、宽容与友爱。友情是成长路上的月光，滋养着每个少年的心田。

在这些作品里，孩子们可以读到更多感人肺腑的友情故事，获得更多关于友情的深刻思考。他们将会明白，真正的朋友，不仅仅是陪你玩陪你闹，更重要的是欢乐时彼此分享，困顿时彼此鼓励彼此慰藉，给予对方温暖和力量。相互理解、惺惺相惜、共同成长、彼此成就，这才是友情最好的模样。

20 什么是爱？让我们和孩子聊聊爱情

最近，好几位妈妈都在和我说，孩子进入青春期了，好像是喜欢上了某个男生或女生，孩子不愿意和家长讲，而做妈妈的也不知如何开口和孩子讨论此类话题。

近两年来，家长们日益重视起青少年的性教育，各类相关的书籍、线上线下课程也如雨后春笋，用各种方法教孩子如何保护自己。但是，我认为，我们对孩子们的性教育绝不应该仅仅止步于此。

青少年教育专家方刚认为，性教育不应该忽视与性有关的情感、责任、爱、尊严的教育，不应该回避有关爱情的教育。

老师和家长首先应该认真给孩子讲授，什么样的爱是美好的，应该如何处理爱情，等等。好的爱情教育，其实是人生观的教育，是人格教育，是责任与爱的教育，而不只是“不要谈恋爱”的教育。

“你还小，现在喜欢的人肯定不会是以后的结婚对象。”

“现在最重要的是学习，其他的千万不要想。”

“绝对不可以早恋！”

上面这些话应该是父母最常对孩子说的了。

也许我们都忘了，在我们的年少时光，每个人都曾有着对某个同学朦胧羞涩的浪漫回忆，那也是我们人生的一个重要组成部分。而步入中年后，我们已经淡忘了那些回忆，更多考虑的是现实与利益，也开始视孩子们的情感问题为洪水猛兽。但是，我想，我们没有权利不让孩子体验这种美好的情感，进而体验他们的人生。

我们这一代人，在少年时代的爱情教育是缺失的。那时候，家长和老师们动不动就给一些孩子扣上“早恋”的帽子。但其实，高压之下的男生女生们将对“爱”充满更多好奇与一探究竟的渴望。身边也曾有一些优秀女孩因为处理不好这个问题而走了不少人生的弯路。

在00后们身处的这个时代，互联网的内容鱼龙混杂、泥沙俱下，孩子们被裹挟其中，往往辨识不清。再加之青春的懵懂无知，更容易迷失方向。所以，如何与孩子讨论“爱”，如何正确地引导孩子看待和对待“爱”，是无数父母正在面临和即将面临的巨大挑战，也是青春期孩子的父母不可回避的重大话题。

在某种意义上，我们是爱情教育缺乏的国度。学校、家庭基本上都不涉及这方面的教育。这也导致了很多孩子在走向婚姻之前都缺乏精神上的准备，以至于出现各种问题。我们的社会、学校、家庭都应该担当起未成年人的爱情教育责任。

与孩子真诚坦率地讨论文学中的“爱”

家长越是对爱情讳莫如深，孩子就越会好奇，越会想方设法地找其他途径来感受和了解。现在，很多孩子都是借助互联网来认知爱情的。但这些途径传达给他们的信息往往都是模糊的，甚至是错误的、荒谬的，这很可能对孩子造成不可避免的伤害，甚至毁了他们的一生。所以，一定要就此话题与自己的孩子不断进行坦率真诚的探讨，陪着他们走过这段对爱充满探索和好奇的生命旅程。

从三年级起，女儿就悄悄告诉我，班上某个女生喜欢某个男生，某个男生追某个女生云云。对此，我总是淡定地一笑，回答只有两个字“正常”。后来，女儿告诉我，她好像也喜欢上了某个男生，我依然淡淡一笑，对她说：“正常啊！恭喜你长大了！”

可不嘛，对这些十来岁的孩子而言，喜欢是开始发现另一个生命的美好，是一件令人高兴的事情。这时的喜欢和喜欢一个好朋友没有什么不同，可不是没有什么大惊小怪的嘛。

她问我：“妈妈，你小时候喜欢过哪个男生吗？”我说：“当然了，每个人在自己的学生时代都喜欢过某一个人，那也是成长路上最美好动人的回忆呢！”

过了一段时间，女儿又跑来跟我说，她的闺蜜喜欢上了一个男生，可是过了几个月她的闺蜜发现那个男生有好些不能接受的缺点，所以不再喜欢他了。她问：“老妈，这叫不叫移情别恋？”

我淡淡一笑，告诉她：“你看，喜欢其实是一个开始。因为喜欢这个人，所以我们多了对他的一些了解。但在这个了解的过程中，我们慢慢发现，他有一些缺点，便不再喜欢了。而真正成熟的爱，是你既喜欢他的优点，又能包容他的缺点。所以，这样的喜欢和真正的爱还相距尚远呢。”

云舟从小喜爱阅读，在各色文学书籍里，爱情常常是不可回避的主题。从《哈利·波特》到《红楼梦》，从《草房子》到《射雕英雄传》，青春的相互吸引与爱慕总是闪耀其间，成为美丽动人的篇章。所以关于爱，她总有很多的问题，这也成为她和我之间经常讨论的话题。

可能很多家长会想，孩子还小，这样的讨论会不会把孩子带入歧途啊。可我却不这么想，在我们的眼中，孩子还小，可是他们已经将自己视为一个即将成熟的生命个体，他们渴望着去探求更多“爱”这个话题。

我问云舟：“你读过不少书，你能告诉我，爱是什么吗？”女儿想了想，说：“我现在还说不好，但我在每本书里读到的爱都是不一样的故事，时常让我困惑。”

看完了青少版的《红楼梦》，她问我：“林黛玉和贾宝玉算早恋吗？”我说：“应该不算吧，他们正值青春年少，因为欣赏对方的才华而喜爱对方，这是很美好的感情，值得珍惜。”她又问：“可是如果在今天，他们肯定会被老师和家长批评吧？”我说：“爱本身是没有错的，他们在心底里默默地喜欢对方，是很纯洁的感情。如果我是他们的妈妈，是不会责备他们的！”

看完了《哈利·波特》，她就自言自语：“哈利·波特为何没有喜欢赫敏，赫敏既美丽又聪明，还是大学霸。”我问她：“那你觉得是为什么呢？”她分析道：“哈利·波特与赫敏是战友，他们一起学习，一起成长，一起经历了千难万险，最终打败了伏地魔。所以说，他们两个人之间是牢不可破、坚不可摧的战斗友谊。”我说：“那么看来，男女同学之间也会建立起如同哥儿们一般的生死情谊哟。”她说：“看来是的。不过，我好像还没有遇到这样的患难之交。”“那就耐心等待吧！”我笑着冲她眨眨眼。

看完《射雕英雄传》，她又发出疑问：“黄蓉为何会喜欢那个呆头呆脑的郭靖？要是我，才不会喜欢他呢！”我放下手中的工作，认真地想了想说：“有时候，越是聪明的女孩子，就越喜欢那种忠厚老实的男生，可能觉得这样的人大智若愚，才会产生安全感吧！”云舟摇头晃脑地说：“哈哈，那我以后也要找这样靠谱的男生。”“那就加油吧！”我笑着说，“每个人都有选择自己爱人的权利。对于他们的选择，哪怕我们暂时还不能理解或认同，也要给予足够的尊重！”

我曾在直播里和孩子们讨论过安徒生童话故事《海的女儿》，我问了孩子们这么一个问题：“当王子和另一个女孩，而不是小人鱼公主结婚后，小人鱼依然选择为他付出自己的生命。那么，你认为这样的付出是否有意义？”

小读者艾敏说道：

> 《海的女儿》在我看来是一个悲伤的故事，虽然结局小美人鱼拥有了不灭的灵魂，但是在我看来她的付出还是不值得的。
>
> 可是小美人鱼觉得自己惨吗？她认为她不顾一切的付出是值得的吗？我想对她而言，这就是她认为的爱情。为了她心中所向往的爱情，她甘愿付出自己的声音、地位、生命。即使再悲痛她也不后悔。也许再给她一次机会，她还是会如此选择。
>
> 为什么小美人鱼觉得自己不难过，而我们读起来却觉得她很不幸？那是因为我们身处的时代不一样了，对于爱情，我们有着不同的观点与看法，也有着不同的思考问题的出发点。
>
> 纯真的爱情是每个人都渴望的。虽然小美人鱼的付出令我们很有感触，但是我们一定要保持理智。我的妈妈告诉我，没有任何爱情值得你去付出自己的生命，在这个世上，还有很多比爱情更重要的东西，例如尊严、梦想和家人。

通过这些文学作品，我们可以告诉孩子，每个作家都有自己的人生阅历，所以在他们的笔下，对爱的诠释是不尽相同的。况且，在人生不同的年龄段我们对爱都会有不同的理解。在青春时代，爱是相互吸引的激情，而人到中年就更深刻理解了爱的真谛。爱是发现另一个美好的生命，爱是信任、欣赏和感动，爱是理解、支持和相互成就。

爱是人类的一个宏大命题，尽管无数的文学家、艺术家、哲学家都对它进行过数不胜数的书写与描绘，但它对于我们，永远都是无穷尽的。所以，这一切需要孩子在自己的人生路上慢慢体会。

和孩子聊聊自己的爱情故事

每位父母都有必要在孩子青春期时，和孩子谈谈自己的爱情故事和感悟，例如，自己在学生时代喜欢过谁？当时为何喜欢这个人？当你今天回过头来看，如何评价当时的自己？如何评价这段感情？更重要的是，你认为自己由此收获了什么？又失去了什么？最终从中悟到了什么？今天，对于爱情，你又有着怎样的理解和感悟？

我相信，父母作为过来人的人生感言，一定会让孩子感到弥足珍贵，收获良多。

如此推心置腹的交谈，也定会拉近父母和孩子的心灵距离，让孩子把父母视为自己的朋友，从此开始对父母打开心扉、真诚交流。

在恋爱问题上，父母和孩子也要遵守成长合伙人原则，彼此信任与尊重。父母要尊重孩子的隐私，不要去翻看孩子的手机和日记本，由此才能取得孩子的信任。父母要做的是孩子的知心朋友，为他出谋划策，答疑解惑。

我在直播时，有一位家长问过我这样一个问题。她的儿子现在高三，有一个谈了两年的女朋友，现在这个女孩患了重病，不能参加高考，她儿子的心情也很低落很郁闷，这位妈妈很担心儿子，担心他不能以良好的状态去面对高考，却不知如何劝导他，所以来征询我的建议。我心里想，可不可以劝说这个男孩先放一放?

由此，我去问了云舟的意见，云舟说："劝他放下？他是不可能放下的，而且这样一来还会增加对家长的抵触情绪。我觉得可以给这个男生三个建议：一、这个女孩虽然不能参加高考了，但她一定希望你能参加高考，希望你有一个美好的未来；二、女孩不能参加高考了，一定希望你去替她完成夙愿，去高考中搏一搏；三、你考上了好的大学，还能继续鼓励和关心女孩，女孩也会觉得自己对你的欣赏是值得的！"当我把云舟的建议转达给这位母亲时，她连声说，孩子的建议太好了，我儿子一定会接受的。

所以，我们不要低估孩子们的智慧，要相信他们有独立解决感情问题的能力。另外，一些同龄人的建议会更易于被孩子所接受。

让孩子看到更长远的未来

在生命教育中，对孩子进行爱情教育比性生理教育更重要。前者属于人文教育，后者属于科学教育。前者应当优先进行，甚至可以在小学、幼儿园阶段就开始介入。

童话里不是也有爱情吗？爱情是生活中极为美好的东西，让孩子对美好有一定的领悟，从小就认识到爱情的神圣和美好。有了这样的精神铺垫，在他日后面临性成熟、面临婚姻时才会有一种价值引领，才会有情感指向，不至于产生一些荒谬的认识，甚至发生让人痛心的行为。

还记得五年级的那个暑假，云舟抱回了学校规定的读物，其中一本是《七色书简》。这是一部散文集，第一篇是孙云晓老师的《你是一只小鸟》。

在这篇文章中，作者收到了一位名叫雨的高三女孩的来信，她说自己爱上了语文老师，打算放弃考大学，要与语文老师生活在一起。在做出最后的决定之前，她想问一问作者的意见。

作者立刻给她回信了，他说，他尊重她的想法，但是请她在高考中一搏，等上了大学了解了外面的世界后，再理性地用自己的阅历做出判断和选择。到了那时，她已经变得成熟，如果她还喜欢那位老师，作者也支持她。

雨听从了作者的劝告，上了大学，并在大学里收获了真正的爱情，也收获了与之前做出的决定完全不同的人生。

云舟看完此文后深有感触，写了这么一篇读后感：

青春是一趟不知终点的旅行

其实在每个人的青春里，都有过一段迷茫的时光，不知道该如何去做，该如何选择自己的未来。如果雨当年没有听从作者的劝告而放弃了上大学，现在的结果也许会大不一样。

但她很幸运，遇到了作者，带着她走出了迷茫的青春，去看外面的世界，多了一种选择人生的机会，获得了真正的幸福。

正如题目“你是一只小鸟”，外面的天空还很高远，不展翅翱翔怎能看到最美的风景？

> 我们也像是一只只小鸟，可能会迷失在青春的沼泽中，但当我们望向天空时，会看到一处处不一样的天地，更加吸引着我们不断前行！
>
> 所以，当你迷茫时，不要忘了看一看天空，看一看外面的世界。青春等待着你去尝试、去冒险，去活出一段不一样的时光！
>
> 青春是一趟旅行，没有人知道终点是什么样的，但至少我们可以把握沿途的风景，让它开出不一样的花朵，点燃不一样的烟火！

一本好书真的是比父母更好的老师。这篇散文已经教会了孩子何为爱，如何在人生的十字路口做出重要选择。

孙云晓在《你是一只小鸟》中写道：

> 做教师的尤其是做父母的，一旦听说上中学的孩子恋爱了，还爱上了比父母年龄都大的老师，父母甚至会用全世界最狠毒最肮脏的语言骂孩子。实际上，恋爱中的少男少女，几乎都是激情如火，心中春光明媚。他们不讲门第，不讲贫富，不讲年龄，唯有爱情至上，诚如大文豪歌德所赞美的"人性中的至纯至洁"。如果父母与教师又骂又罚，尽情羞辱，这难道不是在制造悲剧吗？其实，他们多么渴望得到成年人的体谅与点拨，而父母与老师为何总是近在咫尺却天各一方呢？

正确的做法是，通过这样的故事，我们可以告诉孩子，当你沉陷于某段感情时，请你抬起头望向远方，你会看到，你还有一个很长远的未来，在那里你定会看到更美的风景，遇到更适合自己的异性。所以，请不要先做出选择，请先在心底默默保留这份情感。

用优秀的电影和文学作品，帮孩子理解“爱”的真谛

对孩子进行爱情教育，阅读优秀的文学作品无疑是最佳方式，这一点已经得到了众多教育专家的认同。家长应该用上众多优秀文学作品中的爱情教育资源，对孩子进行爱情观上的引导，因为，那些好书已经告诉了孩子们，应该追求什么样的爱情。

记得在我的青春时代，有些文学作品帮助构建了一代人的爱情观。

舒婷的《致橡树》深刻地探讨了关于两性在爱情中的权利平等问题。

致橡树

我如果爱你——
绝不像攀援的凌霄花，
借你的高枝炫耀自己；
我如果爱你——
绝不学痴情的鸟儿，
为绿荫重复单调的歌曲；
…………

不，这些都还不够！

我必须是你近旁的一株木棉，
作为树的形象和你站在一起。
根，紧握在地下；
叶，相触在云里。
…………

我们分担寒潮、风雷、霹雳；
我们共享雾霭、流岚、虹霓。
仿佛永远分离，
却又终身相依。
这才是伟大的爱情，
坚贞就在这里：
爱——
不仅爱你伟岸的身躯，
也爱你坚持的位置，
足下的土地。

我至今还记得当年读完这首诗的震撼，它告诉当年那个青春年少的我，爱不仅仅是某些影视作品里表现的卿卿我我、缠绵悱恻，它有着更深刻的内涵和更博大的定义，有着更重大的责任与担当，以及作为一个女性，该如何与自己的灵魂伴侣朝夕相处。

另一部伟大的作品《简·爱》可以说是一部女孩的必读书，因为它记录了一个出生卑微的女孩不断追求自由与尊严、坚持自我，最终获得幸福的艰辛成长历程。而其中的那段经典对白更是让人刻骨铭心。她说：

你以为我贫穷、相貌平平就没有感情吗？我向你起誓：如果上帝赐予我财富和美貌，我会让你难于离开我，就像我现在难于离开你一样。上帝没有这样安排。但我们的精神是平等的。就如同你我走过坟墓，平等地站在上帝面前。

当时，读完这本书的我写道："为什么简能感动亿万读者？因为她告诉了我们，何谓女性的独立与尊严，何谓爱的勇气与坚守，以及在面对爱人时，一个女性该如何保持自己的独立和平等。"

当孩子进入青春期后，可以把这两部文学作品推荐给他们，让他们从那些深刻而隽永的文字中去慢慢体会。优秀的文学作品所赋予人的智慧和力量，永远比父母的说教更易于被孩子所接受。

在孩子的成长路上，会不断涌现出新的关于爱的问题，我们家长能做的就是保有一双倾听的耳朵，一双默默关爱的眼睛，以及通过不断的引导与谈话，告诉孩子不能逾越的底线在哪里，帮助孩子在成长的路上不迷茫不跑偏，并收获满满的温暖回忆。

孩子终将长大。将来，他们或许不会再告诉我们关于他们心中的小秘密。但请相信，在成长过程中您和孩子那无数次关于爱的讨论，您为孩子推荐的一本本好书，已经逐渐帮助他形成了健康的爱情观，更将帮助他在未来找到属于自己的真正的幸福。

为大家推荐一份和爱情相关的书单。

推荐10～15岁孩子阅读：

《我们仨》 杨绛 著

杨绛先生用最温暖的笔触、最深情的语调，讲述了自己与钱锺书先生相爱相守的一生，为读者诠释了何为相濡以沫、不离不弃。

《伊豆的舞女》［日］川端康成 著

作者用淡泊、含蓄、宁静而优雅的文字，书写了一段至纯至美的初恋。那些说不出口的情愫、淡淡的忧伤、没有结局的回忆……初恋的美也许就在于此吧。

《你好，旧时光》《最好的我们》八月长安 著

无论是余周周还是耿耿，她们的故事中无不有着每个女孩青春的剪影，她们欢笑过，也曾哭泣过，但从未放弃过。她们是令人骄傲的，因为她们都为了成为更好的自己，努力地奋斗过，认真地爱过。

推荐15～17岁孩子阅读：

《霍乱时期的爱情》［哥伦比亚］加西亚·马尔克斯 著

这部作品中男主人公在毫无希望的情况下，等待了女主人公整整半个世纪，独身直到古稀之年，直到她真正爱上他。当两人都年近古稀，终于不顾一切地彼此奔赴，心中的爱依旧年轻炽烈、圣洁如初。

《梦里花落知多少》三毛 著

这是三毛在痛失爱人荷西之后，鼓起勇气写下的遗世之作。在那些痛彻心扉的文字背后，我们看到的爱是相互欣赏的美好、心有灵犀的智慧，是肝胆相照的义气、不离不弃的信赖和彼此托付的恩情。

21 老师不喜欢我怎么办？

帮助孩子与老师正确相处

最近收到一些家长朋友的来信，都说起孩子在学校得不到老师的青睐，孩子和父母都为此苦恼，不知道如何去开导孩子，也不知道该不该去与老师沟通。

孩子上学后，每个家长最大的心愿就是孩子能遇到一位好老师，期盼着孩子能在学校里得到老师的关爱，得到最大程度的包容与呵护。

古往今来，赞美老师的诗句不胜枚举，关于孩子受到老师的培育从此改变人生方向的故事也有很多很多。

但事实上，在孩子长达十多年的学生生涯中，会遇到各种各样的老师，他们有的温柔，有的严厉，而每个孩子也都会不可避免地受到老师的批评甚至惩罚，他们会伤心、委屈、难过、哭泣。那么，家长该如何面对这样的时刻？是一味地批评和指责孩子，还是去和老师争执？

尤其是孩子进入青春期后，他们由于自我的觉醒，变得更加敏感、细腻和叛逆，在面对老师时，他们开始不再笃信老师说过的每一句话，开始质疑老师的权威性，甚至开始试着挑战老师。

家长应该如何帮助孩子处理好与老师的关系？这实在是考验智慧的一件事。如果处理得当，这将是孩子学会沟通与合作的重要机会；如果处理不当，会伤及孩子的自尊心和自信心，影响他们的健康成长。

告诉孩子：不用刻意去讨好老师

当孩子向父母诉说他们与老师相处产生的烦恼和困惑时，父母一定要认真倾听，并且给孩子足够的理解和尊重，之后也要向他人了解一下情况，从而做出一个理智的判断。

女儿上小学四年级时，曾几次跟我说："妈妈，我发现体育老师不喜欢我！"我就问她："那么，你今天做错了什么吗？"她说："今天上课跑步的时候，我和同学说话了。"

我跟她分析："没关系，那是因为你犯了小错，老师批评了你一下，下次改了就好。要有一颗强大的心哟，这样才能经受得起老师的批评和以后的困难。"

过了一段时间，女儿跟我说："妈妈，那些小毛病我都改了，可是那位老师还是不喜欢我！"。在孩子水晶一般的心灵里，他们把老师视为神一般的存在，所以当他们付出努力的时候，最渴望得到的是老师的认可和肯定。

我想了想，对她说："宝贝，有时候，我们喜欢和不喜欢一个人是没有太多理由的。老师也是人，也有着自己的喜好。老师不喜欢就不喜欢吧，没关系的！事实上，不用让每个老师都喜欢你，就像你不可能得到这世上每个人的喜爱一样。在妈妈小时候，也有一些老师不喜欢我的。"

"真的吗？听外婆讲，你小时候可是标准的三好生啊！"

"是的，初中的时候，我的外语老师就不喜欢我，尽管从初一下学期开始，我的外语成绩不论是期中考试，还是期末考试一直都是99分（满分100分）。当时，我也难过了好一阵子，怎么都想不明白，外语老师怎么就不喜欢我呢？后来，我自己就想通了，老师不喜欢就不喜欢吧，没什么大不了的。我不是为了某位老师而学习，而是为了自己的未来而学习，所以老师不喜欢我，并不能影响我的学习兴趣和学习热情，我反而要学得更好！”云舟听完我的话，陷入了思考。

对老师足够尊重，认真听讲，努力去完成老师布置的每一项任务，但不用刻意去讨好老师，这也是我们需要告诉孩子们的原则。

当孩子与老师的相处遇到矛盾时

孩子进入青春期后，在和老师的朝夕相处中会遇到种种问题。例如，孩子觉得老师对自己不公平，厚此薄彼，或者过分严苛，或者觉得老师上课讲的东西没意思，没兴趣听，等等。这将会影响到孩子的学习热情、学习兴趣，而老师某些不恰当的批评指责甚至会伤及孩子的自尊心、自信心。

当孩子遇到以上种种问题时，我们父母切记不能想着替孩子出气，直接去找老师沟通，那样做只会让矛盾加剧，也不利于培养孩子的独立自主性。

此时，我们需要提醒自己，我们是孩子的成长合伙人，我们彼此之间相互信任，相互尊重，相互支持，相互合作。所以，我们需要鼓励孩子自己去独立地面对问题，去学着成熟地与老师沟通，去学着有智慧地解决问题。这也是提升孩子独立面对复杂问题并学习解决问题的绝好机会。

1. 鼓励孩子和老师坦诚地交流，理智地讨论问题

我的一位小读者天澜曾给我讲过一个故事。他们班参加初中部的篮球比赛，在比赛中裁判老师（另一个年级的体育老师）判罚

不公，导致他们班的球队在关键时刻丢分，输掉了比赛。比赛结束后，同学们都很伤心很愤怒，决定要去讨回一个公道。群情激奋之时，天澜站出来，大声说道："我建议我们先冷静一下。我们需要想一想，如何去和老师做这场谈判！"同学们点头称是。

最终，他们派出了天澜和另外一名同学作为班级代表，约了那位体育老师在课后单独聊聊。天澜说："老师，今天我们来找您，是想向您请教和讨论一下关于上次篮球比赛中的一些问题。"老师说："好啊，请讲！"

"我们觉得，上次您判我们队在进攻时犯规，让我们有一些看不懂，我觉得我们队似乎没有犯规。"

"是这样，可能你们站的角度和我不一样，所以我看到了一些你们看不到的动作。"老师开始解释起来，"从我的角度来看，当时你们那位同学的确是犯规了。当然，如果从你们的角度来看，这个球的确有点争议。"

看到了老师的让步，天澜说："老师，我们也理解，比赛中难免会有争议。那么，这次的比赛结果能改一下吗？"

老师想了想，认真地说："这样吧，这场比赛已经结束了，结果已经摆在那里，无法改变了。下一场，你们加油吧！下一次比赛中，我会更加留意，会努力做得更好的。"虽然有点无奈，天澜还是克制住了心中的失望，点了点头。

最后，天澜和同学向老师道了再见，结束了这次谈话。虽然无法改变比赛结果了，但天澜却认为自己收获不小。

和学校里的权威人物老师谈话，本身就是对孩子一次特别好的锻炼。在这个过程中，孩子将学会如何通过合理的沟通去了解事实，去试着换位思考，理解他人，试着去说服他人，去争取自己的权益，而结果本身倒不是那么重要了。

2. 让孩子学会接受老师的错误

我们要让孩子明白，老师也是人，不是神，所以也难免会犯错。当老师犯错的时候，我们需要和孩子一起先弄清楚，这一次是不是老师错了。如果是，那么我们要鼓励孩子学会包容，学会大度，试着去接受老师的错误。

这对于十几岁的孩子来说的确很难。但如果孩子做到了原谅老师的错误，那么就意味着他将学会宽恕，将拥有一颗更宽广的心。

3. 用成熟的态度去看待老师

在孩子成长的过程中，我们需要帮助孩子理解一件事，那就是老师也是一个普通人，老师也有着人性的优点和缺点，也会面临很多现实的困境。所以，当老师在课堂上有表现不好的时候，在教学中有疏忽的时候，在处理一些班级问题有偏颇不公的时候，我们需要理解老师，并试着和老师去做进一步的沟通。

例如，有一次，云舟发现她的某科老师有段时间上课无精打采，讲话有气无力的，她和同学们都感到很诧异。商量后她们几个同学课后来到了老师的办公室，关切地问："老师，我们发现您近来状态不太好，是不是生病了？或是家里有什么事？有什么需要我们做的吗？"

老师听闻此话红了眼圈，道出了原委。原来，老师的父亲刚被查出胃癌晚期，所以老师的心情一落千丈。"对不起，孩子们，我知道自己状态不好，我一定会调整好的。""没事的，老师，我们理解您。"最后，几个孩子都深情地拥抱了老师。

我们可以鼓励孩子试着从朋友的角度去理解老师，去关爱老师，去原谅老师，从而收获一份更良好健康的师生关系，也能收获自己的成熟和进步。

用阅读帮助孩子更深刻地认知师生关系

云舟读小学后，我决定给她读一读《窗边的小豆豆》，因为她和那位主人公小豆豆实在是有几分神似哟！小豆豆是个调皮捣蛋又充满童趣的小女孩，她可爱、单纯、善良、淘气、贪玩，然而她却因为不遵守课堂纪律被退学了。一个全新的巴学园接受了她。

巴学园的大门是用矮矮的树做成的；巴学园的教室是一个个废弃不用的电车车厢；巴学园的午餐是“山的味道”和“海的味道”；巴学园的孩子们被要求穿着旧衣服来上学，这样就可以尽情玩耍而不用担心衣服被弄坏了……这里所有的所有都是那么与众不同。

听我读着巴学园里一个个有趣好玩儿的故事，云舟对巴学园的一切都那么喜欢，那么神往，她不止一次地发出感叹：“要是我以后能去巴学园读小学就好了！”

“为什么想去巴学园呢？”

“因为那里有小林校长啊！我好喜欢他！”

最让云舟感动的是，每当小林校长看到小豆豆，总会对她说：“你真是一个好孩子！”于是，小豆豆就高兴地认为，自己的确是一个好孩子。其实，小豆豆常常做一些让老师和家长大伤脑筋的事情，比如把电车教室地板上的盖子掀起来，把垃圾扔进去；比如看到地面上铺的报纸，欢快地跳上去，结果跳进了厕所里……但是发生这种事情的时候，校长绝不会把小豆豆的爸爸妈妈请到学校里来，而是由校长先生和学生共同解决。云舟感叹：“要是我在学校里做这种事，肯定会被罚站两节课，而且马上就被请家长了！”

“你真是一个好孩子！”在巴学园的日子里，小林校长不断地对小豆豆说着这句话。“真是”两个字背后的含义是，虽然别人觉得你还不是一个好孩子，但你有好多好的地方，老师理解你。所以，小豆豆也就怀有了“我是一个好孩子”的自信。

每每读到此处，我总会摸着云舟的头发，温柔地对她说：“你真是一个好孩子！”“我知道的，妈妈！”云舟也温柔地回答。

后来直到上六年级了，我才轻描淡写地跟云舟说起：“你在一年级的时候，老师差点想让你留级呢！”

“真的？还有这种事？我怎么不知道？”云舟瞪大了眼睛。

“是的呢，我去跟老师谈了话，坚决反对让你留级。因为，妈妈始终认为，你是个好孩子！后来，我和你一起读了《窗边的小豆豆》，发现你和小豆豆的经历真的有几分相似呢！我很为自己庆幸，因为我当时的做法和小豆豆妈妈的做法是完全一样的，我们都保护了你们那颗幼小的稚嫩的敏感的心。”

云舟听完了我的话，红了眼圈。她抱着我，低声说了一句：“谢谢你，妈妈！”我说：“宝贝，其实每位老师都认为，‘你真是一个好孩子！’只不过，有的老师把这句话告诉了你，而有的老师则把这句话埋在心里，用更严厉一些的方式来教育你，那是因为他们认为这样才是爱你的正确方式。但不论怎样，每一个老师都是爱自己的学生的，你一定要明白这一点！”

读初中后，云舟读了《霍金传》，其中一个故事让她很有感触。

霍金刚刚进入剑桥大学时，很希望能跟着英国最著名的天文学家霍伊尔教授（曾担任英国皇家天文学会会长）做研究，但是可惜的是霍伊尔教授并没有成为霍金的导师。不过，霍金一直关注着霍伊尔在学术方面的研究。有一回，霍金听说霍伊尔教授要去伦敦皇家学院做一场学术研讨会，于是他就在那之前根据霍伊尔的演讲主题做了很多功课，然后满怀期待地去听霍伊尔的最新演讲。

讲座当天，听了一会儿霍金就听出了问题，结果霍金就打断了正在侃侃而谈的教授。霍金说："教授，对不起，您刚才谈到的这个物理量是发散的，您的研究结论弄错了。"

当时霍伊尔教授很不开心，但还是不失风度地说："年轻人，你怎么知道我的研究是错的呀？"霍金借着拐杖勉强站起来，从容自信地说道："教授，我演算过了。"接着，霍金就认真地把演算和推导方式一股脑儿地全说了出来。原来，霍金与霍伊尔的学生是好朋友，霍金无意中了解了霍伊尔的最新研究项目，这激发了霍金的研究热情。完全是出于个人的兴趣，霍金悄悄地完成了对教授这个新观点的计算和推理过程。

霍伊尔听完了霍金严谨的推导，心里面暗暗惊叹："这个小伙子不错啊，年纪轻轻就敢挑战权威，很有前途！"第二天，全英国都在讨论，有一个名不见经传的年轻人，在伦敦皇家学院，在众目睽睽之下，用更严密的推理战胜了英国皇家天文学会的会长。

这之后，霍金和霍伊尔的关系变得很糟糕了吗？并没有。霍金很崇拜也很尊敬霍伊尔，他还曾经因为霍伊尔不能成为自己的导师而感到遗憾和难过。当然，霍伊尔也非常喜欢霍金这个坚强又有天赋的年轻人，经常和他一起讨论、交流一些最前沿的宇宙学说，当然也给霍金提供了很多学术上的机会。他们的师生情延续了很多年。

读完这个故事，云舟感叹道："霍金当学生时就敢于去质疑和挑战自己的老师，他可真是有勇气啊！"

"不仅仅是勇气，他还具备了这样的能力，所以才能挑战成功！”我回应道，“你知道吗？很多知名的大学都特别鼓励学生去质疑老师的学说，去挑战权威，这其实是对学生极大的锻炼。”

“那他们不怕老师生气吗？”云舟问。

“所以，这其实也对老师提出了更高的要求，老师要有博大和包容的胸怀。”

云舟点点头，陷入了沉思。

德国哲学家卡尔·雅斯贝尔斯曾经说过：“教育的本质是一棵树摇动另一棵树，一朵云推动另一朵云，一个灵魂唤醒另一个灵魂。”良好的师生关系是一切学校教育的开端。

让孩子学会用成熟、理性的态度去对待老师，去理解老师深藏于心的爱，去理解老师的优点和缺点，并学会与老师坦诚地沟通，学会正确处理与老师的矛盾，是他们学会合作、走向成熟的重要一课。

最后，为大家推荐一份阅读书单。

适合5～8岁孩子阅读：

《我的老师是怪兽》［美］彼得·布朗 著绘

这是一本颠覆传统教育观念的暖心绘本。当孩子刚刚面对老师的时候，往往觉得这个陌生的阿姨好像怪兽一样，奇奇怪怪的。但是慢慢接触得多了，孩子就会发现，原来老师也是普通人，也会有一颗童稚美好的心灵。

《这是个大雪天》［英］理查德·柯蒂斯 著

在一个大雪天，一位坏脾气的老师和一个害羞的男孩在学校相遇。接下来发生的事并非完全出乎意料。两个孤独的灵魂相遇，又做了一年后的约定。一场大雪打破了师生间的隔阂，让人感动万分。

适合8～12岁孩子阅读：

《你是我最喜欢的老师》［美］黛博拉·霍普金森 著

故事讲述了一个不太适应学校生活的孩子，在一个对学生充满爱与关怀的老师帮助下，度过了非常快乐的一学年。这让她不再畏惧学校，最终也选择成为一名老师。尊重与理解，耐心与传承，老师的言传身教远比课本更有力量！

《贝多芬，默格勒先生和我》［加］大卫·伽德尼克 著

9岁的中国女孩欣本随父母移民到加拿大。一天，欣本偶遇钢琴名师默格勒先生，虽然他的生命已进入倒计时，但仍然强撑病躯为欣本上了26节充满魔力的音乐课，还煞费苦心地为欣本安排了新的钢琴教师……在默格勒先生的关爱下，欣本在音乐世界里不断奏响美妙的乐章。

22 同学总欺负我，怎么办？
阅读里的生命教育

生命教育是我们的社会、学校和家长都应该重视起来的教育领域。生命教育，即直面生命和人的生死问题的教育，其目标在于使人们学会尊重生命，理解生命的意义，理解生命与大自然的关系，学会积极、健康地生活与独立发展。

可以说，生命教育既是一切教育的前提，也是教育的最高追求，是指向人的终极关怀的重要教育理念，是关照生命的人本教育。

如果我们的孩子接受过良好的生命教育，那么，他就不会成为一个施暴者、一个冷漠的旁观者，更不会成为一个无辜的受虐者。他会懂得如何尊重他人、保护自己，他会理智地处理好自身与他人的关系、自身与周围环境的关系。

那么，我们家长该如何对孩子进行生命教育呢？

阅读生命

孩子们迫切需要读一些关于生命教育的好书，来学习如何珍爱自己、尊重他人，如何珍惜生命、感恩生命，从而开始独立思考生命的价值，找到人生正确的方向。最好的阅读方式是，家长和孩子共读这些书。

我为孩子们推荐几本探讨生命意义的好书。

首先，我为3～6岁孩子推荐阅读《绽放自我——歪歪兔生命教育童话》。这是一套引导孩子关注自身内心、关注生命意义的启蒙读物，通过一个个语言纯美、意境深远的童话故事，开启了一系列富有哲理的生命主题的探讨，引导孩子独立思考生命与天地万物的关系。

其中一则故事《七星灯》，讲述了人类和蛾族之间是如何结下世仇，又是如何在捕蛾世家七碎和蛾族王子火丁这一代实现了和解的。它告诉孩子，在面对人与人之间的矛盾和仇恨时，保存、尊重自己的生命和他人的生命是最基本的原则，没有任何人有权利侵犯和剥夺他人的生命。

另一个故事《银链》，通过一条开口说话的银链，讲述了一个家族的生命传承故事，以此告诉孩子，我们个体的生命只是家族传承中的一环，所以我们应该珍惜生命，将承载着家族之火、文明之火的生命链条传承下去。

我为7～12岁的孩子推荐的是丰子恺先生的《活着本来单纯》。丰子恺先生被誉为最中国的中国人。在他平易纯朴、仁厚隽永的文字里，在他恬淡温和的画作里，处处书写着人生的大智慧。

本书中有一篇写水仙花的，寥寥数语，让人顿悟。

> 谁说水仙花清高？它也像普通人一样，需要烟火气的。自从移入灶间之后，叶子渐渐抬起头来，花苞渐渐展开。今天花儿开得很好了！阿毛送它回来，我见了心中大快。此大快非仅为水仙花。
>
> 人间的事，只要生机不灭，即使重遭天灾人祸，暂被阻抑，终有抬头的日子。个人的事如此，家庭的事如此，国家、民族的事也如此。

丰子恺先生告诉我们，这个世界不是有钱人的世界，也不是无钱人的世界，它是有心人的世界。所以，要学会艺术地生活。这样的人生态度，值得孩子们去领悟与拥有。

我为12～15岁的孩子推荐蒋勋先生的《微尘众》。蒋勋先生曾说他是把《红楼梦》当“佛经”来读的，因为处处都是慈悲，也处处都是觉悟。《红楼梦》里的芸芸众生，即使是微小卑微的人物，都有作者的巧思塑造。

例如刘姥姥这个人物，蒋勋先生认为，刘姥姥这一穷苦乡下老太婆，在作者曹雪芹笔下，充满生命向上的积极本能，懂得察言观色，在贵妇人、公子、千金小姐面前没有畏缩，行动语言都有自己的分寸。

她的聪明世故，她的通达人情，比今日许多呆头呆脑读死书又自以为是的知识分子都强很多。她是《红楼梦》所有女性中最有生命力的一个，接近于“大地之母”的类型。

蒋勋先生的娓娓道来，无不透露着对书中那些卑微小人物的慈悲与大爱。这即是对生命的赞礼。

电影中的生命教育

电影《悲伤逆流成河》是一部讲述校园霸凌的悲剧电影。我和女儿一起看完后，云舟说她非常震撼。接着，她找来电影改编的原著——郭敬明的《悲伤逆流成河》，认真读了一遍。

看完书后，云舟写道：

其实校园欺凌最可怕的一点就是旁观者觉得事不关己，不会做什么，而留被害者一个人在深渊挣扎。

雪崩的时候，没有一片雪花是无辜的。所有袖手旁观的人都在无形地施暴。

其实，我们每个人都多多少少目睹或经历过校园霸凌，小则口角上的侮辱，重则肢体和精神上的欺凌。这些语言乃至肢体攻击会随着时光的跨过在心里慢慢生根，在多年后回想依旧隐隐作痛。

看完电影《悲伤逆流成河》后去豆瓣上看了看评论，发现那里有很多人都在谈自己曾经受过的校园欺凌的经历，它离我们是真的很近很近，甚至小范围内每天都在发生。

愿所有的青春，都可以被温柔相待；愿每一个生命，都可以被认真地尊重。

上个岁末，我和女儿一起观看了电影《送你一朵小红花》，这是一部让人笑中带泪、泪中带笑的电影，温暖、深情、感人至深。

电影讲的是两个抗癌家庭直面生死的故事。两个少年韦一航和马小远都身患癌症，但他们以自己的方式去面对生活，或者是丧，或者是乐观洒脱，其内核都是在努力不让病魔击垮自己，在苦难的人生中寻求自愈。最后，马小远遗憾去世，韦一航则见到了自己想见的远方。

电影中还有一群癌症患者，他们年龄不同，来自不同的阶层，有着不同的辛酸人生，但都心怀热爱，努力积极地过好每一天，直到生命的最后一刻。

面对挫折，我们能改变的只有自己。在晦暗的日子里，我们都应该勇敢踏上电影中前往青海湖的那辆列车，去寻找心中的诗和远方。不屈不挠，向上生长，才是生命最好的姿态。

电影中最让我感动的是两个年轻人身边默默付出的父母。他们时时处处在用孩子们可以接受的方式无声地表达着爱与关注。

韦一航问父母："假如有一天我不在了，你们将怎么生活？"于是，父母用视频记录了假如儿子不在后自己一天的生活，来回答这个问题。

早上十点，老两口去电影院看了一部恐怖片，然后参加了抗癌家庭的一个聚会。聚会上，妈妈正在和人分享经验，爸爸在一旁悄悄地说："你妈妈管这叫抱团取暖，可是我一点儿都不冷，抱什么团啊？"然后，老两口去广场上跳交谊舞，爸爸还找了个新舞伴，把妈妈给气得够呛，之后他们去吃了热气腾腾的火锅，宛如这热气腾腾的生活。

夜晚躺在床上，妈妈对着镜头说："人活着，都会经历失去。我们都害怕失去，但是面对这种害怕，最有力的反击就是，认真活好每一分钟，每一秒钟。"

是啊，不管我们在人生路上遇到怎样的不幸，亲人的爱像一把最坚实的伞，为我们挡住风雨，像是一缕金色的阳光，让我们身心温暖。

电影里每一个人物的故事都给我们上了关于生命教育刻骨铭心的一课。影片结尾处，大屏幕上出现了一个个小视频：外卖小哥在大雨中奔跑，山区孩子们帮助来支教的年轻老师，支援前线的医生崩溃大哭……小视频下，打出一行字——"致敬每一个积极生活的人"，那一刻，我觉得自己的灵魂都被洗涤过了。走出影院，暮色四合、华灯初上，突然感悟，所有的烦恼在生死面前都只是小事，不值一提。

任何一个人，只要认真而努力地过好当下的每一刻，只要坦然接受生活所给予的全部，不论是喜是悲，只要能在平淡的日子里找到快乐的滋味，都值得被奖励一朵小红花。

就像电影里的主题歌所唱的那样：

送你一朵小红花
开在你心底最深的泥沙
奖励你能感受
每个命运的挣扎
是谁挥霍的时光啊
是谁苦苦的奢望啊
这不是一个问题
也不需要你的回答

只要我们心中有爱，心怀感恩，勇敢前行，不畏将来，小红花一定会开满人生的枝丫。

善待每一个生命

学会尊重与善待地球上的每一个生命，是孩子们应该经历的生命教育。有几本关于人和自然关系的好书，值得孩子和父母一起共读。

《西顿动物故事》是一本短篇动物小说集，讲的是人和动物之间真实发生的故事，从人性的角度去平等看待动物和人的关系。西顿是一位动物作家，他认为野生动物和人一样，是有爱有恨的生灵。它们凭着强烈的本能与自然、与人类抗争，一生充满着生命的尊严，却总是以悲剧告终。它们扣人心弦的故事不仅向我们展现了一个充满爱恨情仇的动物世界，而且也让孩子们获得了不少关于大自然尤其是关于动物的丰富知识。

《缤纷的生命》和《生命的未来》的作者是被誉为“当代达尔文”、生物学界“老大”的爱德华·威尔逊。《缤纷的生命》用最优美的语言和最严肃的科学态度讲述了地球生命的演化史。在作者笔下，地球是一个充满生机的古老星球，而那些美丽的生物就在几十亿年的绵长时光里，一点一滴地进化。

从最早的真核生物到人类出现，从恐龙灭绝到火山爆发，一场场跌宕起伏的生命历史不断上演。《缤纷的生命》可以算是一部重要的环保著作。威尔逊在这本书中全面阐释了生物多样性的概念。他用丰富而详细的案例证明了人类无法孤独地行走于天地之间，人类必须与万物共同生存。

而在《生命的未来》中，作者用无比深情的语言讲述了在全球各角落上演的物种灭绝故事，而我们人类正奔向一个孤独的时代。正是人类的贪欲、无知与不经意，迫使着全球生物踏上最后的毁灭之路。

人类必须与万物共同生存，作者用最深情的语言来呼吁人类保护环境，保护这些生机勃勃而又无比脆弱的植物和动物。孩子需要学会如何与动物、与自然和平相处，从小开始学习做一个合格的地球公民。

培养一个合格的人

这几年以书为媒，我认识了很多年轻的父母。和他们交流后我发现，很多父母都很努力，自己不断学习充电，也给孩子买了很多书，报了不少课外兴趣班，督促孩子不断学习。但是他们中的不少人似乎都忽视了一个教育的本源问题，即我们想要培养一个什么样的人？

绝大部分家长都希望孩子有学习力、阅读力、领导力、沟通力，希望他博览群书，知识面广，希望他一路考高分，升名校，并把以上种种指标作为教育孩子的第一KPI（关键绩效指标）。但很多家长都忽略了，我们的教育目标首先是要培养一个合格的人，然后再是一个优秀的人才。

学习是一场马拉松，人生更是一场马拉松。让孩子成为一个身心健康的人，成为一个内心强大的人，这才是孩子一生幸福的根基。这也是教育的终极目标。

我相信，如果孩子在成长路上选择了优质的图书作为他们的人生导师，他们的心灵在渐渐注入大师们的生命智慧后，必将日益丰盈、慈悲、豁达，也必将更加强大。他们会更加明白如何去面对这个世界。那时，我们这些家长也就不用一天到晚在一旁啰啰唆唆，更不用像直升机似的在他们头顶盘旋了。

让我们和孩子一起接受生命教育的洗礼，帮助孩子，也帮助自己成为一个内心强大而通透的人，成为一个对世界万物皆怀慈悲之心的人。到了那时，才是教育的真正成功之时。

23 何为人生的成功？
与女儿共读《原则》

高考刚完，中考将至，这引发了初中生女儿的深度思考，她问我："老妈，中考和高考顺利，是否就意味着能拥有一个成功的人生？如果考砸了，是否这一辈子就完了？"

这显然是一个高难度的问题，我认真思考了一阵后对她说："首先我们需要讨论一下，成功人生的定义到底是什么？

"在世人眼中，拥有更高的地位、更多的财富以及更大的影响力，就是成功的标志。但是，在一些智者的眼中，成功似乎有着另外的含义。

"例如，一位叫达利欧的老先生，他是桥水公司创始人。他可能对你们中学生而言还比较陌生，但在投资领域，他可是教父级的人物。最近，他写了一本书《原则》，总结了他一生的成功关键，或许他能为你答疑解惑。"

于是，我把《原则（绘本版）》递给了女儿，她饶有兴趣地翻开了第一页。

阅读三部曲

读第一遍时，女儿用了快速阅读法，用时15分钟。我问她，有什么印象？她说，感觉全书是一位老人站在人生之巅，对自己的一生得失进行认真总结，对年轻人掏心掏肺地建议，与"是非成败转头空，青山依旧在，几度夕阳红"有异曲同工之妙，但对其精髓自己还未能完全消化。

读第二遍，女儿在我的建议下用了思维导图，来梳理全书脉络。她用五个小标题和关键词，很快抓取到了这本100多页、干货满满的绘本的精华所在，达到了快速把厚书读薄的目的。

做完思维导图之后，女儿说，达利欧老先生对于成功的定义，以及如何获得成功的方法论，刷新了她的认知。

在很多中学生眼中，在很多老师的描述中，所谓成功，就是在中考和高考中取得好成绩，进入理想的高中和大学。再具体点，就是期末考试取得好成绩，获得好的班级排名和年级排名，评上三好生。

女儿说："可是你看，达利欧先生告诉我们，我们每个人都必须自己决定什么是成功的生活。'我无所谓你是想成为宇宙的主宰，还是想悠然度日，还是有其他追求，我真的无所谓。你想要什么完全取决于你自己，我只是想让你健康、快乐，自己进化的同时，也为人类进化做出贡献。'这种对成功的定义真是让人耳目一新。"

关于成功的讨论

女儿问我："妈妈，你之前采访过很多名人，他们都是所谓的成功人士，在你看来，真正的成功是什么呢？"

我认真思考了一下，给女儿讲了两个故事。

故事一

2007年，我和《经济观察报》的一位同事受李开复先生之邀，与他共进午餐。席间，我问了李开复先生一个问题："您认为，这个世界上什么是最值得您去追求和认可的？”

李开复先生回答说：“我希望给更多的年轻人带去真知灼见，给他们的成长以帮助。我希望给这个社会带来更多的改变。”

2015年，当李开复先生罹患淋巴癌，15个月治愈后又重返职场的时候，他对自己的一生进行了反思。他在其纪录片《向死而生》里说：“从前，我一直在追求有更大的影响力，有更多的粉丝，追求把公司做得更好，每天都在算计能挣多少钱，其实是违背了自己的初心。这实际上是给自己太重的功名心披了一件外衣而已，已经是本末倒置了。”

当身边人问及他抗癌的心路历程时，他给出的唯一答案是：心怀感恩，随缘随喜。

故事二

我在出版《我用阅读教育孩子》和《向上生长——给孩子的名人故事》这两本书的过程中，得到过俞敏洪老师的很多帮助。记得他见到我说的第一句话就是：“看看我能帮忙做点什么？”

同样的，俞敏洪老师也帮助过很多年轻人，哪怕有些仅仅见过一面，有些素昧平生。他说：“能用我自己的影响力帮助他们成长，这对于我来说是一件特别幸福的事。”

故事讲完，我问女儿：“你有什么感受？”

女儿兴奋地说：“这不就是达利欧先生在书中所说的‘成功不在于实现目标，而在于与我们关心的人一起为共同的目标而奋斗，从而获得个人进化和有意义的关系，这才是真正的回报’吗？而俞敏洪老师的做法，更是验证了达利欧先生的那句‘成就使命和帮助他人获得幸福，变得比我自己的成功更重要’。”

“没错，看来智者们的看法和做法都是惊人的一致。”我告诉女儿，对于人生的成功，我们有着太多误解。人到中年，阅尽千帆后我终于明白，就像达利欧先生说的那样，一生中我们所追求的东西，很多时候只是鱼饵。在这个追求的过程中，我们所收获的个人成长和各种情感、关系，才是在人生途中所拾得的最珍贵的“宝石”。

“所以，亲爱的女儿，我不希望你把自己的成功定义为某个具体的目标，如考上某个名牌大学，找到某个好工作，遇到某个你喜欢的男生。成功的真相是成为一个更好的自己，积淀更丰富的阅历、更强大的内心、更平和的心境，欣赏到更多的沿途风景，收获更多美好的回忆。那时你回顾自己的来时路，会发现，即使没有得到A，你还收获了B和C，这才是人生的价值所在。如果你能明白这一点，你将活得更自信更有底气。”

“欲穷千里目，更上一层楼。”孩子如果能在智者的引领下，于更大的格局和更宽阔的视野中去认识成功，进而探索人生的真义，那么，我相信，他们不再会为个人的一点得失而情绪失控、失去自我，他们终究会拥有获得幸福的能力。

那么，开头我们讨论过的那个问题——何为人生的成功？自然也就迎刃而解了。

第六章
用阅读提升孩子的人生格局——书信集

24 孩子，寻梦前请先做好储备

2017年岁末，和云舟一起看完电影《寻梦环游记》后，关于梦想的话题我们讨论许久，然后我提笔给她写了这封信。

云舟：

昨日与你一起看完《寻梦环游记》后，我们沉浸在那让人热泪盈眶的音乐和温暖感伤的情绪里，久久不能自已。

然后，你问我："你和爸爸会不会像影片中米格的爸爸妈妈那样，千方百计阻挠我去追寻自己的梦想，最后在若干年后，又与我和解？"

一时间，我竟然不知如何回答。我以为自己会说："女儿，去追寻你的梦想吧，我们绝不会做那样的父母。"可不知为何，这句话竟然没有脱口而出。

所以，在今天理清了自己的思路后，我决定给你写下这封信。

其实，我们每个人在成长的路上都会面对和米格一样的难题，是追随内心去选择遥远的梦想，冒着未知的风险，还是选择一种稳定安逸的生活，符合长辈的期望？

在少年的眼中，父母总是老套的、过时的、不理解他们的。可是你们不知道，你们今天所面临的困惑，我们年轻的时候也曾经历过。所不同的是，经过了漫长的岁月，我们对于成长的烦恼、青春的迷茫有了更深刻的理解和认知。

妈妈在年轻的时候也曾面临过同样的选择。大学毕业分配前夕，父母为我在故乡找好了一份稳定舒适的工作，希望他们唯一的女儿能回到他们的身边。可年少的我怎能如此安放自己那颗驿动的心。我有着多年的梦想。所以，我毅然决然地拒绝了父母的安排，留在北京，选择了一条荆棘丛生的路。

转眼很多年过去了，在追寻梦想的途中，我经历的挫折与坎坷、艰难与险阻是我在年少时未曾预料到，也未曾想象过的。但当我的母亲问我：“如果给你一次重新选择的机会，你还会留在北京吗？”我毫不犹豫地答道：“是的，我还会做出同样的选择。因为，你们不知道，在这沿途中，我看到了多么美丽的风景，遇见了多少有趣的人，获得了多少人生智慧，这样的收获配得上我当年的选择。”

但是，女儿，我也想告诉你，当我再回首时，遗憾太多。每次返家后离开时，父母在火车月台上送我，他们满眼的不舍与泪水是我多年来痛彻心扉的记忆。而我最爱的外婆，陪伴我整个童年的外婆，在她离世时我没能在她的身旁。

离家在外多年后，我终于明白，家人的爱与自我的梦想同样重要。它们于我，同样无法割舍。没有了家人的爱，就如同这部电影里所描写的那样，在这偌大的尘世里，你的灵魂将无处安放，你终将被人遗忘，直至灰飞烟灭。所以，请你珍惜和家人相处的每个片段、每段时光，请把他们的声音珍藏在你的心底。

亲爱的女儿，当你向我问起“选择”这个问题一如当年的我时，我竟是如此的矛盾。我既想让你去追寻自己的梦想，让你拥有一生的快乐，又想让你少受一些风雨和磨难，因为我是如此的爱你。

那么，我现在能做的，便是提醒你，在你追寻自己的梦想之前，请做好储备，不论是知识上的、身体上的，还是精神上的。

你现在的梦想是成为一名作家，那么——

你是否已经储备了读万卷书后的洞见和行万里路后的阅历？

你是否准备好了十年如一日、笔耕不辍的毅力与恒心？

你是否已经准备好了不惧失败、不怕饥寒的勇气与坚持？

如果有一天，这一切你都已经准备完毕，那么，亲爱的女儿，去追寻你的梦想吧！我会在身后为你祈祷，就像《寻梦环游记》中的那位曾祖母，举起美丽的花瓣，为你送上无限祝福，没有任何附加条件。

正如你去年在游学期间给我的信里所写的：

谢谢你们，谢谢你们的爱与理解。我没有办法成为别人眼中的“乖乖女”，我依旧是那个不肯服输的“女汉子”。我无法成为老师眼里最标准的“三好学生”，但我永远是那个有想法、有个性的女孩。

我做不到坚持把钢琴学下去，看到五线谱依旧会胆战心惊；我做不到立定跳远合格，现在说起来都心有余悸；我做不到把那些复杂的单词倒背如流，现在想起来仍沉沉欲睡；我做不到的东西太多，太多。

但是，谢谢你们，谢谢你们总可以在这些时候体谅我，支持我，让我去做我想做的事，不强迫我，不责怪我，不让我的人生任由摆布。你们相信我，鼓励我，让我在青春的沼泽中不迷茫、不彷徨，坚定自己的信念与初心。

谢谢你们忍耐我的坏脾气，在我心情不好时为我带来别样的风景；谢谢你们让我的童年充满阳光，不在卷子堆里度过最珍贵的时光，让我保持爱笑的性格。有一句话说，爱笑的女孩运气不会太差。

谢谢你们，教会我如何成长。谢谢你们，让我的世界里不仅仅有李白和杜甫，还有莎士比亚和歌德、J.K.罗琳和村上春树。我想，我能拥有今天的一点点成绩，能拥有一个这样多元化的自己，与你们的爱和包容密不可分。

谢谢你们尊重我的世界以及我的观点，让我终于找到自己一直寻找的东西，活出自己的人生。谢谢你们在我失败的时候鼓励我，让我不灰心，不被生活的种种所打败，告诉我“不忘初心，方得始终”。谢谢你们鼓励我拿起笔去追逐自己的梦，向着黎明前行，告诉我不管遇到多大的风雨，都要坚定自己的目标，活出自己人生的诗篇。

想要感谢的话真的很多，不知从何说起，也不知如何结束。在一个又一个的日子里，经历着一次又一次喜怒哀乐，我平凡着，幸福着。我们拥有着彼此，在那些平凡和幸福组成的光阴里，留下的是永不褪色的人生回忆。

而在你的寻梦途中，我对自己最满意的事就是，从小为你选书，与你共读，从《城南旧事》到《窗边的小豆豆》，从《美国国家地理少儿百科》到《世界历史大冒险》，从《蒋勋说唐诗》到《苏东坡传》……橘黄的台灯下与你度过的那些共读时光是只属于我们彼此的动人回忆，我会将它们一一安放在我的心底。

从那时起，你的人生之舟已经启航，而我最得意的事，便是陪你从一本本经典好书中采集了爱、勇气、智慧、坚持、梦想和希望，渐渐装满你的小舟，伴你上路。如果到了那一天，你离我们远去，踏上你的寻梦之旅，那么就像《寻梦环游记》里那首让人热泪盈眶的主题曲里所唱的："请记住我，尽管珍重必须说……"

我想说，孩子，哪怕今后我不在你的身旁，书籍也将常伴你左右，一如当年我们相伴在一起。

爱你的妈妈

2017年冬

25 孩子，请学会享受生命

亲爱的女儿：

前几日，你对我倾诉，初三的学业是那么沉重，把你压得几乎喘不过气来，很多同学都感觉日子黯淡无光，看不到尽头，你们苦闷、忧郁，脸上的笑容越来越少。

你问我，这样的生活到底有什么意义？

孩子，你能对现状发出拷问，是一件好事，我这样认为。

正好，昨天我去看了一部电影《心灵奇旅》，是皮克斯公司的最新动画片，我很想从这部电影和你谈起。

电影里，主人公乔伊阴差阳错地来到了灵魂的“生之来处”，一个叫作“心灵学院”的彩色梦幻世界，这个学院里住着众多学生——一个个可爱的灵魂。

要想拿到去往地球的通行证，所有灵魂都需要在导师的帮助下完成一件事——找到自己的“火花”。

那么，到底什么是灵魂的火花？你一定会这样问。

它是我们一生所苦苦追寻的梦想吗？是我们所热爱的事业吗？是许多人都想抵达的成功的终点吗？好像是，又好像不全是。

诚然，当我们找到了一生所热爱的事情，并为之持续努力时，那一定是灵魂的火花点燃了我们的生命，照亮了我们的道路，就像乔布斯，坚持做自己喜欢的事情，直到生命的最后一刻。能拥有这样的人生无疑是幸运的、完美的。

但是，在实现梦想的过程中，我们看到，有那么多的人经历着痛苦挣扎，感受着焦虑不安，没有获得心灵的宁静与安详，没有体会到幸福快乐，就像这部电影里的那位基金经理一样，迷失了自我。

那么，什么才是我们来到这个世间的真正意义？

在电影里，乔伊和灵魂二十二来到了地球，开始了一场找寻火花的心灵之旅。经过了一系列幽默搞笑的故事，二十二开始体会到，尽管他没有找到他的火花，但他品尝到了比萨的美味，听到了地铁站流浪歌手的动人歌声，和理发师畅谈了人生，以及看一片落叶缓缓飘落手心，这些都是多么美好的体验，令人沉醉令人难忘……

我想起，苏东坡当年被贬黄州，住的地方非常简陋，冬天透风，夏天遮不住太阳，苏东坡却说："寓居去江无十步，风涛烟雨，晓夕百变。"他认为自己住在美丽的江景房里，每当午睡醒来，周围的景色美得会让他忘记了自己身在何处，拉开窗帘，就能看见江面上的船帆随着波浪起伏，远远望去，水面和天空相接，一片苍茫。

苏东坡在最穷困潦倒的日子里仍然找到了美，并怡然地享受着这份美。我想那一刻，定是他生命中的火花。

我自己也回想起，在我的中学时代，也整日被七八门功课轮番轰炸，被堆积如山的书本和卷子所淹没。可是，我却常常在清晨时分被紫色的晨曦惊艳到无法呼吸；在午餐时，被广播站里播放的钢琴曲感动得热泪盈眶；在自习时间，被同学之间的一句玩笑话逗得笑弯了腰。

这一个个小小的碎片，让我的日子不再只被那些白纸黑字所填满，而是充盈了很多浪漫和美好，让我的心情不再那么糟糕，让我的一整天变得令人期待。多年以后，当我回忆起自己的中学时光时，所有的艰辛都如同潮水一般褪去，记忆的沙滩上只剩下了那些珍贵难忘的片段。我想，那就是我生命中的火花。

所以，我建议你换一种角度来看待你今天所经历的这一切，即把你正在体验的学习和生活从“承受”变为“享受”。

孩子，请试着去享受你所经历的一切，享受你所经历的奋斗的青春，享受你的每一滴汗水，享受你生活中的每一个美好快乐的瞬间。你会发现，当你的心是灰色时，你所看到的这个世界就是灰色的；当你的心变成了蔚蓝色时，你所看到的世界也就变得晶莹透明了。

另外，给你一个小建议：开辟一个属于你自己的“快乐天地”，把你喜欢的小说、漫画、电影、音乐等等全都放进去。当你不开心的时候，当你想要放松的时候，就来这里看一下：看一部能让你开怀大笑的喜剧电影，听一首热热闹闹的流行歌曲，你会发现眼前的问题没有什么大不了的，总有办法解决它。

就如同日本的知名企业家稻盛和夫先生所言：决定人生的并非好运或者厄运，而是我们心灵的状态。在这个魔幻的一年即将结束时，我们重温这句话，一定会收获更多：世事变幻万千，我们常常不能左右，但我们可以左右的，是我们的这颗心。

只要我们学会用享受的心态去看待周遭的一切，学会享受每一次日升日落，学会享受每一餐粗茶淡饭，学会享受和挚爱亲朋相处的每一段温暖时光，学会享受每一处途中的风景，你就会发现，生命不只是苦涩不堪，更多的还有甘之如饴。而你的明天，也将因为你享受的过程而发生改变。

就像《心灵奇旅》结尾的对白：

“乔伊，这次你打算怎么度过你的人生？”

“我不知道，但是我会享受活在当下的每一分钟。”

我希望，如果我们每个人都学会享受“享受”的生命状态，它定能帮助我们度过漫漫长夜，载着我们达到梦想的彼岸。

亲爱的女儿，以上是我在这个岁末年初的感悟，与你共勉。

祝一切都好！

爱你的妈妈

2020年12月

26 写给中考前的女儿

我最亲爱的女儿：

还有一百天，你将迎来自己人生中的第一次大考——中考。此时此刻，妈妈只想对你说三个字：放轻松。

面对这次大考，你的紧张和担心我都理解，因为这一切我都曾经历过，面对过。我想告诉你的是，没有任何一场考试能决定一个人一辈子的命运，只要你持续不断地朝着一个方向努力，最终的结果一定是殊途同归。所以，女儿，放下一切担心，用一颗最简单的心去面对你所将面临的一切，是最好的方法。

当我在此时回首自己走过的路，越发体会出，人生其实是一场马拉松，漫长得很，一时的成败根本就决定不了什么。在这场漫长的征途中，拼的是智力、耐力和体力，拼的是见识和格局，更拼的是心态。凡事举重若轻，凡事云淡风轻，笑看庭前花开花落，只有这样，你才能真正成为那个笑着跑到终点的人。我衷心希望，你能把这次大考看成是一次历练的机会而已。

女儿，从今日起，你会迎来人生中最绚烂也最艰辛的一段时光。艰辛是必然的，风雨之后的彩虹才会更让人惊喜，令人珍惜。请相信，你所付出的所有辛苦终究会甘之如饴，它们会为你日后铺就最坚实的路，你将会有更多的自由去选择想要的人生。

绚烂可能是你没有想到的，在接下来的那些由卷子、课本和考试所堆砌的看似黯淡无光的日子里，你会发现，奋斗是一种出人意料的幸福和充实。多年以后，你会感谢当年那个在教室里挥汗如雨的自己，会怀念那段复习得热火朝天的岁月。

与你分享一个考前缓解紧张的好方法：不要去想那些分数和结果，因为想半天也没啥意义，心里只想着需要复习的内容，只想着我还要看点什么；紧张时就背背那些需要背的东西吧；另外，像平时一样吃饭和睡觉。这个方法我在年少时屡试不爽，非常好用，相信一定能够帮到你。

衷心希望你能以享受的心态去面对初中生涯最后的百日时光，享受校园里的花开、美好，享受和好朋友在一起的嬉笑欢闹，享受和老师们的思想交流，享受你的菁菁岁月。另外，建议你为自己的心留一方小小的天地，在那里，你能和从前一样呼朋唤友、开怀大笑，做你喜欢的一切事情。别忘了，每天都要开心地笑哟！也许，这段日子会被你写进今后的小说里，我定将是它的第一个读者。

不管结果怎样，只要努力地去付出过，你就会为自己而骄傲，就会拥有一段无悔的青春！

祝福你，我的女儿！

爱你的妈妈

2021年春

27 祝你有一个美好清新如六月的初恋

亲爱的女儿：

昨天看了电影《怦然心动》，我深受感动，很想与你聊聊，但看你行色匆匆的样子，我想还是给你写封信吧。

这一次，我想跟你说说“爱情”这个话题。虽然，这是青春期的人都必须直面的，却也是我一直不知如何开口与你讨论的话题。那么，就从《怦然心动》开始聊起吧。

朱莉7岁时对布莱斯一见钟情。

她说，她喜欢他那双明亮的眼睛，还有笑容。可是当朱莉把自家产的土鸡蛋送给布莱斯，却发现他表面上接受，背地里竟然偷偷把鸡蛋全部扔进垃圾桶时，朱莉的自尊心受到了极大打击。

她开始反省：这个人到底值不值得我喜欢？

你看，喜欢就是一个开始，从那时起，你开始怀着兴趣和热情走近这个人，你开始触摸到他的心灵。如果你发现，他有一颗美好的心，他善良、正直、勇敢……值得你去爱时，这才是爱的开始。

就像朱莉的父亲问她的那样：“那他人怎么样呢？你要看全景才行啊！要看一个人的全部，是否大于他的部分的总和！”

亲爱的女儿，人在年轻时，无论是男生还是女生，都容易被对方的容颜所吸引甚至迷惑，这本无可厚非，这是人性使然。但我想，你是一个饱读诗书的女孩，所以，我希望，你喜欢的男生也一定要读懂你读过的文字，也一定要读懂你的心，这样的感情才与你相配，不然，那就是空中楼阁，海边沙漏。

好看的皮囊千篇一律，有趣的灵魂万里挑一。如果没有一个有趣的灵魂，好看的皮囊最终定会让人心生厌倦。

当然，二者能合二为一是最完美的，衷心希望你能遇见。

不要以能否得到一个人为终极目标，如果是这样，人生就是一道单选题，当你得不到这个人时，会觉得无法承受。

所以，我们所追求的应该是一个与自己心灵契合、相依相伴的灵魂。如果是这样，那么除了A，还有B，还有C，在前方等待着你。

最后，还想和你唠叨两句，爱情最好的模样是灵魂相伴，彼此成就。

请记住，是彼此成就。

如果某个男生喜欢的仅仅是你的美丽，你的温柔，那更多的是他从自己的需要出发，这样的人最好敬而远之。

只有真正欣赏你的人，才能看见你的才华和价值，支持你去实现自己的梦想，鼓励你去成就自己，才会托举你飞向更辽阔的蓝天。

他不会嫉妒你的成就，不会恐惧你的强大，不会要求你一味地奉献，你们会给到彼此最坚定的内在支撑，努力去成就彼此，携手去谱写壮丽的人生诗篇。

对的人，一定是让你看到和拥有更辽阔的世界。女儿，请你一定记住这一点。

最后，祝我的女儿有一个美好清新如六月的初恋。不管它在什么时候到来，妈妈都祝福你。

永远爱你的妈妈

2021年6月

28 给高一新生：保持你的纯真爱笑，是我最大的心愿

我最亲爱的女儿：

今日与你在校园里话别，看着你的背景渐渐消失在漫天晚霞中，我的心竟是那样怅然若失。

这几日以来，我总是看见，你望着窗外的夏末秋初阵阵发呆，我想你心中是惆怅的、迷茫的，甚至惶恐的。对此，我感同身受。挥别熟悉的校园，离开朝夕相处的同学和老师，去往一个完全陌生的所在，这一切于我，仿佛时光倒流、似曾相识。

我想，你一定会问自己，无数次憧憬过的高中生活，真的如小说中描写的那般美好浪漫吗？抑或又如传言中的让人紧张不安？它会带给自己怎样的青春记忆？

一切，都如同即将拉开帷幕的霍格沃茨，让人期盼，让人向往，让人目眩神迷。

高中是你在经过了多年奋斗后登上的又一座山峰，是你为自己垒就的一个新的高台。在那里，你将领略到更多令人心旷神怡的风景，体会到更多的人生滋味。欲穷千里目，更上一层楼。

即将开始的住宿生活，妈妈认为，是提升自我管理能力的难得机会，而能否学会更好地管理自己的时间、更自律地生活，这将决定着未来你能走多远，

能获得多大的人生自由。所以，我衷心希望，你能理解这一点，并把它视为难能可贵的自我修炼机会，不要紧张，不要惧怕，不要担心，微笑着勇敢地去拥抱它。你会发现，一切都会比想象中的更为简单，更为轻松。

日后你将和同学们朝夕相处，那么如何与室友们沟通、如何与他人协作，如何处理生活中的小冲突小矛盾，是摆在你面前的一道大题。友好善良是为人之本，有原则有底线是做人之术，而如何把握好这其中的分寸，如何做一个和善而坚定的人，还需你自己去慢慢体悟。

接下来，你也许会遇到自己心仪的男生（这个话题我们已经讨论过多次了）。如果遇到了，那么恭喜你，那将是你青春里最美的片段之一，是最值得珍藏的记忆。但希望你不要沉迷其间，就像你曾经写的那样：请不要忘记抬起头望向远方，在那里你定会看到更精彩的风景。所以，请先不要做出选择。如果遇不到，请相信，定会有更优秀的男生在未来等着你。

学业上，我一如既往地对你没有什么要求，只是希望，你千万不要因为自己在数理化方面的不擅长而懊恼沮丧。上天给了你如此的文学才华和语言天赋，那么势必会在另一方面略微吝啬一点。

对于某一次考试分数的浮沉，某一回排名的进退，在我看来实在算不得什么，你大可不必太放在心上。坚信自己的实力，你会走进自己的理想天地。当某天你回望这一切时，定会发现那些懊恼也罢、焦虑也罢，都不值一提。“看庭前花开花落，去留无意；望天空云卷云舒，荣辱不惊。”我最渴望的是你能拥有这样的人生格局和气度。

我最心爱的女儿，未来好似一幅长卷，在你面前徐徐展开，而这只画笔只会握在你的手中。未来又好似一本大书，看似深奥难懂，但其实你才是那些文字背后真正的作者。相信冰雪聪明的你会把高中视为一趟愉快的人生旅行，尽情享受这途中明媚的晨阳，欣赏这沿路旖旎的风景。而在此过程中，你定会沉淀更丰厚的智慧，收获更强大的内心。

纸短情长，寥寥数语，写不尽对你的牵挂和思念。亲爱的女儿，衷心祝福你健康、快乐！保持那个纵情欢笑的你，是我最大的心愿。

紧紧拥抱你！

永远爱你的妈妈

2021年8月31日

29 给十七岁的女儿

我最亲爱的女儿：

今天是你十七岁的生日，此时此刻，我的祝福如期而至。平凡的岁月看似杂乱无章，但当我们回首时，却发现早已在身后留下了动人的乐章。

还记得你一岁的时候，我给你写的那封信吗？当时我所有的祝福语——祝你成为一个阳光、开朗、健康的女孩，如今都一一成真。你是那么有才气、聪明、善良、仁义，你是我最大的骄傲，是我最深的慰藉。

昨晚，看着你青春的背影，那一刹那，我仿佛看到了昨天的自己，你同那个年少的我一样纯真、爱笑、多情、细腻，同我一样热爱文学和音乐。我是那么感谢上苍，感谢他把你赐予了我，让我在这个世上有了一个最亲的亲人、一个知心朋友。

由于疫情的缘故，这几年我们没有远行。冬日里，我们依偎在沙发上，看一部部催泪的电影，任北风在窗外呼啸；夏日里，我们一起在书店里喝冷饮，看夕阳染红天际；春风沉醉的夜晚，我们彼此说着怎么都说不完的知心话，互道晚安。

我把工作中的挑战，生活中的难题一一向你倾诉，你认真倾听、徐徐道来，为我解惑，那份智慧和淡定超越你的年龄。感谢你，我的女儿，感谢你给了我那么多脑洞大开的建议、温暖和力量，让我收获满满、轻装前行。

17岁，是花季，也是雨季，是人生最浪漫美好的季节。当我回忆起我的17岁时，留下的只是关于奋斗的片段。所以我衷心希望，你的这段时光不只被白纸黑字所填满，而是能拥有属于这个季节的晨阳、雨露、彩虹和欢笑，留下独特而珍贵的人生记忆！

对于你的未来，我依然没有太高的要求，我最在意的，是你是否拥有明媚的笑颜，是否每天都有好心情，是否有一个健康的身体，是否能常常和好朋友开怀大笑……你的幸福和快乐才是最有价值的存在。这是我对你最大的期许。

人们都说，母爱是一场得体的退出。所以，在时空上我尽力退出，留给你更多的自由。但请相信，我们的心却始终都在一起。未来的路上无论遇到怎样的风雨，当你回头张望，妈妈一定在那里张开双臂等着你。

最后，送上我最真心的祝福，祝我的女儿一如既往的健康、美丽、快乐，不被那些分数和排名所折磨，成为想成为的那个自己！

永远爱你的妈妈

2022年10月

第三部分 Part 3

少年阅读的新视野

第七章
用阅读浇灌孩子的成长根系

30 如何让孩子爱上学习古诗文?

孔子曰：不学诗，无以言。中国的古代诗文里凝聚了华夏民族几千年沉淀下来的最优美的文字、最动人的情怀、最深刻的思想。

让孩子从小学习古诗文这件事已经被众多家长所认可。习近平主席曾谈道："中国传统文化博大精深，学习和掌握其中的各种思想精华，对树立正确的世界观、人生观、价值观很有益处，让学生从小开始学习中国的传统文化，有着诸多意义。"

云舟从小就酷爱中国古诗文，初中时她和老师同学游览沈园，在那块刻着陆游的名篇《钗头凤》的石牌前立足良久，随即写下了一首词：

皓月皎洁，旧时谁独泪
粉墙青瓦，爱恨多苍茫
云袖笙歌，谁与共芳华

滚滚红尘，与君难成双

秋风送爽，夜间微凉
沧海桑田，回首阑珊处
谁曾慕，那年与君相逢处？

很多妈妈都问过我，云舟的诗词写作能力是如何练就的。我的回答是，从小到大，云舟没有上过任何这方面的培训班，她的古文素养同样来源于阅读的日积月累。在此，我把云舟读过的一些好书和用过的好方法分享给大家。

学前读什么？

《唐诗三百首》是我建议每一位妈妈在孩子的幼儿时期都应该读给孩子听的一本书。

唐诗是中华几千年文明史中最璀璨的明珠，唐诗已经融入了中国人的血脉里。不管在哪里，说着什么样的方言，爱好唐诗的中国人都能一起读出“举头望明月，低头思故乡”，读出“欲穷千里目，更上一层楼”，读出“空山新雨后，天气晚来秋”。为孩子读唐诗，或者和孩子一起读唐诗，是一种最美的心灵旅行。足不出户，我们就能穿越到大唐盛世，感受诗人们为我们描述的大好河山，感受到诗人们的家国情怀。

这些深情隽永的文字，成为最经典的文化符号，连接着古人和我们，让我们有了共同的情感和记忆。

在云舟幼年时，我是把《唐诗三百首》作为儿歌念给她听的。后来，云舟开始写诗、爱上写诗，我想一定是她童年时听到的那些至真至美的诗歌在她的心底生根发芽、孕育生长的结果。

《声律启蒙》是古代教小孩吟诗作对的启蒙读物。“云对雨，雪对风，晚照对晴空。来鸿对去燕，宿鸟对鸣虫……两岸晓烟杨柳绿，一园春雨杏花红。两鬓风霜，途次早行之客；一蓑烟雨，溪边晚钓之翁。”这些朗朗上口的句子，包罗天文、地理、花木、鸟兽、人物、器物等传统文化知识，读起来让人一次次感叹汉字的极致之美。再配以国画大师吴冠中的经典画作，把它们种植到孩子的心里，是对孩子最美的国学启蒙。

未来社会中，人类的大部分劳动会被人工智能所替代，那么人类的审美能力将会成为自身的核心竞争力之一。因此，从小培育我们的孩子拥有从文字中体验美、欣赏美的能力也非常重要。中国的古汉语最能给孩子带来美的体验和感受，提升孩子的人文素养。

小学读什么？

对于低年级的孩子，我推荐阅读《给儿童的诸子百家寓言》。这是一套国学寓言读本，共8册，全部精选《庄子》等经典故事改编，每本书讲述一个人生哲理和智慧，再配以新潮活泼的漫画，让中国祖先的智慧跨越千古，与新生代的孩子们相遇，让孩子们在欢笑声中感受到中国古典文化的魅力。

《小学生小古文100课》（上下册）是我非常想推荐给孩子们的一套书。

在最新版的语文书中，从一年级开始就有《论语》中的内容。文言文是我们最珍贵的文化遗产，中国传统文化的精髓，更完整更原生态地保留在文言文中。要想让我们的下一代传承中华文化基因，从小学开始就学一点文言文十分必要，这也会为他们的初中古文学习打下良好的基础。

这本书中收录了经典的文言故事“叶公好龙”“买椟还珠”“自相矛盾”，孔子语录“学而时习之，不亦说乎？有朋自远方来，不亦乐乎？”，诸子百家名句“上善若水”“得道者多助，失道者寡助”……这些小古文为孩子们做了一次快乐的文言文启蒙，打下一生受用的中国文化的底子。全国特级教师王崧舟认为：“随同小古文一起生长为我们精神血肉的，是中国思维、中国智慧、中国情怀、中国美感、中国气派、中国意识，那便是中国人之为中国人的中国灵魂。”

《中国绘本》文学经典系列是我想推荐给一至三年级孩子的一套好书。作者是绘本名家唐亚明先生。这套书和我们童年时代的小人书、连环画有异曲同工之妙，同样用深入浅出的语言、生动的绘画给孩子们讲述了一个个中国传统文学故事——《三打白骨精》《木兰从军》《桃花扇》《杨志卖刀》，轻松地把孩子们引进中国古典文学的大门。如果您和孩子共读，还能唤起自己美好的童年记忆。

而由唐王明先生编写，于虹呈绘画的绘本《梁山伯与祝英台》将梁祝的故事凝结为7个绝美场景，让孩子们以观赏皮影戏的方式理解着中国传统文化中的爱与美。

云舟说，她特别想把《京剧原来如此美丽》这本书推荐给同学们。她说自己本来对京剧一点儿都不感兴趣，觉得它太老土了，可自从和同学一起去长安大剧院看了一场《穆桂英挂帅》后，就被京剧深深迷住了。舞台上，演员们扮相优美，淡定从容，举止优雅，唱腔霸气，简简单单的几个动作，就指挥着千军万马，简简单单的舞台布置，就代表着斗转星移，京剧的魅力实在是太强大了！

《京剧原来如此美丽》用几百幅手工绘画的插图和深入浅出的文字，详细介绍了京剧的前世今生、角色之美、化妆之美、戏服之美、音韵之美、舞台之美，还介绍了好多京剧里的超级明星，这对普遍对京剧感到陌生的00后来说，真是太棒了！云舟说，自己下课时随便翻开书中的一页，读一读那么美的文字和图片，就是一种莫大的享受。

全书中最让人觉得大开眼界的是京剧的虚拟舞台艺术。舞台上几把椅子、一张桌子，就能演绎出朝廷、宴会、寺庙、灵堂、后宫、军营等各种不同的场景。云舟说："我们这些年轻人，平时看了不少电影大片，知道这些是需要花几百万甚至几千万才能搭建出来的场景。而在京剧中，那么简单的布景，仅凭演员们出神入化的表演，传神的动作和眼神，就能表现出复杂的剧情和人物，完全不输于那些大片，真的是太神奇了！"

为何孩子们要读一读这本书？因为他们需要在年少时体会一下国粹的美。孩子们多了解一分京剧，自身的生命体验就多一分，对万事万物的审美认知也将提升一分。人生只有一次，如果想让自己的生命更辽阔更丰富，就要用更多的美来填充自己的内心。

中学读什么？

王孟晗曾是人大附中国际班的优秀学生，他曾花了不少时间阅读一些有关中国古典文化的书。

问其原因，他说："一个人只有对自己的母语文化了解得足够深厚，才能形成自己庞大而深刻的认知体系。中华文化就好比是我们的根系，有了它的滋养，我们才能在未来世界的舞台上凌空起舞，逆风飞翔。”

王孟晗初中时迷上了读蒋勋老师的书，“蒋勋说中国文学之美”系列丛书他读得津津有味。里面包括《蒋勋说唐诗》《蒋勋说宋词》《蒋勋说文学》，这是他最想给同学们推荐的。

在《蒋勋说唐诗》中，蒋勋先生讲述了自己心中最美的唐诗和最好的诗人，用美学思想为我们详细解读了唐诗为什么会那样灿烂华美，为什么能够跨越千年时光，让现在的我们依然感动不已。

《蒋勋说宋词》是蒋勋先生的另一力作，他为我们展示了宋词不同于唐诗的另一番意境与景象，重点为我们分析了李煜、柳永、苏轼、李清照、辛弃疾等几位大词人的经典作品。

“我特别喜欢这本书封面上的这几句话。”孟晗跟大家分享说，“‘宋词的多面正如生命本身，饱满与孤独、喜悦与感伤各具其美。记得花间晚照，记得金戈铁马，豁达地面对得失起落，好好珍惜自己。’这是在说，豪迈的宋词是一种美，婉转的宋词也是一种美，正如人生，得失成败，何尝不都是一种体验？”

读完《蒋勋说宋词》之后，孟晗又读了《蒋勋说文学》。在这本书里，蒋勋先生全面系统地梳理了中国文学脉络，以美学视角诠释了从先秦到现代近三千年的中国文学之美。蒋勋先生凭借深厚的美学功底及对现实生活的敏锐洞察，用平实的语言将《诗经》《楚辞》以及汉朝和魏晋文学中的经典作品娓娓道来，以古典文学特有的意境，帮助大家回归心中的田园。

孟晗说：“从前，我们总觉得《诗经》特别高大上，很多文字又很生涩，一度对它产生了畏惧情绪。可蒋勋老师书中说，‘风’就是当时十五国的民歌，是各国的劳动人民在田间地头传唱的最自由自在的诗歌，表达的都是人们最自然最朴素的情感，而《诗经》的语言也是最质朴最原始的。比如《蒹葭》这首诗，‘蒹葭苍苍，白露为霜。所谓伊人，在水一方。溯洄从之，道阻且长。溯游从之，宛在水中央。’它像一幅水墨画，透着淡淡的忧伤、淡淡的惆怅，还有着对未来的希望。蒋勋老师也说，《蒹葭》留下了最完美的古典情感。”

“阅读了蒋勋老师的这一系列书之后，我觉得古文和历史已不再是课本的那些枯燥无味的注释、背不完的年代，而是古代的大文豪们和现代的我们穿越了时空隧道，站在一起，彼此对话。他们越过千年的时光来和我们相会，是为了给我们的生命带来最广阔最美好的体验。”孟晗这样总结道。

云舟为同学们推荐的书是明代文学家张岱的《夜航船》，推荐理由是：读《夜航船》能让你的灵魂变得有趣！这是一部小百科全书式著作，囊括天文地理、古玩奇器、珍禽异兽、诸子百家、宫廷秘闻……但它并不是高深莫测、晦涩难懂的，你能从中找到许多令人会心一笑的地方。

张岱为什么为这本书取名为《夜航船》呢？夜航船是南方水乡苦途长旅的象征。人们外出都要坐船，在缓慢的航行途中，坐着无聊，便以闲谈消遣。乘客中有文人学士，也有富商大贾，有赴任的官员，也有投亲的百姓。各色人等应有尽有，谈话的内容也包罗万象。张岱说：“天下学问，惟夜航船最难对付。”他编写这部书就是为了人们读后能在像夜航船这样的场合下有恰当的谈资，不至于出丑。

阅读《夜航船》时，可以随意翻开一页即兴读起来，因为全书都是如同知识词条一般的小段落。在天文部当中，有一段名为“嚼梅咽雪”，讲的是明朝有位铁脚道人，他最喜欢赤着脚在雪中行走，还喜欢满口嚼着梅花，和着白雪一起咽下。他说：“吾欲寒香沁入心骨。”他品尝的不是梅花和白雪的味道，而是人间的风雅。《红楼梦》中黛玉曾用过一句“沁梅香可嚼”，与此有异曲同工之妙。

学习古诗文的方法

如何让孩子对古诗文产生兴趣？如何让孩子在轻松愉悦中学习古诗文？如何让孩子科学有效地学习古诗文？需要有一些方法。

方法一：娱乐化互动式学习

首先，家长不要把学古诗文当成是孩子的学习任务，为孩子规定好每天必须背一首古诗，强迫孩子去学习，那样会破坏孩子对古诗文的学习兴趣。

父母更不能动不动就让孩子给别人背古诗，这样会招致孩子的反感。聪明的做法是，我们可以把学习古诗文当作最美好的亲子互动时光，在和孩子的互动游戏中完成。

例如，每天在接送孩子的路上，当大手牵小手之时，我们可以一起背一首古诗，比比看，是妈妈背得好，还是宝贝背得好；和孩子捉迷藏时，可以把一首古诗设置为一个暗语或机关，增添乐趣；还可以把古诗改编成一个个小剧本，让孩子们表演一下古诗中的故事，从而更加深入地体验中国情感。

方法二：大声地朗读与背诵

全国特级教师于永正曾说：“小古文怎么学？粗知大意，背下来再说！”对此观点我很认同。从我与孩子的共读经验来看，给年幼的孩子读古诗时，给他讲讲大意，给他讲讲诗人的故事，给他读就好了，不用拆解得很细。那些千年沉淀下来的瑰丽诗句将永远刻在孩子的心里。

方法三：利用碎片化时间学习

孩子的古诗文学习应该是润物无声、水滴石穿的。我们可以利用孩子饭后、睡前的时间，每天固定一个时间段，用10分钟左右，和孩子一起读读古诗文。只要坚持一段时间，你就会发现，孩子会爱上读诗背诗，甚至开始在说话、作文中用上古诗中的句子。

方法四：结合课堂学习的知识点

在小学和中学的语文教学中，老师会讲解古诗文中的重点字、词，讲解作者生平和创作背景等，这些内容和方法可以和孩子的课外古文阅读相结合。

例如，王孟晗初中学完了课文《核舟记》，对中国古代的工艺技术产生了很大兴趣，自己又找来了《梦溪笔谈》啃起来。这可是被誉为“中国科学史上的里程碑”的一部大书，是北宋科学家、政治家沈括撰写的一部关于古代中国自然科学和社会历史现象的综合性笔记体著作。全书共有30卷，内容涉及天文、数学、物理、化学、生物等各个门类学科。

这部大书孟晗是如何啃的呢？他说：“我主要看的篇章是《故事》《技艺》《器用》三部分，因为当时通过看故事能了解一些古代的文化，包括祭祀、节庆等。我的阅读方法就是首先结合注释，通读一遍，了解并总结一下主要内容，然后再关注文章中虚词的用法以及特殊句式，若有不理解的会在一旁批注。”

读完这部大部头，孟晗感觉收获颇丰，不仅了解了中国古代的文化和百科知识，极大地拓展了自己的知识面，还复习了实词和虚词的用法等知识点，这些知识点对于课外的文言文理解有很大帮助。

在校园文化节上，孟晗用流利的英语给同学们阐述老子和庄子的博大精深，分享《诗经》的浪漫唯美，台下响起了阵阵热烈的掌声。

几年后的今天，孟晗已经就读于美国某常青藤名校，他说，那些深情隽永的中国古诗文早已成为他身体的一部分，为他源源不断地提供着最丰厚的精神支撑。

孩子如果能够从幼年起接受中国传统文化的熏陶，沐浴在中国审美、中国情怀、中国智慧里，将是对孩子的成长根系最基础最优质的浇灌。

31 如何用阅读对孩子做科技启蒙？

几年前，我带着云舟参加了一个中学研学营。我们参观了硅谷的5所公立和私立中学，云舟还作为插班生参加了课堂学习，而我则作为旁听者参观了他们的课堂教学。

对比学生的课堂表现，我发现美国学生的知识面要广得多，有关历史的、政治的、科技的很多问题，他们都能侃侃而谈。而同去的中国学生在课堂上显然要沉默很多。当然，这里面也有部分语言障碍的问题。

下课后，通过和他们的老师、同学聊天，我们得知：美国学生从小看书很杂，只要是感兴趣的好书都会拿来看，其中包含很多商业、科技、趋势类的书籍。

我认为，中国学生与美国学生的差距表面上看是思维、视野、见识上的差距，其本质是阅读数量和质量的差距。

而这个差距在阅读科技类图书方面尤为突出。我们生活在一个飞速发展的社会，如果我们的孩子们不知道目前科技的变化，今后他们的路走起来会异常迷茫和艰难。

那么，只有给孩子们补齐科技阅读这块短板，才能为中国学生建立起更坚实的知识架构，才能让他们在未来的国际社会具有更强大的竞争力，才能成为更加优秀的世界公民。

了解前沿科技应该成为孩子们的基本素养，他们必须具备创新力。科技，将不再是孩子们的某个为升学而加分的特长，我们要让孩子们从小开始多涉猎一些科技类图书，要从小接受科技教育。

适合小学生阅读的科技类图书

我给低年级孩子推荐的书是《孩子才能发现的科学》系列绘本。这套书从孩子的视角观察世界，提出了孩子真正感兴趣的很多问题，比如白天为什么能看到月亮？小狗为什么总是呼呼地哈气？小猫睡觉时腹部为什么一起一伏？怎么才能迅速吹大一个气球？小金鱼是如何来到我家鱼缸的？

作者佐藤雅彦以讲故事的方式，用充满童趣的语言给孩子一一解答。我在带着孩子们读完其中的《小金鱼》后，很多小朋友都让爸爸妈妈给他们从市场上买回一条小金鱼，开始学习观察小金鱼的生命旅程。当孩子们读完《气球》后，也都找来了气球，玩起了其中的针扎气球的游戏。让孩子们从身边的事物开始，从玩开始，找到科学的乐趣，这便是此书的意义所在。

《图解世界》系列绘本包括《宇宙的100件事儿》《科学的100件事儿》《食物的100件事儿》三册。它以思维导图、数字色块、人物对话等有趣的形式带着孩子上天入海，遨游神秘的外太空和地球内核，钻进微生物和食物内部，教会孩子们的不仅仅是知识，更是探索知识、解决问题的能力。

另外，《美国国家地理少儿百科》《DK儿童百科全书》和《神奇校车》系列丛书都是非常经典的科普图书。它们用讲故事的方式，把这个多姿多彩的地球用一幅幅传神的照片、一段段精彩的文字缓缓地展现在孩子们的面前。这对于拓宽孩子的视野、把他们带进科学的大门是大有裨益的。

我给中高年级的孩子推荐《时间之间》。这是一部少有的打通学科边界，融合科技与人文内涵的通识之作。作品以大学师生茶余饭后的问答对谈开始，选取时间作为跨学科讨论的媒介，联接起数学、天文、历史、生物、音乐、集成电路、中国古代文化等不同学科，通过师生二人一来一往的对话，孩子们将亲密接触到祖冲之、郭守敬、庞加莱、普莱斯、庄子、柏拉图等古今中外的科学家和思想大家，了解到重大的科学观念和发明是如何产生的，如何推动历史的。

书中讲了与时间相关的很多知识，例如，通过阅读“昨日之日不可留”的那段文字，孩子会知道5000万年前的地球温度比现在要高许多，以至于南极大陆上曾经生长着茂密的热带森林。这些极地的热带雨林在完全无光的季节如何生存是一个迄今未解的科学之谜。作者以时间为线索，串起了许多有趣的科学故事，对话风趣幽默，让孩子在轻松有趣的阅读中增加了很多通识！

适合中学生阅读的科技类图书

《全球科技通史》是吴军老师的一本力作，也很适合学有余力的中学生阅读。在书中，孩子们会收获一个全新的视角：原来历史不仅仅是帝王将相、王朝更替，历史是由科技的进步所驱动的，科技的不断叠加才是推动历史滚滚向前的原动力。

吴军老师讲道，科技在经济和社会生活中的作用是独一无二的。工业革命之前，无论是东方还是西方，人均GDP都没有本质的变化。但工业革命发生后，人均GDP突飞猛进，纵观整个欧洲，200年间增加了50倍；而在中国，短短40年就增加了10多倍。因此，古今中外任何王侯将相的功绩和工业革命相比，都不值一提。而工业革命的发生就是科学推动技术，再转化为生产力的结果，这是科技在经济和社会生活中的重要体现。

吴军老师是极为少有的站在科技与人文的十字路口，却能把二者结合得天衣无缝的讲述者，他的文字通俗易懂，深入浅出，让孩子们读起来轻松愉快。

对于高年级的中学生，我推荐阅读《乔布斯传》。乔布斯虽然不是智能手机的发明者，但他在智能手机上做出的贡献，让人类进入了移动互联网时代。

乔布斯的一生短暂而传奇。他童年时痴迷于科技，上高中时赚到了人生的第一桶金，21岁时创立苹果公司，后来被迫离开，十年之后重返苹果，带领这家公司登上全球商业巅峰，之后他完美而悄然谢幕。

当乔布斯重回苹果公司后，手机市场面临着前所未有的艰难挑战。于是，乔布斯决定创造一款前所未有的手机，不用键盘和触控笔，只用手指触摸屏幕，轻轻点几下，就能输入文字。这个想法看起来简单，但实现起来很困难，需要突破现有的技术。

在接下来的几年里，乔布斯和技术团队开了无数次会，确认每一个细节。比如，接电话的时候，按键应该是什么颜色？关闭页面的时候，页面应该朝哪个方向消失？屏幕要多敏感才能避免我们的“手滑”……他们做的是一个全新的东西，没有任何经验可借鉴，只能一步一步摸索。

2007年，在这个新产品的发布会上，乔布斯充满激情地介绍道：“今天，我们将推出三款革命性产品：第一个是宽屏幕触控式的iPod，也就是苹果音乐播放器；第二个是一部革命性的手机；第三个呢，是一个突破性的上网设备。”他不断地重复着三款产品，然后接着说：“你们明白了吗？这其实是一台机器，我们称它为iPhone！”

台下响起了排山倒海的掌声，长达几分钟。毫无疑问，iPhone重新定义了手机，成为苹果公司最有影响力的产品。乔布斯对传统的挑战又一次成功了。正是乔布斯的创新精神，才让手机有了质的飞跃。

乔布斯给苹果公司留下的最宝贵的遗产，是“必须不断创新”。这种不断打破规则的创新精神，是人在未来最重要的核心竞争力。所以，我们要帮助孩子，去有意地培养和提升自己的创新力。

未来的世界是什么样的？元宇宙是孩子们必须认知的概念。我推荐孩子们阅读《元宇宙进行时：数字时代的青少年行动指南》。元宇宙在科幻小说《雪崩》中是个平行空间，是在网络中构建的、高拟真度的虚拟社区和虚拟世界形态。

正如该书的前言所写的，“今天，‘元宇宙’的概念已不仅仅代表平行空间，它也包含了人类要创造‘数字世界’的趋势和未来可能存在的一种社会形态。它的出现，让科技与生活更加密不可分了。”所以，青少年需要了解未来世界的趋势，推开数字世界建设的大门，走进数字时代。

科技启蒙的方法

除了阅读科技类图书，我们还可以在孩子的科技启蒙上做哪些事情？

1. 和孩子一起动手做实验

很多父母认为，科技启蒙和教育就是数理化的启蒙，是学校的事情。其实这个观念是失之偏颇的。为了让孩子对科学更有亲身感受，我们可以带着孩子一起在家里做一些小实验。不要认为做实验必须去实验室。其实，当我们在厨房做饭时，在浴室中打扫卫生时，或者在花园里种植花草时，都可以随手做一些有趣的小实验。

给大家推荐一本趣味科普书《奇趣科学实验》。书中收录了80多个小实验，比如用纸搭一座桥，用可乐造一个喷泉，让鸡蛋脱水，自制冰激凌，让花瓣呈现双色，等等。所用到的材料也都是在生活中很容易找到的，操作过程也很简单。做实验可以让孩子初步积累最基本的科学知识和经验，还能在实验中开发孩子的观察力和动手能力。

2. 鼓励孩子参加STEAM活动

STEAM教育即科学、技术、工程、艺术和数学多学科融合的综合教育，鼓励孩子在这五个领域的综合发展和提高。它有别于传统的单学科、重书本教育，而是非常重视孩子的综合实践。

3. 带着孩子去“科考”

世界是孩子最大的课堂。读完科普书后，我们要带着孩子去探索这个世界的神奇。让孩子参加一些科普工作者带队的户外探索活动，让他们闻到树叶的味道，听到风的声音，看到雷电的模样，摸到四季的容颜，让我们和孩子一起推开自然之门。

这样的“科考”显然有别于普通的游玩，孩子不仅能在大自然中释放自己，同时又能给自己不断“充电”。

要让孩子们尽早接触世界级的前沿科技，不仅要让他们阅读相关科技图书和科技新闻，还要体验最新的科技产品，与全球顶级的极客们和科学家们互动交流，让他们从小养成前瞻性的视野和思维习惯，以及多元化的世界观。

32 让孩子读一读世界这本大书

有好些家长都与我探讨过一个话题：如何让孩子爱上学习？我的建议是不要让学校和课本成为孩子学习的唯一途径，要让孩子多读一读世界这本大书。

让孩子多唱一些英文歌曲，多看几部英文原声电影，有条件时参加一些国际夏令营，孩子肯定会爱上学英语；带孩子去参观西安兵马俑、都江堰、赤壁古城，孩子就能感受到中国历史的博大精深，从而爱上历史……

努力让整个世界都成为孩子学习的课堂，这样孩子才能真正体会到学习的乐趣。哲学家圣·奥古斯汀曾说过："世界是一本大书，那些不旅行的人只读过其中的一页。"

中国社会科学院历史研究所雷博博士认为："传统的童蒙教育以识字读书明理为主，实践与探索的培养相对薄弱；过分注重德育，在批判性思维与想象力的培育方面不足；强调成人世界的规训，缺少对儿童心理与性灵的关注理解。而山川大地，是对孩子心灵的最好的滋养。"

所以，首先让孩子多读一些关于世界各地风土人情的书，再带着孩子去亲身感受书中所记录过的地方，能够从很大程度上弥补传统教育的不足，帮助孩子建立起对这个世界的感性认知，更能打开孩子的视野，让孩子在读书与旅行中看到世界的多样性，领悟到人生的多样性，让孩子拥有多元的价值观。

认知世界的书

云舟学前时，我和她一起读《地图 人文版》。这是一本手绘世界地图，一本美不胜收的儿童地图绘本，色彩柔和别致、画风诙谐有趣、知识视野广博。这本书开本很大，我和女儿便趴在地板上，一个国家一个国家地“环游”。我俩一边了解着世界各地有代表性的动物、植物、历史、人文名胜、文化事件和地域奇妙趣闻，一边想象着各地美食的滋味，好不快哉。正如书中所言，这本书是对地球的一次完美赞颂，是一封封环游世界的邀请函。

《梦幻旅行：人一生要去的50个地方》这本书是云舟深度认知世界的开端。书中为读者推荐的50个地方，绝对是很多人一生的梦想。它们来自美国《国家地理·旅行家》杂志，是一群旅行家的最终选择，或者说，都是他们刻骨铭心的片段记忆。

风光旖旎、包罗万象的旧金山，承载了三毛半生乡愁的撒哈拉，离天堂很近很近的希腊小岛，隐居山野、简单舒适的传统日式旅馆，瞪羚们奔跑欢腾的非洲大陆，让时间感到敬畏的金字塔……这一切的一切，均用精美的图片、翔实的数据和典雅优美的文字为我们一一呈现。它们无不告诉着我们，我们所居住的这个星球是多么神奇多姿，多么值得人去热爱和珍惜。

所以，我把这本书推荐给我的女儿，希望她的眼睛和心灵能够从童年起，就跨越日常的琐碎庸常，踏遍地球的千山万水，看见诗和远方。

关于阿尔卑斯山，书中的描写让人神往：

> 一说到山，信手拈来的词就是“青山”，在大多数人的经验里，但凡美丽的山，必然是满身一色的青翠，阿尔卑斯

> 山却是独树一帜，绵延不断的山峦间满眼扑来的都是目不暇接的五颜六色，漫山遍野童话世界般的花团锦簇，生动得让人呼吸停滞……

这些清新优雅的文字，点燃了孩子对这个世界的向往和想象，也在潜移默化中不断提升着她的文学素养。我们俩一边读，一边相约，一定要用我们的一生，一起踏上书中的这些神奇之地。

云舟10岁那年，我们一家真的来到了阿尔卑斯山山麓，看到了远处闪闪发光的雪峰，仿佛置身于绵延不断的画卷。云舟不由得感叹：这一切比书中的描写还要神奇啊！回程的途中，她奋笔疾书，写下了散文《我登上了欧洲之巅！》。

> 清晨，我们坐着阿尔卑斯山独有的齿轨列车向雪山进发。高远的蓝天，晶莹的山峰，碧绿的草地，还有漫山遍野的牛羊，五颜六色的野花，这些在电影《音乐之声》中看了无数遍的美景，终于在我面前如画卷般徐徐展开，让人不敢相信自己的眼睛。我在想，在这两千多米的高山上，这些牛羊就没有高原反应吗？
>
> 我们到达了山顶，来到户外，终于看到了闻名世界的少女峰，它高耸入云，神秘莫测，让人心生敬畏。我一把扑进雪的怀抱，少女峰的雪就如同她的名字一样，像少女般洁白美丽无瑕。我忘记了对高山反应的担心，尽情在她的怀里打滚嬉闹。
>
> 回程的途中，夕阳给渐渐远去的少女峰蒙上了金色的面纱，山下炊烟四起，一座座小木屋里飘出食物的香气。在一

个开满鲜花的小院子里，一家人正围坐在圆桌旁，一边品尝美味，一边放声欢笑。他们的生活如此简单宁静，让人羡慕。

2015年夏

阅读《这里是中国》，云舟的感受是做了一次纸上旅行。她说，自己仿佛从世界最高峰一跃而下，一路飞跃青藏高原、黄土高坡、沿着母亲河长江顺流而下，领略无尽的秀丽山川，一直飞到祖国的宝岛——台湾。

她说：“我看到，雄伟壮丽的冰川雪山是中国，荒芜寂寥的大漠孤烟是中国，古色古香的江南水乡也是中国，中国的地理之美丰富多元；“鲜衣怒马”的大唐气象是中国，熙熙攘攘的清明上河是中国，恢宏大气的长安十里是中国，中国的历史之美气象万千。”

对于宝岛台湾，云舟一直很向往。六年级的寒假，云舟完成了她的心愿，之后她写下了这样的文字。

台湾 小确幸

我从北京出发到了海峡对岸的台湾，来一次简单却充满了微小幸福的旅程。

什么是小确幸呢？我们坐上西子湾往旗津半岛的渡轮。站在甲板上，吹拂着微微的海风，凝视着眼前的这一座小城。它干净的街道，白色的桥梁，高大的梧桐树，使人觉得那么陌生又那么熟悉，好像记忆深处的某样东西被唤醒了。这让人不禁想起了邓丽君所唱的那首《小城故事》。“小城故事多，充满喜和乐，若是你到小城来，收获特别多。”那么熟悉的旋律在心底泛起，无比亲切。

我漫步在高雄的夜市间。街道不是很宽，夜市却琳琅满目，应有尽有。在夜空下，无数的摊点上有着无数不同的人生。煎、炒、烹、煮、烤、炸，无数的味道交融在空气里，弥漫着不同的香气。喝着新鲜的木瓜牛奶，慢慢逛下去。“夜市”两个字很奇妙。它让我们无限接近当地人的生活，在朦胧的灯火中融进这个城市里，感受人生百态，喜怒哀乐。

什么是小确幸呢？它可以绽放在人们脸上，也可以绽放在人们心中。无论是早晨卖水果的阿姨，还是便利店里有着浅浅微笑的收银员；无论是年过花甲的司机，还是路边玩滑板的少年，当你走近时，他们都会绽开一个微笑，道一声亲切的“早安”，让人心中无比温暖。

在宝岛，我体会到了何谓“简单的幸福”，体味到了台湾作家林清玄所书的“人间至味是清欢”。

“人应该诗意地栖居在大地上。”德国哲学家马丁·海德格尔这样说过。对于孩子而言，旅行，尤其是一场眼睛与心灵一起飞翔的旅行，是“诗意地栖居”的最佳方式。

撒哈拉与敦煌

三毛的《撒哈拉的故事》是云舟很喜爱的一本书。读完其中的“沙漠中的饭店”，她躺在地上足足笑了三分钟，说以后去国外读书，也要开一个这样的中国饭店，她做的“中国雨”也一定很好吃；读完“沙漠观浴记”，她乐了半天后说，看来能每天洗澡是件多么幸运的事；读完“素人渔夫”，她说要是自己用十二倍的价钱吃自己卖出的鱼，还不得伤心死了。

读完整本书，云舟在阅读卡片上写道：

> 三毛，这位传奇的东方女子，因为一张照片感应到了前世的乡愁，便踏上了这片异乡的国土——撒哈拉。在她的文字中，我们看到了一个不一样的撒哈拉，一个有血有肉、有情有义的撒哈拉。三毛就像一朵艳丽的仙人掌，盛放在了严酷的撒哈拉：她是那样热爱生活，在艰苦的大漠里，开张“中国饭店”，用各式废弃材料把沙漠里的家布置得温馨美丽；她是那样达观开朗，和荷西一起笑对沙漠里的风风雨雨；她是那样乐于助人，对身边弱势的妇女儿童屡屡伸出友爱之手；她是一位罕见的女作家，用热情、天真和挚爱为世界谱写一段段传奇的文字。

进入初中后，云舟对中国传统文化愈发热爱。看完了央视的纪录片《敦煌》，云舟又找来了《我心归处是敦煌》认真阅读。“敦煌的女儿”樊锦诗先生倾其一生守护敦煌的风骨，让我和她都动容万分，敬仰不已。

当我们站在莫高窟的一尊尊雕像面前，仰望头顶那些精美绝伦的壁画，才发现，任何文字和图片都无法描绘它们的绝世之美。我们深深为之倾倒，为之热泪盈眶。中华民族几千年的文明都在这里浓缩，它们一直在向我们默默诉说着历史与传说，等待着我们的到来。

> 我是你抬头看见的浩瀚星河
> 我是你低头看见的大路无边

我是这土地上最壮美的麦田
我是这麦田上最辽阔的苍天
我是一条大路，我是这路上的一句誓言
我是你从两千一百年前走来的祖先
我是你的一瞬间，我是你的一千年……

——《又见敦煌》

旅行与读书

云舟说，她还想给同学们推荐詹宏志先生的《旅行与读书》。

詹宏志先生是台湾地区重要的文化人物。他是网路家庭集团与城邦出版集团的创办人，拥有超过30年的传媒经验。他25岁出任报社总编，创办了《电脑家庭》《数位时代》等40余种杂志，策划编辑超过1000本书刊。

书中，作者回忆了年轻时十段精彩的异国旅程，每一次旅行都以书缘起，用作者自己的话说，这是一个“书呆子”的旅行故事。“你不是读懂文本，你是‘经历’了文本。”在本书的序言中他写道，“只有一个人生是令人不满足的，但我们诞生之际时空已定，这个人生也就跟着注定，还有什么方式能让我们扩大实体世界与抽象世界的参与，在我看起来，也许只有‘旅行’与‘读书’能让我们拥有超过一个‘人生’。”

詹宏志先生说，这本书就“像是一个喋喋不休的返乡浪子……兴致勃勃对着那位未满二十岁的年轻自己叙述窥探他种人生的各色经历，至于那位年轻人是否有兴趣倾听，却也不再是他力所能及的事”。而云舟，这个未满二十岁的年轻人，已被詹宏志先生的旅行与读书的故事深深打动：

带着书出发

詹宏志先生的《旅行与读书》是一本没有插图的游记，作者的旅行多因读书而起，由于尽信书本，也同时为他带来了许多意想不到的麻烦和惊喜。

这本书与其说是游记，更不如说是一场酣畅淋漓的知识马拉松。作者带上了一本本书，将脚印印在了意大利、瑞士、印度、南非、巴厘岛、美国、日本、伊斯坦布尔……他将世界各地的风土人情描写得淋漓尽致，使我们仿佛穿越了白纸黑字的书本，跟随着他，将脚印撒向天南海北，遨游世界。

我们时而在意大利托斯卡纳的街头寻找美食；时而来到瑞士雪山，经历着惊险万分的登山之旅；时而来到南非的草丛中，体验充满生命活力的萨伐旅；又时而端坐在东京小野之郎的寿司前品尝人间美味。

这本书对我最大的影响可以用一句话来概括：读万卷书、行万里路。直到看了《读书与旅行》，我才真正领略了这句话的含义。读万卷书，必须先有学识；行万里路，要有广博的见识。这本书带给我们的不仅有文字上的美好体验，还有视觉、心灵上的体验，让我们用心去感受这沿途的美景。

在詹宏志先生精彩绝伦的文字下，我们会时不时地感到一股淡淡的乡愁。我知道了，光看书本来获取知识是远远不够的，还需要行走去获取更广阔的视野和见识。

读书与旅行是人生最美妙的事情。

合伙旅行

在孩子的成长途中，父母一定要和孩子合伙去策划、完成旅行，这是一件特别有意义的事情。在这个过程中，孩子将学会如何进行一场真正的旅行，学会如何与父母合作、与他人合作，如何处理突发问题，这些对于提高孩子的综合素养将大有裨益。

1. 旅行前，召开家庭会议

要想获得一次真正令人回味的旅行，需要做好充足的行前功课。首先需要定好目的地。父母和孩子可以召开家庭会议，共同商讨：这个暑假我们去哪里？可以列出几个目的地，大家各抒己见，着眼点应该是去那个地方能给我们带来怎样的收获。

旅行不仅仅是为了休息放松、吃喝玩乐，更重要的是看世界、长见识、开眼界、学知识。所以，选择那些能为自己带来成长的目的地就显得至关重要。

家庭会议的第二个任务是：讨论旅行计划，并做好家庭成员的分工。

家庭旅行计划包括定路线，定出发时间和回程时间，做行程表，做预算，订酒店、机票等。这一系列庞杂的工作需要家庭成员之间做好分工，这是孩子学习分工与协作的好机会。

孩子在动手学着完成这一系列杂事的时候，就是读世界的开始。

在定好目的地之后，父母和孩子都要去阅读一本或几本跟目的地相关的图书，可以把从前阅读过的相关的文学类、传记类图书再找出来重温一下，看一些相关的纪录片或视频，了解当地的历史、文化、人物、风土人情，做好充足的旅行功课。

只有这样，当我们到达目的地，面对风物人情时，才不会脑子空空、只是走马观花看个热闹，而是结合自己阅读过的文字，去做一些深入的思考和回味，才能有所收获。

2. 旅行中，让孩子学会面对和处理旅途中的问题

旅行途中可能会有发生各种意外、风险，会有订不到的酒店，吃不上的饭菜，会有同伴掉队，会有人生病，会磕磕碰碰……让孩子学习去面对这样的困难，去处理这些让人头痛的事情，在旅行中培养坚韧乐观的品质和团队合作精神，这是一门最好的成长课程。

3. 旅行后，学会总结

结束一段旅行之后，我们可以鼓励孩子用文字、图画、照片、视频的形式将自己途中见过的风景、难忘的人和故事记录下来，将自己内心的感悟写下来，画出来，或者是和孩子一起完成某个作品放在一些平台展示。这样既能够记录彼此生命中那些最美好的时光，留下最珍贵的回忆，又能与他人做有意义的分享，十分值得。

作家梁文道先生认为，《旅行与读书》能让“世界作为一本大书”这个经典课题增加一个题解。“那就是把世界看成阅读的借口，于是旅行往往因读书而起，同时又成了读得更多的理由。将全世界看成一本书，与世界因为我的阅读而存在，遂成了一体两面的事。”

在书本外体会别样的风景，在旅途中印证书中的文字，这将成为我们每个人最珍贵的人生记忆。如果孩子能够因为旅行而爱上

阅读，如果他们能够因为阅读而爱上旅行，那么，世界在他们面前绝不再只是平日里白纸黑字的课本中、试卷中所呈现的那般枯燥无味，而是一幅幅亟待去探索的神奇画卷。那么，孩子的视野、见识、胸怀将被极大地拓宽，他们的想象力、创造力、好奇心将被极大地激发，他们也将在书中和旅途中不断丰富自己的阅历，拥有不止一个人生。

33 让孩子在严肃文学中成长

当下，以读手机、刷微信、看微博为主要形式的碎片化阅读已经成为年轻人的阅读主流。这固然是顺应了移动互联时代的要求。利用碎片化时间进行阅读是有积极意义的，是快速了解世界的一种方式。碎片化阅读比什么都不读、只玩手机游戏强多了。

但这样的碎片化阅读，对于少年儿童而言，却是不完整的。这会让孩子不再获得深刻动人的文字，不再拥有完整的思想体系。而深刻动人的文字和完整的思想体系的发源之地便是严肃文学。所以我认为，在孩子的童年和少年时代，阅读严肃文学对他们的成长具有不可替代的重要意义，能够帮助他们成长为一个真正优秀的人。

小学读什么？

我特别想把《中国百年文学经典桥梁书》推荐给低年级的孩子们。本套丛书选取了中国近现代九位文学大师的作品共21篇，包括鲁迅先生的《从百草园到三味书屋》《故乡》《社戏》《风筝》，朱自清先生的《春》《匆匆》等经典名篇。这是云舟学前时最爱听我读的一套书，她识字后又反反复复地自己阅读了好多遍，可以说，云舟的文字功底是在此打下的。这些民国文学大师的传世之作，值得孩子们多次阅读并背诵。

《小王子》是我推荐给小学高年级孩子的必读之书，这是一部法国童话，讲述的是一位意外坠机的飞行员偶遇了来自外星球的小王子，听他讲述自己和玫瑰花、狐狸以及在外星球遇到的种种荒唐可笑的大人的故事。故事里的飞行员就是作者本人，而小王子则是他那颗不灭的童心。尽管他已经长大，但是他还是愿意像一个孩子一样看待世界。作者希望所有的孩子都一直保持这样一颗纯粹的少年心。

小王子说，其实长大并不可怕，可怕的是我们失去了用心看世界的能力，因为重要的东西用眼睛是看不见的。我也希望孩子们读完此书能明白，无论到多大的年纪，经历过多少的困难，都要保持一个有趣的灵魂，一颗单纯善良的心。另外，孩子读完此书会明白一个道理——爱和责任并存。责任是爱的一部分，少了责任的爱，就意味着没有爱。书中讲到当小王子拥有玫瑰时，他就要接受玫瑰有刺，以及总有一天会枯萎的事实。我们的孩子必将长大，在成长的每个阶段，他们需要知道什么是成长。成长就是正视害怕并充分体验害怕。只有穿越害怕才能拓宽自我的边界。因此，担当起责任，孩子才会真正长大。

《青铜葵花》是曹文轩老师的代表作之一，也是云舟的挚爱之书。她为小伙伴们推荐这本书的理由是："人性是这世间最高贵的花。"

> 作者曹文轩曾经说过："我小说里的每一个人物都会经历苦难。"葵花是曹文轩老师笔下的一个经典女主角，聪明又勇敢，文弱但坚强。她的生活发生巨变时，青铜哥哥出现了。他带着葵花来到了一个新的家庭，一个新的世界。
>
> 葵花不再是从前温室里的花朵，而是一朵生长在野外、

久经风吹雨打、坚强的葵花。青铜则是一位十分特殊的哥哥，他不会说话，却最爱护妹妹葵花，把上学的机会留给她。现在的人看来可能认为这也没什么，可是在那个时候，上学是改变命运的唯一方法呀！他却让给了其实和自己并无血缘关系的妹妹！

他在一旁远远地微笑着看着葵花成长，自己为她遮风挡雨。之后，他们一家老小携手走过了一程的风风雨雨、天灾人祸，葵花坚强了很多，也懂事了很多。这应该正是曹文轩老师说过的，在苦难中成长。

《青铜葵花》为我们展现的是最纯洁的人性美，它经过苦难的洗礼，变得更加坚不可摧，就像青铜葵花一样。我想这也正是曹文轩老师通过苦难来磨炼角色的原因吧，让那最高贵、最罕见、在绝境中仍不放弃的人性之美传遍世间。

18岁的袁天豪热爱文字、善于思考、充满爱心，目前已出版作品集《在路上》、诗集《消逝的信与书》。他在文学创作的道路上已经崭露头角，曾获第二十一届全国汉语作文考级暨现场作文大赛总决赛特等奖、第十五届“叶圣陶杯”全国中学生新作文大赛决赛一等奖、全国青少年冰心文学大赛全国总决赛金奖。

天豪说，自己在文学创作方面的一点点小成就，是源于从小到大对于严肃文学的阅读。

他说：“严肃文学能更多地培养我们独立思考和体悟生命的能力。阅读严肃文学不具有很强的娱乐消费性，所以这种阅读是庄重的。同时，严肃文学作品的内涵和精神具有永恒的价值，我们从中能汲取人类社会的精华，这是其他阅读很难提供的。我的创作大概都是从中得到的启发。”

天豪想把余华推荐给小学高年级的学弟学妹们。

“余华是我很尊敬的作家。我记得初次接触余华，是读了他写的《活着》《在细雨中呼喊》。后来又看了他的《第七天》。在小学优秀范文的直抒胸臆‘啊我爱春天’‘我为死去的爷爷悲伤’之外，我第一次看到有作家能以如此冷静的笔触近距离描写死亡与生命。他把绝望写得不动声色，把所有的故事变成一个故事，然后邀请你参与这个主角的人生。

“读完余华的作品，我便突然感到自己语言的苍白，那并不是我的词汇略显鄙陋，而是那种表达方式的力量感完全不同。当时，我对余华的理解尚不能更进一步，在我认识到自己的虚弱的同时，我对书中人物投入了极大的悲悯，仅仅是这份悲悯，就让我明白了小学校园外还有这样一个环境。事实上，从我意识到的那天起，我已进入这场文化的苦修。”

中学读什么？

海明威是对天豪的人生产生了重大影响力的另外一位作家。

“初中毕业的暑假，我捡起了一位小学时一掠而过的伟大作家——海明威的作品。小学初中高中，每个阶段都各读了几遍《老人与海》，以前对海明威的理解仅限于这部小说。直到有一天，我在图书馆中重读此书时感到一阵难受，站起身来四处走动。那天正是风雨天，风扇动着窗户，雨像垂直的海一样砸在街道上，图书馆里温暖而一片安详，但我感觉自己湿透了一样，像刚刚结束一次远航。”

《老人与海》是美国作家海明威的代表作，讲述了墨西哥湾里，一个老渔夫与一条巨大的鱼搏斗的故事。他们互相角力了三天三夜，最后老人拖着一副大鱼的骨头架子，回到了岸边的小屋，一个孩子正在那里等他。那是一场人与海的惊心动魄的斗争，更是一场人与自我的殊死较量。海明威通过这个故事告诉孩子们："人不是为失败而生的，一个人可以被消灭，但不可以被打败。"在这个花样美男盛行的当下，我们更加呼唤着这永不言败、永不被摧毁的硬汉精神，这也是男孩必读的成长经典。

"我马上翻出了海明威的所有小说，如饥似渴地阅读。"天豪说，"那个雨季，我从《老人与海》正式迈向完整的海明威，直到我看完他的大部分作品，再重新读《老人与海》时，一切又充满了新的意味。"

《动物庄园》是一部值得中学生认真阅读并反思的书，它是英国著名作家乔治·奥威尔1945年出版的讽刺小说。书中讲述了这样一个故事：在曼纳庄园里，动物们发动起义，推翻人类暴政，建立了"动物民主自治社会"，但最后革命成果却成为猪的盛宴，猪变成了人，而动物们依然继续着悲惨的生活。通过这个故事，孩子们会发现，原来小说不仅仅只有情节，还会暗藏着作者的观点，而要理解作者的观点，就要对文字本身进行分析，去理解作者的比喻和讽刺。这一过程能提高孩子阅读经典、理解讽刺的能力。

这部有趣的寓言小说，会让孩子了解什么是包裹着蜜糖的谎言，什么是真正的自由，什么是人性的弱点，也会让他们开始对一些社会问题进行反思。这是锻炼他们批判性思维的良好机会。

《人类群星闪耀时》是奥地利作家斯蒂芬·茨威格的传世名作。他选取了从大航海时代到现代文明中14个英雄人物一生中的特定片段，为我们展现了一段段波澜壮阔的历史。例如，书中用剧本的方式，为读者展现了俄国大文豪列夫·托尔斯泰生命的最后时刻。因为托尔斯泰对自己的地主庄园生活方式一直感到非常不安，一天深夜，八十二岁的托尔斯泰悄悄起床，离家出走，十天后病死在一个名叫阿斯塔波沃的小车站。作者借剧中人物的口说："一个平淡的和卑贱的命运与他的伟大毫不相干，如果他不为我们受苦受难的话，他就不是今天属于人类的列夫·托尔斯泰了。"

托尔斯泰一生都在寻找真理的路上，直到八十多岁的晚年，他也没有停下来。他离开自己的庄园，是为真理和自由而做出的抗争。尽管这个抗争的代价是衰老和病死在未知的地方，托尔斯泰也充满勇气和执着地去面对。这样的冒险精神、斗争精神，就是人类群星闪耀的时刻。在这样一个娱乐至死、平庸泛滥的年代，希望我们的少年能和这些书中的伟大人物一起来感受少有的理想主义、浪漫主义和英雄主义。

合伙共读

赵承骞创办微信公众号"动物公寓"已经有六年多了。他早期创作的文章多和关注、保护野生动物有关。现在，已经是中学生的承骞开始醉心于小说创作。他用了一年零一个月的时间完成了超过10万字的小说《曾任风去》。前不久，他又在繁忙的学业之余，挤时间开始了长篇小说《小说家之家》的写作。

承骞说，阅读对于自己，就像是老鼠掉进了米缸，使得自己的业余生活有充分的满足感。他为同学们推荐鲁迅的《呐喊》、余华的《许三观卖血记》、契诃夫的《苦恼集》、欧·亨利的《警察与赞美诗》、莫泊桑的《羊脂球》……"它们犹如医生，冷静而不加过多感情色彩地拿着寒光闪闪的手术刀把现实的问题层层解剖给人看，不着痕迹又犀利无比，能激发起读者对人性的深层思考。”承骞介绍说。

最近，承骞迷上了爱伦·坡的作品。爱伦·坡是19世纪美国著名诗人、小说家，是较早开始写作推理类作品和科幻作品的作家，作品深受凡尔纳、毛姆、叶芝、陀思妥耶夫斯基、柯南·道尔等知名作家的赞誉，对西方科幻小说的发展产生了深远的影响。

承骞认为爱伦·坡的作品属于“审丑”文学，但此处并非贬义。他认为，通过这些作家的作品，审视世界关于悲惨、怪诞的描述与幻想，在某方面来说拓宽了自己的思维。我们需要看到事物的另一面，也正因此才能让思想不再狭隘。

承骞说：“感谢阅读，让我的心态变得更加平和，更加宽容，我要用文字去追逐内心自我的价值。”他说，自己最苦恼的事情就是功课太多，已经严重挤占了自己的阅读时间。尽管如此，他还是利用周末时间，坚持见缝插针地进行小说创作。在他看来，写小说在某种程度上是繁重的课业之后最好的休息方式。

承骞的父亲则表示：“对于儿子在这个年龄段的认知和思考，我都接受都包容。存在即合理。我信任他，从来不对他做强行灌输。只希望儿子不要被流行文化所裹挟。希望他看到更多美好的东西，也看到更多的人生现实，以独立的视角和悲悯之心去看待世界。”承骞的父亲也是一个书虫，两人常常交换彼此最近看的书，并互相讨论，这样的家庭氛围是承骞的文学梦想生长的丰沃土壤。

阅读严肃文学的方法

与绘本、漫画、通俗小说相比，严肃文学的文字更书面化，结构更宏大，篇幅更长，对于孩子们来说阅读难度更大。所以，阅读严肃文学，需要掌握一些方法。

1. 精读和泛读相结合

对于那些长篇巨作，可以采用精读和泛读相结合的方式。精读即逐字逐句地仔细阅读，带着问题去阅读，有思考的阅读，读后细细品味、掩卷沉思；泛读则是指快速阅读，一目十行地阅读，甚至跳过一些自己不感兴趣的章节、无关紧要的描写。

在阅读一本大书时，精读和泛读可以结合运用。建议孩子们先看那些自己感兴趣的章节，这样能够激发起他们的阅读信心和进一步阅读的欲望。而对于某些自己不感兴趣的章节，可以大概浏览一下或者先不读，这样能够大大提高阅读效率，避免“读了几页就读不下去、读了不到一半就放弃”的情况发生。

2. 做延伸阅读

阅读一本书时，建议学有余力的孩子做一些延伸阅读，让知识得以扩展，让阅读兴趣得以迁移。

阅读了林语堂先生的《苏东坡传》，可以建议孩子去了解一下书的作者林语堂先生。

林语堂先生是一位学贯中西的文学大师，一生著述多达60种。其中用英文写成的小说《京华烟云》获得了诺贝尔奖提名。他为中西文化交流做出了不可磨灭的贡献。在翻译文学作品的过程中，林语堂表现出了极为出色的语言天赋。比如“幽默”一词的诞生就是他的杰作。1924年，林语堂在《晨报》副刊发表《征译散文并提倡“幽默”》。在文章中，他把humour音译为“幽默”，很快获得了人们的共识，这才有了我们今天人人都说的“幽默”一词。其后，林语堂创办《论语》《人间世》《宇宙风》等杂志，极力提倡幽默文学，被称为“幽默大师”。他自己就是个善于运用幽默语言的大师。

幽默是一门艺术。但是，想要熟练地驾驭幽默，更重要的是要有一颗乐观开朗的心。林语堂正是这样，他自信、快乐和热情，作品中流露着对文化、自由与生活的热爱。他酷爱苏东坡的一生豁达，当遇到人生低谷时，总能坦然面对，处处都能找到生活的乐趣。他说苏东坡的人生故事提醒他时刻要过得快活。也正是出于对苏东坡人生态度的认同和喜爱，他才专门用英文写了《苏东坡传》。

了解了林语堂先生后，感兴趣的孩子还可以去阅读林语堂先生的其他著作，如《生活的艺术》《吾国与吾民》《老子的智慧》等，由此丰富自己的阅读体系，拓展自己的视野和格局。

我认为，严肃文学是打磨成长的最好利器。在文学之路上，每个孩子都会收获满满。“近期的探索之路，一面能使我清晰地感受到我在路上，一面也能让我察觉此路漫漫其修远。”袁天豪说。承骞则说：“我需要做的是，停止幻想，准备行动。”在对严肃文学的不断探寻之路上，少年们终将如蝴蝶般完成他们生命之中的一次次蜕变，最后展翅飞向属于他们的明天。

34 让孩子学着读人

人们常说：读万卷书，不如行万里路；行万里路，不如阅人无数。

我一直强调，阅读不仅仅是指读书，还应包括读人、读世界。学会采访他人，阅读他人的人生，或是通过媒体去了解新闻背后的人的故事，进而了解生活的本来面目，去了解周围的现实世界，去理解人性。这对于孩子的成长与成熟，具有非常积极的意义。

阅读他人的人生

每次我和孩子外出旅行，无论是国内或国外，我都喜欢和她一起去采访一下当地人，这不仅仅是出于我的职业习惯（我之前是媒体人），更重要的是我认为这是带着孩子阅读他人、阅读人生的重要机会。

一年夏天，我们去西宁旅行，一天晚上在回酒店的出租车上，司机师傅热情地问我们："听口音，你们是从北京来的？"

云舟笑着说："是啊！"

司机师傅说："我闺女也在北京读书呢！"

我问："您女儿在北京哪里念书啊？"

"清华大学，经管学院！"司机师傅的回答中溢满了骄傲与自豪。我不由得看了一眼这位司机大哥，他淳朴的脸庞上流露出满足的微笑。

“了不起啊！”我赞叹道。

云舟好奇地问：“您女儿好优秀啊！您是怎么培养她的啊？”

“说来惭愧，我没怎么好好培养她，都是靠我娃娃自己努力啊！我是个农民，家里穷，我没念什么书，很早就出来打工。我娃娃长期住校，都是学校和老师培养的她。她自己学习很用功很刻苦，学校也一直给她奖学金和助学金。”司机师傅动情地说，“我娃娃很乖很懂事，从不伸手向我要什么，有什么困难总是自己想办法解决。当年，她是青海省的高考理科状元。去清华上学时都不要我去北京送她，怕我花钱！”师傅的眼里有晶莹的泪花涌动，“我现在想的就是好好开车，努力挣钱，一方面给我娃娃多挣点学费，另一方面也给国家减轻点负担。”

“有您这样的好爸爸，才会教育出这样优秀的女儿啊！”我由衷地赞叹道。

“我没做什么，都是娃娃自己努力的结果。”师傅笑着摇了摇头，“你们这些北京的娃娃多幸福啊！生在首都，家里条件都好，上大学也方便！”师傅笑着对云舟说道，“多让人羡慕啊！”

云舟点点头：“谢谢您的提醒，我和我的同学们还没有意识到自己的幸福呢！”

回到酒店，云舟对我说，今晚，她意识到了她拥有的。和这位青海出租车司机师傅的谈话，无疑给孩子上了生动而深刻的一课。现实永远是最好的老师。

我常常带着女儿和来家里做保洁的阿姨聊天，和小区的保安聊天，和家门口小超市的年轻夫妇聊天，和身边形形色色的普通人聊天，让孩子意识到，这些看似平凡的芸芸众生背后，有着一个个不平凡的故事，是一个个艰辛而努力的人生。他们的勤劳、奋斗、自强不息，他们的坚韧、乐观和豁达，书写着大写的“人”字，常让我们汗颜，让我们深受鼓舞。

自己做媒体

鼓励孩子自己办报纸、办杂志、做视频，让孩子去采访、提问、思考、写作，这是孩子阅读他人、增加见识、提升团队合作力等综合素养的绝佳机会。

五年级时，云舟作为班级宣传委员，提出了创办一份班级报纸的想法，并且这份报纸不是他们常做的手抄报，而是一份真正的报纸——每月印刷出版，有定价，面向全年级同学发行。

云舟来寻求我的智力支持。“这可是个专业度很高的事情！你需要系统地学习一下！”我告诉她。为了教给孩子最基本的新闻知识，我给她上了几节新闻入门培训课，教给了孩子最基本的采访、写作、编辑的知识以及工作流程。

听完此课，云舟说：“看来当一个好记者，首先需要行动起来，还需要与形形色色的人沟通交流、需要学习如何写好一个新闻故事，这真是不简单啊！”

“我的建议是，首先你要成立一个编辑部，要有主编、编辑、记者，然后你们团队制订计划，按照我讲的内容一步步地往下操作，有问题尽量自己想办法解决！不明白的咱们再一起来讨论！”

接下来，云舟招兵买马，组建团队，和小伙伴们一起采访写稿，编辑排版印刷。忙了近一个月后，他们自办的第一份报纸《星欣新闻》终于面世了！报纸上既有同学们自己采访、自己写作的班级新闻、校园新闻，还有加以编辑和评论的社会新闻，稚嫩中透着成熟，活泼中透着严肃，真让人为之欣喜！

其中，最让人感动的一篇报道是：在感恩节那天，他们班的同学为学校里所有的校工（包括保安师傅、食堂师傅、保洁阿姨等）都送上了热豆浆，并且他们还采访了其中几位师傅，请他们讲讲自己的故事，讲讲来这个学校工作后的感受。小记者们拍下了师傅们手捧热豆浆感动不已的瞬间，记录下了他们的故事。

其中一位阿姨的故事让孩子们很感动。

> 我儿子在百度工作，是一位工程师，之前他在中国科技大学读完大学，又在清华大学读完研究生，是我们家的骄傲。这些年来，我和他爸爸一直在外打工，没怎么管过他，他都是自己管自己，自己学习的。说来好笑，等到他高三毕业，我们去学校里给他收拾床铺时才发现，他的墙壁上贴满奖状，他年年都是三好生，还得过全国数学竞赛的第五名呢！
>
> 这些年我一直在北京打工，我没什么文化，干不了什么高级的工作，只能做做保洁，很多人都说，让你儿子养你就好了！我心想，那可不行，我要成为他的榜样，让他看到，妈妈一直在努力，一直在自食其力！

孩子们都说，这位保洁阿姨的故事让他们明白了很多道理，让他们看到了身边人的榜样力量。

读新闻

云舟很喜欢听我讲那些年我做记者时的所见所闻。

当年胡锦涛主席到访美国西雅图，这是中国国家主席第一次莅临微软总部，并与比尔·盖茨先生共进晚餐。我作为微软公司特邀记者前往报道。

记得我见到的比尔·盖茨先生穿着格子衬衫、牛仔裤，谦和的笑容中还有几分腼腆，完全不是我想象中的世界首富的模样……

2004年俄罗斯总统大选之际，我和另一位记者赶赴俄罗斯专访原苏联部长会议主席（相当于总理）雷日科夫。

当我们问道："您这一生最难忘的事情是什么？"这位头发花白的75岁老人潸然泪下，说道："我最难忘的是苏联在我的面前轰然倒下，这是我这些年来最大的痛苦。"……

新闻故事背后的主角是人，可以让孩子们通过阅读新闻，去了解背后人的故事，去了解世界的真相。

我为云舟推荐了《人物》《南方人物周刊》等严肃媒体，也希望她关注《人民日报》《中国青年报》《环球时报》等媒体微信公众号，希望她做到"风声雨声读书声，声声入耳；家事国事天下事，事事关心"。

遇到一些跟青年人相关的热点新闻，我和云舟常常会展开讨论。看到新华社关于"耶鲁哥"秦玥飞的报道，我非常震撼，把这个报道也推荐给云舟读："你看，这位耶鲁哥真了不起，他从耶鲁大学毕业后，放弃了所谓的成功之路，来到农村，脚踏实地地带领村民创业致富！中国的农村太需要这样的年轻人了！"

云舟读完报道后表示："我觉得，耶鲁哥创办了'黑土麦田’公益组织，号召和吸引了更多的名校毕业生来到农村，建设农村，这件事更了不起！”

“是啊，”我接着分析，“如果在这些年轻人的带领下，农村开始成为可以致富的地方，那么就会吸引更多的外出者返乡。那么之前咱们讨论过的留守儿童和空巢老人的问题就会得到改善了！”

诸如这样的讨论，不断加深着孩子对社会的理解，对现实问题的思考，也在潜移默化中锻炼着他们的批判性思维和分析表达能力。

在新闻实践中得到提升

子轩是我一个同事的儿子，他才华出众，前不久被一所常青藤大学录取。同事们纷纷向子轩的妈妈取经，请她介绍成功的育儿经验。

子轩妈妈介绍说：“从小我没有给他报太多的课外补习班，而是在他上初中时让他报考了一个很好的锻炼平台——北京中学生通讯社（学通社）。”

这家由充满着青春与热血的中学生组成的通讯社成立30年来，走着前人没有走过的路，看着前人没有看过的风景，采访和报道了中国一个个值得纪念的历史时刻，培养了一批批杰出人才。

据子轩妈妈介绍，子轩加入学通社后，和小伙们采访了很多大型活动，报道了很多重大社会新闻，学习如同职业记者一般工作，极大地提升了自己的团队合作能力、组织协调能力和领导力。而这些能力和做记者的经历，恰好是一流大学最为看重的。

《哈佛商业评论》曾撰文表示：在不远的未来，人工智能可能会逐渐取代我们下一代的工作岗位，只有那些感同身受的社交技能才是人之所以为人的有力支撑。

而社交技能包括与他人互动、评判他人、对他人产生影响力。我们做父母的如果能主动培养孩子的这些社交技能，他们在未来就有可能成为出类拔萃的管理者或倾听者，即使有再先进的人工智能，也永远不会被淘汰。

而让孩子们从小开始学习读人的故事，写人的故事，无疑是培养他们社交技能的一个有效途径和方式。

第八章

用阅读让孩子看到更辽阔的未来

35 如何用阅读培养孩子的财富观？

云舟从小喜爱写作，投稿被发表后收到的一笔笔小稿费日积月累，也有了一定的数目，再加上每年所得的压岁钱，她俨然有一个“小金库”了。我为她在银行开了一个账户，在她11岁生日后的一天，把这个账户交给她，并对她说：“这是你的资金账户。我建议，从今天起你要学习如何打理它。”

“哇，这可是我的第一笔资产，太棒了！”云舟一蹦三尺高，“可是，我该怎么管理呢？我可是一点儿这方面的知识都没有呢。”云舟睁大了眼睛问道。我建议她：“首先你需要读一点儿这方面的启蒙书，建立起自己的基本财富观。然后，你要行动起来，开始试着管理自己的账户。”

很多国家的家长非常重视孩子财富观的建立和理财能力的培养。一个人的理财能力直接关系到他一生的事业和家庭幸福。他们鼓励孩子从小就工作挣钱，即使出生在富有的家庭，也应该有工作的欲望和社会责任感。

不同阶段的孩子，应该树立不同的理财教育目标：比如，

7～11岁的孩子要学习管理自己的钱，认知储蓄的作用；11～14岁的孩子要懂得如何提高个人理财能力；14～16岁则要学习使用一些金融工具，如储蓄。

如何让孩子从小养成正确的金钱观、消费观、理财观，如何让孩子学习用自己的劳动去换取财富是孩子成长过程中的一大重要命题，也是让他们拥有幸福人生的重要基石之一。所以，孩子们可以通过阅读来上好这重要一课。

跟小狗钱钱学到很多

当云舟向我讨教理财知识的时候，我拿出了早已准备好的《小狗钱钱》，向云舟推荐道："这本书很有趣，它将通过一只小狗告诉你金钱是什么，如何正确地认识和使用金钱，如何进行投资，或许可以帮到你哟！"

《小狗钱钱》是欧洲理财大师博多·舍费尔写的一部理财童话，主人公是一个12岁的小女孩吉娅，她的家里遭受了财务危机。有一天，她发现一只受伤的白色拉布拉多犬，并把它带回了家。谁都没有想到，这只普通的小狗却是一个真正的理财高手。它教会吉娅怎么赚钱，怎么花钱，怎么存钱。在小狗钱钱的帮助下，吉娅挣到了钱，学会了理财，也让家人成功摆脱了债务危机。

这本书有着小说一般跌宕起伏的情节、活泼简洁的语言、生动立体的人物形象，云舟读得津津有味，只用了几天时间，她就读完了。"你觉得自己有哪些收获呢？"我问道。

"我是有一些收获，也有一些疑问。妈妈，我们一起来梳理一下吧！”云舟建议道。“好啊，我很乐意！”我拉开了小黑板。

“我的第一个收获是：认识了什么是金钱。”云舟在小黑板上写下第一条，然后接着说，“老师们常说，钱并不是一生中最重要的东西。读完这本书，我认识到，金钱却是我们一生中不可缺少的东西。它可以成为生活中一种令人愉快的支撑，可以帮助我们做成很多事情，就像小女孩吉娅，学会了理财知识后，通过自己的努力，完成了自己的小目标。”

“是的，金钱是一种工具，如果利用得好，它能帮助我们提升生活质量，增加我们的幸福感，如果利用得不好，它则会诱惑人走上歧途。所以，中国有句古语——‘君子爱财，取之有道’，我认为这才是正确的金钱观。”我告诉云舟。

“我明白了！我的第二个收获是：在理财之前，要写下自己的三个愿望，也就是三个财富小目标！”

“对啊，做任何事都要树立目标，才能有动力和方向。你的小目标是什么？”

云舟在小黑板上写下：

1. 暑假去希腊旅游，参观欧洲文明的发祥地；

2. 买一台笔记本电脑；

3. 继续给联合国儿童基金会捐款，计划再捐500元。

“这三个小目标都太棒了，所以你要加油！”我鼓励她。

云舟接着说：“我的第三个收获是：要找到适合自己的挣钱方式。这本书告诉我：第一，为别人解决一个难题，那么你就能赚到很多钱；第二，要做那些我知道的、能做的事情，就是要做我有能力办到的事情。我觉得适合自己的挣钱方式有这么几个。”

云舟在小黑板上写下：

1. 继续向各个媒体投稿，挣稿费；

2. 在小区的跳蚤市场摆摊，卖旧书；

3. 在自己的微信公众号上，收获打赏；

……

……

我提醒她，你所列的这几个挣钱方式都是你所擅长的，非常好！当然，你还可以拓宽思路，看看还有什么是你可以做的。

“我的第四个收获是：要学会合理地花钱。”云舟写完后故意拖长了声音说，“要做到这一条可不容易呢，需要有很多的技巧！小狗钱钱给我们的忠告是：量入为出，就是说要根据自己的收入来合理地制订自己的消费计划。其中很重要的一点就是，每个人都应该在自己的钱包里贴一张纸条，上面写着‘这真的有必要吗？’。只要他想打开钱包消费时，就应该看到这句话，好好想一想。”

“这个建议特别好，我也应该在自己的钱包上贴上这么一句话，以后就不会冲动消费了！我先检讨一下。”我红着脸笑着说。

“另外，我觉得应该做一个存钱计划，这样每个月就可以强制性地为自己的未来存钱，剩下的钱再用于消费，这样，才能实现财富的积累啊！”云舟补充道。

“我的第五个收获是：学会如何理财，让自己养一只会下金蛋的鹅。”云舟总结，“这只鹅就是存款，对于我来说，就是我目前的这个账户，金蛋就是通过理财得到的利息。不过，具体到怎么投资，股票还是基金，我还没有完全看懂。”

“你总结得非常好。投资的本质就是养一只会下金蛋的鹅。如何投资？这是一门很大的学问，不瞒你说，妈妈投资过股票，也投资过基金，有赚有赔，所以投资理财是有一定风险的，弄不好，不仅没有收获金蛋，连那只鹅也会受伤。所以，我的经验是，尽量投资一些风险小的，稳妥的理财产品。当然，在投资方面，我们需要看更多的书，需要不断学习。”

接下来，云舟和我一起，根据她自己的资金情况，做了一份理财计划：

1. 买一份教育保险，为未来储备教育资金；

2. 投资一份人民币理财产品，让鹅开始下蛋；

3. 从这个月开始，规划自己的零花钱，做消费计划。

说完，她拿出一个漂亮的手账本，开始行动起来。

我告诉女儿：“希望你也和小吉娅一样，通过学会自己打理钱财，变得更富有，这能让你今后的生活有更大的自由度，你的选择将变得更加丰富，你的人生将变得更加从容！”

学会投资自己

云舟上六年级后，我觉得是时候让她了解一些基本的经济学常识了，经过对多本经济学启蒙读物的比较，最后我选定了《小岛经济学》。

这是一本从9岁起就可以看的经济学启蒙书，作者是一对兄弟。他们小时候和老爸开车自驾游，半路上堵车，于是父亲给这对兄弟讲了一个故事。从前有座小岛，岛上啥也没有，就有几个渔民成天可怜巴巴地用手抓鱼，勉强糊口。直到有一天，一个渔民发明了渔网，一天能打两条鱼，有富余了。这很了不起，可以说这个渔民迈出了小岛经济发展的第一步。因为有了余粮就有了储蓄，有了储蓄就有了银行，接下来又有了借贷和投资……

就这样，用讲故事的方式，作者希夫兄弟给读者上了一堂堂生动的经济学启蒙课，再配上书中一幅幅让人忍俊不禁的漫画，高大上的经济学变得浅显有趣。我想，云舟也一定会喜欢读的。

“之前，咱们通过读《小狗钱钱》，已经了解了一些理财知识。现在，我们需要了解其背后的经济学常识。知其然，还要知其所以然。”我指导云舟，“首先，我们来看看，货币是如何诞生的？”

读完了书中第五章《在鱼被指定为货币之后》，云舟说：“我总算明白了，原来我们每天都在使用的纸币也可以是鱼啊！货币的产生是因为小岛的经济发展了，有了各行各业，人们之间需要互换商品，而之前的物物交换已经不能满足人们的需求了，所以这个小岛上需要新的交换物，它能用来交换任何物品，也能被所有人接受。因为大家都吃鱼，所以鱼成了货币。”

“那么，后来人们为何要把鱼存进银行呢？请云舟小老师再讲一讲吧。”

云舟看完了本书的第六章，告诉我，由于小岛上有人发明了渔网，提高了生产，于是很多人手里都有了多余的鱼，而这些多余的鱼留在自己手里要面临妥善保管或可能失窃的问题。如果交给一个专业的地方来管理，不仅可以解决鱼的安全问题，而且还可以获得利息，这个专业的地方就是银行。“而且，我还发现，原来银行就是咱们之前讨论的鹅下金蛋的地方啊！”

“你真聪明。”我对云舟竖起大拇指，“不过，‘股神’巴菲特告诉我们，最好的投资就是投资自己，因为没有人能够夺走你内在的东西，每个人都有自己尚未使用的潜力。我推荐你读一读《巴菲特传》。”

“你知道吗，”我对女儿说，“巴菲特一直保持着学习的习惯。他刚出校门开始工作时，很少有客户相信他推荐的股票。他反思后发现，这是因为自己和客户沟通时使用的专业术语太多，别人听不懂，更是因为自己讲话时很紧张和拘谨，大家都把自己看成是个初出茅庐的小学徒，不肯信任他。于是，巴菲特花100美元参加了卡耐基的公开演讲课程，努力提升自己的表达能力和社交能力。经过几个月的培训之后，巴菲特在跟人打交道的时候变得更加幽默和从容了，来找他的客户也慢慢多了起来。巴菲特对自己的投资从此改变了自己的生活和命运。你看，就算是巴菲特这样的投资天才，也需要持续学习，来不断提升自己的综合能力。"

"喔，原来，真正会下金蛋的鹅是我们自己啊！"云舟恍然大悟。"说得太对了！"我对她称赞道。

我接着说："投资自己最好的方式之一就是保持终身学习，尤其是在离开学校后，仍需学习不辍。终身学习最重要的一个方式是坚持阅读。你热爱阅读这个好习惯坚持下去，一定会让你受益终生。投资自己的第二个方式是关注自己的身体健康，养成热爱体育锻炼的好习惯。巴菲特给年轻人的忠告是'锻炼身体，终身学习，让头脑年轻，让身体健康'。"

"另外，我们交友、旅行，其实都是投资自己的一种有益方式。人这一生只有不断地投资自己，不断给自己输入，才能不断有新的收获，不论是在财富方面还是在精神方面，这是能让自己在未来不断增值的一个秘籍。希望你能在今后的人生中不断地投资自己！"我对云舟建议道。

培养孩子财商的小方法

1. 告诉他"我的财富与你无关"

彼得·巴菲特是"股神"沃伦·巴菲特的儿子，也是著名音乐家、艾美奖获得者。在众人的认知中，他是含着金汤匙出生的人。但他却说："小时候我走路上学，没有车接车送。离开大学后，我便开始独立生活，不仅要负担音乐工作室的开销，还有房贷的压力，有音乐设备等贷款要还。"他在谈到其自传《做你自己》的创作历程时曾表示，父亲从没为他开过一张支票，他还要为自己的音乐剧筹款。他和哥哥姐姐都是通过自己的努力，开创了属于自己的事业并拥有了自得其乐的生活。老巴菲特如此教子有方，值得所有父母学习。

父母告诉孩子"我的财富与你无关"看似绝情，却是为孩子开启一条通向光明的人生之路的唯一正确方式。

2. 鼓励孩子行动起来

行动是让思想转化为能力的唯一路径。

锻炼孩子财商的方法有很多。例如，我们可以鼓励孩子，做点自己力所能及的事情来获得报酬，这是让孩子增加自食其力意识的好方式；可以鼓励孩子尝试着用自己多余的东西去换取需要的东西，如参加小区的跳蚤市场，用自己的东西去做交换，他们也可以初步体会到物物交换的含义。

在学校的活动中，无论是元旦晚会、班会，还是郊游、社团活动等，老师和家长都应鼓励孩子当小管家，自己做预算、比价、采购、记账，最后总结。

在家庭的活动中，如家庭出游、家庭聚会，也可以让孩子当小管家，让他们在实操中获得真切的体验。

3. 做财富的主人

"亲爱的，你有没有想过，如果有一天，由于自己的努力你拥有了一大笔财富，你该怎么做呢？"我问女儿。"首先，我要实现自己的小目标。”她摸摸头说，“实现了之后该做什么，我还没有想过呢！”

“巴菲特的做法是，2004年，他宣布，将自己个人财产的99%都捐给慈善事业。”我告诉女儿，有很多人认为财富和幸福是一对孪生兄弟，拥有了财富便拥有了幸福。但事实的真相是，当大部分人满足了自己的生存需求之后，他们都感到，幸福的拥有程度和拥有财富的多少并不成正比，甚至和财富不再有直接联系。

很多高尚的人都同意钢铁大王安德鲁·卡内基先生的观点，即：如果自己在巨大的财富中死去，将是一件非常耻辱的事情。只有把自己获得的财富回报社会，给予那些更需要它们的人，自己的内心才能够获得长久的幸福。

这应该是幸福的最高境界。

“我想，这也应该是你们这一代人所应拥有的胸怀和格局。”我对云舟说。

“你想象中的超级富豪的生活是什么样的？”我问云舟。

“那一定是很奢华呀，住着大别墅，开着私人飞机。”云舟说。

“其实，巴菲特生活得非常简朴。在大家眼里，巴菲特一直都很抠门儿。他一直开着一辆老车，住着60年代的老房子，除了去出差，他总是穿着半新不旧的球鞋、牛仔裤和T恤。大儿子出生的时候，他居然连婴儿床都舍不得买，而是从姐姐家里借了一张。”

“巴菲特为什么这样做啊？让人有些不能理解。”云舟问。

“因为巴菲特认为，人，如果永远都想要更贵更好的物质，就会忽略生活中真正的快乐。金钱，应该给到真正需要它的人。”

“真了不起啊！”云舟赞叹道。

巴菲特留给这个世界最宝贵的财富，不是他数目可观的资产，而是他的金钱观和财富观，是他做人做事的态度：尽自己最大的能力赚钱，但不要为了钱而随便牺牲自己做人的底线，更不要把它用来作为与人攀比的筹码；只有建立了与他人良好的合作关系，才能源源不断地挣到钱；只有不被金钱迷惑了心智，才能过上真正幸福的生活。

正如彼得·巴菲特所言："我父亲一直跟我们说，幸福快乐是你要追求的，金钱是跟随着你的幸福和工作而来的，而不应该引领你的工作。

所以，我和父亲都在做自己所热爱的事业，享受每天所做的，便是真正的成功。"

36 如何让孩子学习独立？
让他们创业一回

很多家长都跟我聊起过这样一个话题：孩子都十多岁了，从不整理自己的房间，不整理自己的书桌，不会主动做一些力所能及的家务，饭来张口，衣来伸手，体会不到家长的艰辛，没有独立意识，这可怎么办呢？

对此，我的建议是：让孩子学着自己创业一回，体验一下用自己的双手创造财富的过程。

可能有读者会问，对于尚在学校学习的青少年而言，有创业的必要吗？我说的创业是孩子们在课业之余用自己的能力创业，由此孩子们能真切地体会到挣钱的艰辛，体会到父母的不易，更是锻炼自己的独立能力、沟通能力、团队合作能力、领导力、创新力等综合素养的绝佳实践机会，是孩子们体验社会、人生的一个良好途径。

一些学者认为，在童年时期开发培养孩子的创业精神至关重要，因为人类生来想象力丰富、精力充沛且愿意冒险，但却在成长过程中逐渐丢失了这些创业所需的精神。提倡者称，此类项目弥补了教育体系的缺陷，未来对孩子的创业精神和创业能力提出了更高的要求。

那么，要让孩子学习创业，从哪里开始着手呢？

还是从我们最熟悉的阅读开始吧。

山姆·沃尔顿送报纸

四年级时，云舟看到了一些在世界各地的战火中受难的儿童照片，受到了很大震撼，她想给联合国儿童基金会捐款。我给她的建议是不要用自己的压岁钱，要试着用自己的双手去挣钱。她问我，应该如何自己挣钱呢？

我想了想说："找时间我给你讲讲关于山姆·沃尔顿与乔布斯年少时的故事。他们俩就是少年创业的典范。正是他们少年时代的锻炼，成就了他们之后的商业传奇。说不定，他们的故事能给你一些启发呢！"

"咱们之前常去沃尔玛超市购物，"晚饭后，我给云舟讲起了故事，"可你知道吗，沃尔玛是全球最大、最有影响力的企业之一，在全球几十个国家有将近一万家分店，连续多年在世界500强企业中居首位。它的创始人山姆·沃尔顿在1985年成了美国首富，可他却一直过着非常节俭的生活。他穿着沃尔玛的工作服，戴着打折的棒球帽，开着一辆又老又破的货运卡车上下班，在一家小理发馆里理发。他在自传《富甲美国》中这样解释，这是传承自他父母的财富价值观：对每一美元怀有强烈的、根深蒂固的尊重，绝不乱花一分钱。"

云舟说："这可真是好新奇啊！"

我接着讲："一切都要从山姆·沃尔顿的少年时代说起。"

"1918年，山姆·沃尔顿出生在美国中部的俄克拉何马州一个小镇里，他的成长正赶上了美国历史上一段相当艰苦的时期——大萧条时期。所以，山姆在七八岁的时候就开始送报纸、争取订户，还养过兔子、鸽子，然后拿出去卖。在这个过程中，山姆开始意识到，用自己的双手挣得一元钱是多么不容易的事。

“在整个高中时代，山姆继续送报纸。进入大学之后，他又增添了几条送报路线，雇了几个帮手，让送报这件事成为一项相当红火的业务。他每年大概能挣到4000到5000美元！当时的四五千美元是个什么概念呢？1940年，美国人的年均收入是1368美元。也就是说，大学还没有毕业的山姆，就拥有普通美国人三四倍的收入！

“当地报纸的发行部主任回忆说：‘山姆·沃尔顿实际上成了我们的首席推销员，每年学校开学，我们都会在学生中搞征订活动，而山姆每次都会在活动中争取到比其他人多得多的用户。他非常棒！’”

“那山姆是如何做到的呢？”云舟问。

“这个问题提得好！”我鼓励她。

“山姆自己是这么解释的。13岁时，由于他救起了一个落水儿童，成为当时历史上最年轻的雄鹰徽章获得者。从那时起，他开始意识到，行动是最重要的，而这个准则贯穿他的一生。在整个学生时代，他积极参加几乎所有的校内活动，参加各类体育比赛，尽可能多地认识同学，不放过任何一个挣得一美元的机会。所以，从高中起，山姆就是自己去赚取所需的一切费用。”

“厉害厉害！”云舟连声说。

“你看，他从小就开始自力更生、自己养活自己，并从小开始锻炼自己的综合素质和商业才能，这好像和那些饭来张口、衣来伸手的孩子有很多不同。”我启发她，“那么，从山姆·沃尔顿的故事中，你能总结出点什么吗？”

云舟拿起笔，在小黑板上写了起来：

第一，要学会独立自主地生活；

第二，要多多行动；

第三，要学会节俭，珍惜每一分钱。

“你总结得非常棒！”我对她竖起了大拇指，“后面两条——贵在行动和保持节俭，是整个沃尔玛公司的核心价值观。正是这些准则造就了沃尔玛的商业传奇。”

乔布斯做蓝盒子

接着，我打开《乔布斯传》，对云舟说：“乔布斯和他的好友在车库创业的故事你应该听说过吧？”云舟点点头说：“这个地球人都知道啊！乔布斯与他的好朋友在自己家的车库里研发出了第一个苹果产品，伟大的苹果公司就是这样诞生的。”

“那么，你知道这位好朋友是谁？乔布斯与他的创业是如何开始的吗？”

于是，我给云舟讲了这么一个故事。

高中四年级时，乔布斯认识了他一生的重要朋友史蒂夫·沃兹，这是一位技术天才，后来成了他的创业伙伴。沃兹从一本过时的期刊上得到灵感，制造了一个可以免费打长途电话的蓝盒子。

当他俩用这个神奇的蓝盒子搞了一系列恶作剧，如冒充美国国务卿基辛格给梵蒂冈的教皇打电话后，乔布斯认为，蓝盒子不该再停留在业余爱好的阶段了。他们可以把它制作成产品，然后销售。

蓝盒子所有的零部件价值40美元，乔布斯决定以150美元的价格出售。乔布斯和沃兹敲响各个宿舍的门，向同学展示和推销他们的蓝盒子。结果，他们把做出来的100个蓝盒子全都卖光了。

这次小小的创业为他们日后更重大的创举铺平了道路。乔布斯后来回忆说：“如果不是因为蓝盒子，就不会有苹果公司，这一点我百分百确定。沃兹和我学会了怎样合作。我们也获得了信心，相信自己可以解决技术问题并且真的把一些发明投入生产。”

沃兹也有同样的感触：“出售蓝盒子也许不是一个好主意，但这让我们看到，我的工程技术和他的远见卓识结合起来，可以做出怎样的一番事业。”可以说，蓝盒子就是乔布斯与沃兹创业的美好开端。

讲完这个故事，我问云舟：“乔布斯在高中时就找到了他的合作伙伴，并展露了过人的商业才华，真是让人赞叹。你可以从这个故事悟出点什么？”

和孩子合伙创业

对于孩子的创业，我们作为他们的成长合伙人，要鼓励他们勇于迈出第一步，并在实践中给予他们支持、信任和尊重。创业，最重要的是从0到1。只有行动起来，才能知道自己的创业想法有哪些问题。只有在实践中不断纠错，才能找到新的解决方案。

1. 鼓励孩子行动起来

当孩子有了一个想法时，哪怕父母觉得很幼稚，也要支持他做出来试试看。如果父母自己有过创业经历，这自然是最妙不过的了。不管成败，家长的创业故事都是对孩子最好的创业启蒙。

我对云舟说：“如果你想创业，美国女童子军卖饼干的故事或许能给你启发。”

“饼干义卖”是美国女童子军最著名的公益活动。每个卖饼干的小女孩，都从羞涩不语到勇敢叫卖，迈出了她们人生的第一步！

美国女童子军创立于1912年，创始人是洛夫人，她亲自训练女童子军们，带领她们积极参加社区活动和服务，培养自信、勇气和个性，并鼓励她们："女人一生不仅是闷在家里做糕点或洗衣服。你们要成为职业女性，在艺术、科学、商业等各个领域拥有一技之长。"

从这里走出了许多成功女性，包括美国前国务卿希拉里·克林顿、前总统夫人劳拉·布什，近百名国会议员都曾参加女童子军。所以，哪怕就是卖一包小小的饼干，只要行动起来，也能创造伟大的奇迹。

2. 鼓励孩子创业时做自己喜欢的事

当孩子有了自己真正喜欢的事情，而不再沉迷于打游戏、刷微信时，这一定是他找到了自己真正的兴趣所在，而在这其中，也一定隐藏着孩子的天赋。这个时候，我们父母一定要鼓励他支持他去做他喜欢的事情，这是把他的兴趣爱好和未来事业相结合的黄金机会。只有这样，才能激发出孩子的创新力、学习力和奋斗精神，才能为他打磨出人生的成功基石。因此，父母鼓励孩子在创业时做自己真正喜欢的感兴趣的事情，发挥自己的优势和特长，才能获得小小的成功。

3. 和孩子合伙创业

云舟放学后看到小区里即将开跳蚤市场的告示，非常感兴趣。她决定去一试身手，迈出自己创业的第一步。

那天，她摆了一个摊位，卖自己读过的旧书，每每卖一本书，她都会向顾客介绍这本书的主要内容以及自己的读后收获，所以，她的书被家长和孩子们一抢而空，一下午就挣了200多元。她买了一瓶汽水喝，然后决定把剩下的钱全部捐给联合国儿童基金会。

首次摆摊大获成功后，云舟和我进行了一次复盘总结。

第一，大家都在跳蚤市场上卖东西，为何你的东西卖得最快？因为你卖的是自己读过的旧书，大家都很喜欢。所以，首先要有好的产品，这很重要。

第二，在摆摊前，咱们召开了一个小小的家庭会议，讨论了需要售卖的物品，你当时想卖自己的旧玩具和旧衣服，我们给你的建议的是卖你读过的旧书，理由是分享知识比分享物品更容易受到大家的青睐。你听取了我们的建议。然后，我们做好了分工：你负责选书，我们负责搬运到指定地点。然后，你全程售卖，我们不再参与。最后，我们共同商讨，挣到的销售款如何分配。

由此看来，找到自己的合伙人，组建一个好的团队是成功的一半，团队成员之间需要相互支持、优势互补。

第三，你今天在卖书时，用的方法是向家长们、孩子们分享你的读书心得，让大家觉得非常有说服力，所以愿意购买。

所以，找到一个好的销售方法和最合适的销售对象，也非常重要。

另外，我还补充了一点：如何获得自己的第一笔投资？云舟说："可以说服爸爸妈妈，让他们给我们投资。"我笑着说："这是一个方法，但不是最好的方法，你可以学习山姆·沃尔顿的做法哟，用自己的双手挣得第一个1元钱！"

4. 接纳孩子有价值的失败

冒险、创新的结果往往是失败的可能性很高。但这样的失败是有价值的，是孩子能从中真正有所收获的，无论是情商的提升，还是心智的成熟方面。所以，对于孩子的创业失败，父母要勇于接纳，甚至给予奖励。

让孩子学习创业，走进真实的社会，体验世间百态、人情冷暖，体验挣钱的不易和艰辛，这是提升他们的独立自主能力以及综合素养的绝佳机会，值得每一个家庭尝试和实践。

相信，孩子们将在创业的过程中学习成长、建立自信、担当责任、服务他人，也给自己加油，勇敢地去开创属于自己的有价值的精彩人生！

37 如何帮助孩子建立历史观？

“读史使人明志。”虽然小学课程中尚没有开设历史课，但许多教育专家和有眼光的父母都认为，孩子从小阅读一点历史书籍是非常有必要的。

历史是人类最宝贵的智库。阅读历史，孩子们不但会收获具体的历史知识，还能涉猎考古学、生物学、经济学、宗教、社会学等多学科知识，能够站在几千年来人类积累的智慧结晶上去放眼世界，开阔自己的视野和格局，培养自己的人文素养，最终形成自己多元化的历史观。

学校课本上的知识是有限的，用广泛的阅读打造一个少年通识课程体系，进而建立起广博的思想体系和认知体系，已经成了不少家长、老师和优秀学生的共识。

小学的历史小书单

对于小学中低年级的孩子，我推荐《历史大冒险》这套丛书。这是云舟小时候最爱读的一套历史绘本，她曾向很多同学推荐过。书中最新颖最吸引孩子的是，以第二人称写作，让孩子成为故事的主角，走进特定的历史时期，和其他历史人物一起去亲身体验历史中的风风雨雨。

小读者们一会儿穿越到了公元前1500年的埃及，成为成千上万被迫修建金字塔中的一员；一会儿又变身为公元前5世纪中叶生活在希腊雅典城外的一个小男孩，在父亲的安排下接受艰苦的体育训练，以准备参加奥运会；然后又变身为中世纪末期的一个小男孩，梦想着成为一位高贵的骑士，拥有亮闪闪的盔甲和令人赞叹的战马；一会儿化身为一名名为普莉希拉的女士，在1620年踏上了美国历史上最著名的一段旅程“五月花”之旅，渴望去新的世界开创新生活；再或是变成了19世纪末期在英国暗无天日的煤矿里劳作的童工，生活充满艰辛、险象环生；或是变身为生活在1942年的一位极地探险家，即将登上开往南极的探险船，去迎接充满暴风雨的未知旅程……孩子们就像是走进了绵延不断的历史3D电影，体验着充满惊险、刺激、挑战的人生。这样讲故事的方式能极大地激发孩子阅读历史的兴趣和探究历史的好奇心。

著名教育家林汉达先生著的《上下五千年》是我向小学生推荐的一套必读好书。中华五千年的文明历程，是每一位中华儿女的骄傲，每一个中国孩子都理应知晓。林汉达先生做了一件特别了不起的事情，他把中国的历史用一个个小故事给孩子们讲出来。我们这一代人都是看着这本书长大的。书中那些历史故事——盘古开天地、女娲补天、秦始皇统一中国、勾践卧薪尝胆……滋养了一代人的童年。所以，这样的经典理应传承下去。

让我们的孩子也走进中华民族五千年的灿烂文明，让他们知道：我们的历史中，有老子、孔子、孟子、韩非子这样杰出的思想家、教育家；我们的历史中，有岳飞、戚继光、文天祥、郑成功这样的民族英雄；我们的历史中，还有祖冲之、张衡、沈括、宋应星这样的科学家……他们为我们留下了宝贵的精神财富，他们为中国的历史画卷增添了浓墨重彩的一笔。

中学的历史小书单

《人类简史》是北京一些重点中学里每个学生人手一本的

"另类"历史书。它是以色列历史学家尤瓦尔·赫拉利的代表作，出版以来风靡全球。和以往的历史书主要关注人物和事件不同，《人类简史》仿佛是站在卫星上来看待人类的历史发展进程，关注人类社会的整体演变。作者从几百万年前人类诞生说起，人类从古猿进化，经历了认知革命、农业革命到科学革命，发展到今天，成为自己的上帝。

这本书站在很宏观的高度，给读者介绍人类的过去、现在和未来。这样的大历史观会给孩子一个很开阔的视野，让他们跳出现有的时间、空间、种族、国家等约束，去了解作为自然的人是如何一步步从非洲角落里一个毫不起眼的族群，慢慢登上生物链的顶端，最终成为地球的主宰。孩子们读这本书，会增长见识，形成更宏大的视野，学会不再只从当下来看问题。

这本书打破了以往历史学科的很多观点，比如作者坚信，人类在采集时代比农业时代快乐得多。这些新颖的观点会激发孩子从不同的角度去思考问题。所以，在读这本书的同时，孩子不但会收获具体的历史知识，还会收获创新思维、辩证思维的科学思考方法。

"我最喜欢读的是历史书籍。"说这句话的黄骏崧是一个历史小达人，也是北京中学九年级的学生。他从小便少年持重、很有思想，说起话来常常引经据典。他在三年级时便读完了《隋唐演义》，五年级毕业时因品学兼优被选拔至北京中学。

他列出了自己读过的历史书单：

《隋唐演义》

《三国演义》

《中国简史》（吕思勉著）

《BBC世界史》（*A History of the World*，［英］安德鲁·玛尔著）

《最早的中国》（许宏著）

《统一与分裂：中国历史的启示》（葛剑雄著）

“最近，我对考古学产生了浓厚的兴趣。”黄骏崧兴致勃勃地说，“这可是一门连接着历史和未来的学科，非常神秘，非常有趣。而且，我还参加了学校的社团考古文博社。我们与北大考古文博学院联谊，组织同学们参观了很多有关考古的展览，例如最近我们参观了北大赛克勒博物馆的‘寻找致远舰’水下考古展，真是大开眼界啊！”

所以，他给大家推荐了一本非常有趣的《与废墟为伴》，可以帮助大家了解真实生活中的考古学家是如何工作与生活的。这本书的作者是美国一位名为玛丽莲·约翰逊的著名杂志主编，这本书就是她以随行记者的身份，加入一支考古队伍后写成的。这位女士和考古学家们一起深入考古发掘现场，记录下了大战蚊虫时的惊险、找到文物后的巨大喜悦，还有遇到各种困难时的勇气。

其实，考古学家的生活并不像美国大片所演的那样惊心动魄，很多时候都是平淡无奇、枯燥乏味的。考古学家们普遍收入不高，常常面临项目经费不足、无法继续的问题。那么，到底是什么支撑着考古学家对这份职业的热爱？是他们对于历史意义的信仰。他们相信，只有重现过去的真相，积累知识，人类才能应对未来。亲手修复破碎的文明，重新找回被遗忘的传说，为那些被埋葬了千年的历史重新注入生命，这些行为本身就是对考古学家最大的奖赏。

在这些有趣有益的历史书中，孩子们会发现，历史不再是课本中那些需要死记硬背的年代、人名、地名和事件，而是一个个鲜活的历史人物在运筹帷幄，在慷慨悲歌，在指点江山。在时间的长河里，古今多少事，都付笑谈中。

阅读历史的方法

1. 学会用批判性思维

“对于这些大人们都觉得很有难度的历史书，你是用什么方法来阅读的呢？”有很多同学都问过黄骏崧这个问题。

他的回答是：“我的阅读方法是对关键性句子提出疑问。例如在《中国简史》中，作者把我们惯称的‘新石器时代’称为‘皮革时代’，我对此有些质疑，于是便自己上网、去图书馆搜索资料来进行验证，最终证明了‘皮革时代’这个结论是成立的。这个求证的过程实际上就成了锻炼自己的批判性思维、提升能力的过程。”

批判性思维倡导不迷信权威、不盲从，体现为反思和质疑。在美国的中小学中，学习历史时最常用的方法就是批判性思考。而在中国学生传统的历史学习中，最常用的方法就是背诵和记忆，除了背朝代、人名、地名、时间，还要背结论、背意义。学生更像是一台记忆机器，很少有自己的独立思考。这样的思维方式显然不能适应未来对他们的要求。

我们欣喜地看到，随着新课程改革的推进，“一言堂”“满堂灌”等传统方式已逐渐改变。历史课程目标明确提出：“通过对历史现象与历史事件的分析、探讨，帮助学生形成课程标准要求的历史认识，进而形成正确的历史观、价值观。”历史老师开始注重引导学生主动去发现问题、提出问题、思考问题并解决问题。

在孩子阅读历史图书的时候，父母可以对他们做一些启发，和他们一起讨论一些有争议的问题，有意识地去培养孩子的质疑能力和反思能力。例如，读了《三国演义》，我们可以和孩子讨论一下，曹操到底是好人还是坏人，是英雄还是枭雄，如何评价他的功与过。看完《中国历史故事》，来探讨下，如何评价秦始皇，他到底是一个明君还是暴君，你是否赞同书中作者对秦始皇的评价。

这样的问题是没有标准答案的。“横看成岭侧成峰，远近高低各不同”。站在不同的时代，站在不同的角度，我们会对同一个历史人物或历史事件给出截然不同的结论，而孩子在此过程中所收获的批判性思维才是最大的收获。

2. 和孩子一起看历史题材电影

看历史题材的电影绝对是学习历史的一个好方法。在电影里，书本中的历史人物变得有血有肉、栩栩如生，书本中的文字化为精彩生动的电影故事，历史在孩子们的心里立刻变得立体起来、有趣起来。

《建国大业》《长津湖》《辛德勒的名单》《孔子》《至暗时刻》《美丽人生》《敦刻尔克》《兵临城下》《三国》……这些优秀的历史电影为孩子们打开了一扇扇通往历史世界的大门，带领他们进入特定的历史场景，帮助他们理解历史风云背后的人物和故事，加深他们对于人性的理解。

而家长可以做的是，选出适合他们观看的优质历史电影，和孩子一起观看，并和他们一起讨论观后感。

3. 走出去学历史——阅历课程

黄骏崧介绍说，自己所在的中学也在组织同学们做着类似考古学家的工作。

“例如，最近一年，北京中学组织了‘中华文化寻根之旅’系列活动，我们已经去了河南、四川、泰山、江南。不过，可不要以为我们出去是游山玩水的，我们是去做项目研究的。我们的工作流程是：组成课题组，做项目大纲、调查问卷，去当地采风，根据所采集的资料进行编辑，回到学校做报告、公开演讲。这其中的每一个环节对于我们都是不小的挑战。

“目前，我们团队已经完成了两个报告。第一个报告的题目是《江南园林的建筑风格、装饰风格与江南历史发展之间的关系——以拙政园为例》。第二个报告是《泰山为何会吸引历史上如此多的帝王将相和文人雅士一游》。”

在这个过程中，每个学生都开始学习如何多维度地去分析历史问题，最终形成对历史更全面更深刻的认识，形成自己的历史观。这种学习方式被称为“阅历课程”。目前，这样的阅历课程在北京的很多中学开展起来，这对于增加孩子们的见识，开阔他们的视野，增加他们的人生阅历，进而提高他们的综合素养无疑是大有裨益的。

历史照亮人类未来

当黄骏崧在班级里为同学们分享了《与废墟为伴》中的精彩内容后，孩子们长时间地热烈鼓掌，他们的眼里闪动着晶莹的光芒。

“然后，我想和大家一起讨论两个问题。一个问题是，如果你是个考古学家，你最想去哪个地方考古呢？”

“我想去金字塔。”一个男生喊道，“我要去亲自考察一下，那些金字塔到底是不是外星人修建的。”大家都被“亲自”二字给逗笑了。

“我想去东非。我想去考察一下人类的发源地是否真的在那里。”一个女生说。大家都纷纷叫好。

“第二个问题：如果你是一名考古学家，也面临资金短缺的困难，你会如何去解决？”

孩子们立刻叽叽喳喳地讨论开了。几分钟后，一个男生说：“我会去找一个富有的企业家，跟他说，我们的考古工作多么有意义，然后拿出我们的考古计划，请他资助我们。”一个女生说：“我们会去找专业的公益基金会，请求他们的帮助。”大家都纷纷鼓起掌来。

孩子们热烈的讨论还在继续……历史是照亮人类未来之路的智慧之光。历史，将帮助孩子看到过去，也将帮助他们看见未来。而学习历史和考证历史的过程，正是锻炼孩子独立思考能力、批判性思维、团队合作能力的极好路径。

38 如何与孩子聊聊哲学？

我是谁？

我从哪里来？

我将到哪里去？

孩子们或多或少会在童年时向父母提出类似的问题。云舟在童年时也曾提过这样的问题，我一下子愣住了。这是一个多么宏大的哲学命题，千百年来都是无解。我突然意识到，孩子对这个世界和人生的探寻弥足珍贵，他们的提问和思考纯真而又闪耀着智慧的光芒，让我们这些在尘世中庸庸碌碌的大人十分汗颜。

周国平先生认为："每个孩子都是天生的哲学家。活跃在他们小脑瓜里的许多问题都是真正有哲学性质的，孩子们对哲学问题的兴趣要远远超过大多数成人。但往往是大人们的置之不理和粗暴回答扼杀了孩子们的哲学兴趣。"

没错，在强大的升学压力下，很多父母都认为只有跟学习和分数相关的东西才是有用的东西，而跟学习和分数无关的东西都不值得关注，不值得占用孩子的时间和精力。

"可是，如果你希望孩子成为一个优秀的人，那么哲学恰恰是最有用的。"周国平先生这样说，"人类历史上的一切优秀者，不管是哪个领域的，必是对世界和人生有自己广阔思考和独特理解的人。一个人只有小聪明而没有大智慧，却做成了大事业，这样的例子古今中外都不曾有过呢。"

所以，我们没有权利扼杀孩子的哲学兴趣，我们要做的是俯下身来，认真倾听孩子提出的每个有哲学意义的问题，然后饶有兴趣地和他们一起学习、思考和讨论。童年和少年时代，是对他们进行哲学启蒙的最佳时期。

生与死

读了《红楼梦》中黛玉葬花的故事，云舟问："生命的意义是什么呢？"读了《战马》，云舟问："为什么人类会发明战争？"读了《苏东坡传》，云舟问："幸福的定义是什么？"我发现，要回答孩子这些问题真是一件特别难的事情，因为试图用浅显易懂的语言给孩子讲这些深奥的哲学命题，需要深厚的哲学功底和博大的人生智慧。

找了很久，最后我找到了《写给孩子的哲学启蒙书》系列读物。这是研究康德的法国国家哲学博士米歇尔·毕奇与一个8岁孩子的母亲碧姬·拉贝合著的一套帮助孩子思考人生的工具书。同时，它也是写给家长或老师们的，可以帮助他们解答孩子或学生提出的人生问题。它成了老师、家长和孩子之间互相了解和沟通的桥梁。

正如书的译者所言，《写给孩子的哲学启蒙书》不是"纯粹"的哲学书。尽管书中哲学的思考遍及所有的人生重大主题，比如生与死，比如幸福，比如善恶、美丑、对错，比如自由、公正、和平、时间、金钱，比如自豪和欢笑，等等，却没有任何难懂的哲学概念和哲学词汇。所有的思想和所有的哲学都融化在一个个小故事里。

读完了这本书的第一篇《生与死》，云舟说她明白了一个基本的道理：所有的生命既然有出生的那一天，便会有死亡的那一天，这是一个必然的生命旅程。"所以，林黛玉会哭泣着葬花，那是因为，她对那些美好而短暂的生命无比惋惜。"说完，云舟有些黯然神伤。

"是啊，美好生命的逝去总是让人悲伤的。"我也很感慨，

“但是，如果生命只有出生，没有死亡，那是很可怕的一件事。你想想看，如果是那样，盛开的花朵早已把树枝压断，天上挤满了各种鸟类，水中的鱼儿在为争夺地盘打个不停，那这个地球离毁灭就不远了！再比如我们人类，如果慈禧太后不死，那么到今天或许我们还留着小辫子，裹着脚，那真是不堪设想啊！因此，任何一种生命的死亡其实都是推动世界向前的必然选择。只有一代代衰老的生命走向终点，一代代新生的生命茁壮成长，世界才会向前发展，才会进步！”

“也对啊！那么，怎样的生命才是有意义的呢？”云舟陷入沉思中。

“这个问题问得好！自古以来，我们不停地探寻着让生命延长的方法。从古代人们熬制仙丹到今天的医学发展，人类的寿命已经延长了几十岁。但是我认为，如何让人有限的生命变得更有价值，这才是最值得我们思考的问题。”

我告诉云舟，从生到死，我们每个人都会在地球上留下一些痕迹，例如屈原留下了《离骚》，李白留下了《蜀道难》，曹雪芹留下了《红楼梦》。虽然他们早已离去，但是他们和他们的作品一起永久地留在了我们亿万人的心里。

所以，你的生命有何意义，将最终取决于你曾留下过怎样的痕迹。如果你曾经奋斗过、努力过、坚持过，如同《解忧杂货店》里的那位小城音乐人，最终留下了让自己满意的痕迹，即便没有取得世俗意义上的功成名就，也是有价值的一生。

战争与和平

战争与和平是文学的一大永恒主题。在文学作品中，战争的残酷无情，对生灵的涂炭、对世界的摧毁让人触目惊心。《战马》中乔伊和艾伯特因为战火而颠沛流离；《安妮日记》中小女孩安妮·弗兰克和千千万万犹太人一起被纳粹迫害，过着暗无天日的生活；《飘》中斯嘉丽在南北战争中失去家园、失去亲人、流离失所……生于和平年代的云舟每每被那些故事和情节所震撼。“人类为何要发明战争呢？”这样的问题她问过不止一次。

读完《写给孩子的哲学启蒙书》中的篇章《战争与和平》，她说：“原来，战争就是人们利用武力来获取想要的东西，战争就是人类在原始生活状态时的一种本能行为啊！”

“是啊，在你上幼儿园的时候，小朋友们常常为了争某个喜欢的玩具而打起来，这就是人本能地在用武力解决问题。”我与她讨论起来，“直到人们建立了国家，制定了法律，组建了警察队伍，才开始用规则、用国家力量来维护社会秩序，避免用武力解决一切问题。”

“可是，既然战争如此残酷，会让那么多人失去生命，那为何还有一些国家要发动战争呢？”云舟问道。

“是为了利益。”我思考了一下，回答道，“中国的著名史学家、文学家司马迁在《史记》中写道：‘天下熙熙，皆为利来；天下攘攘，皆为利往。’为了利益，具体来说是为了某块领土，为了某个金矿等，这才是国家之间发动战争的最根本原因。”

“那么，有哪些办法可以阻止战争，建设和平呢？”云舟思考起来。

“和平并不是唾手可得的，和平需要我们每一个人付出努力。中国古语说，天下兴亡，匹夫有责。建设和平并不只是国家的任务，需要每一个普通人的参与和付出。”我引导云舟，“你看，书中写了法国人是如何铭记历史、不忘战争、建设和平的。我建议，你也可以想一想，你作为一名中学生，可以做哪些事情来为建设和平尽自己的一份力量？”

在上网查阅资料、和同学们热烈讨论后，云舟写了一份“和平建设倡议书”。

和平建设倡议书

今天的和平可能不会永远存在，这需要我们每一个人有所作为、有所贡献，才可能将今日的和平维持下去。我倡议，我们作为一名小学生，可以做到如下：

第一，勇敢地对校园霸凌说“不”。让我们从小学会不用武力解决一切问题。当别人在校园滥用武力时，我们不能熟视无睹，不能忍气吞声，我们要通过各种途径解决问题。我们首先要建设校园和平。

第二，认真上好每一堂历史课。我们应该了解历史，认真思考战争的起因和给人类带来的灾难。我们应该积极讨论，如何不让战争的悲剧一次次重演。

第三，在休息日时，放弃一些娱乐活动，参观历史博物馆。让我们听一听那些似乎已经离我们很远却真实发生过的历史故事，让我们的心灵接受一次洗礼。

第四，在每年的9月3日中国人民抗日战争胜利纪念日和12月13日南京大屠杀死难者国家公祭日，让我们积极参加各种纪念活动，如网上献花、留言，有条件的同学可去烈士纪念牌扫墓。让我们勿忘国耻、铭记历史。

幸福与痛苦

读完了《红楼梦》，云舟自言自语道："林黛玉生活在那么美的大观园里，每天锦衣玉食，要是我肯定高兴还高兴不过来，可她为什么常常落泪？"

"可是你看，苏东坡一生颠沛流离，最后被贬到海南，他却始终活得有滋有味，快快乐乐！这又是为什么呢？"我启发她道。

"那是因为他们一个觉得自己很不幸，一个觉得自己很幸福。"云舟想了想说，"不过，到底什么是幸福呢？"

我说："在人们还没有解决温饱问题的时候，可能会觉得，拥有很多物质便是拥有了幸福。但是，当人们解决了生存问题后，幸福在每个人的心中就有了不同的定义。在我看来，幸福的至高境界就是去帮助别人，去传递光与热，让他人获得快乐，让他人有收获，让更多的人获得幸福，在这个过程中，你就会获得最高级的幸福感。也就是说，我们通过回报社会，帮助他人，能够使自己感受到真正的幸福。举个例子，我通过写作并出版《我用阅读教育孩子》这本书，分享了阅读教育的理念，帮助了千万家长和孩子用阅读的方式共同进步。每当我在平台上看到读者的留言和书评，分享他们的读后感，每当我在线上和线下讲座中和读者朋友们交流，解答他们的问题，听到他们阅读后取得的进步，看到阅读真正帮到了那么多的孩子和家庭，我都会有一种巨大的幸福感，这种幸福感是任何物质、任何功名都不能给予我的。"

云舟说："妈妈，我理解你，我也有过这样的幸福时刻。当我和某个同学聊天后，解决了他思想上的一个困惑；当我带领团队排练话剧《雷雨》片段，获得了校园戏剧节第一名的时候，我也感到了这种巨大的幸福。这种幸福来自自己做了一件很有价值很有意义的事情之后，对自我的肯定和认可。所以，我同意你的观点，帮助他人是最高级别的幸福，这比自己获得了某种感官上的享受、物质上的满足要幸福太多了。”

“所以，幸福有个人的小幸福和大幸福之分。”我接着说，“我们在个人的小天地里获得的往往是小确幸，但在更广阔的世界里付出大爱，便能收获到更深刻更持久的幸福。”

“那么，接下来的问题是，幸福的人就意味着没有痛苦了吗？”云舟问道。

“当然不是，幸福的人也有痛苦，但他们拥有一种能力——化解痛苦。很多痛苦都是不可避免的，是我们生活的组成部分，例如亲人的去世、考试的失败等。但是，幸福的人懂得如何去面对和化解这些痛苦，他们会找朋友和爱人倾诉，他们会做一些事情转移注意力，他们会想办法重新努力。他们不会让那些痛苦把自己封闭起来，让自己走不出去，这便是他们能成为幸福的人的重要原因。孩子，我希望你能拥有化解痛苦的能力。”云舟听完慎重地点了点头。

另外，云舟想把《庄子（青少版）》推荐给同学们，它是中国古典哲学与文学完美结合的经典之作。“北冥有鱼，其名为鲲。鲲之大，不知其几千里也。化而为鸟，其名为鹏。鹏之背，不知其几千里也。怒而飞，其翼若垂天之云。是鸟也，海运则将徙于南冥。”这是怎样的辽阔而自由、蓬勃而向上的气象，让人穷尽想象。对于生死，对于功名，对于人与自然万物，庄子的睿智哲思给了我们现代人无数的启迪和思考。

前一段，云舟读完了《苏菲的世界》，也想把它推荐给小学高年级和初中的同学们。这是一部关于哲学的启蒙小说，通过哲学家艾伯特写给苏菲的信，作者介绍了西方哲学思想的基本发展历程和几位大哲学家的主要思想，让孩子得以全面了解哲学的智慧。书中作者强调，哲学的意义和作用在于对未知事物的无限探索。

哲学家就像一个纯真的孩子，永远对世界保持好奇心。随着年龄的增长，我们每个人的好奇心正在一点一点地流失，而哲学就是让你重新启动好奇心，重新去发现这个世界上与众不同的东西，重新思考那些“本就如此”的事物之后的本质。

对于少年来说，学习和讨论哲学的过程，就是培养自己的批判性思维和思辨能力，学会站在不同的角度看待问题，对所经历的事件进行反思的过程。

年少时，孩子所提出的哲学性质的问题关乎他们的人生观和世界观的形成。如果做家长的能认真地思考，严肃地与他们进行讨论，其意义在于塑造一个纯净而高贵的灵魂，一个真正深刻的人，并且能够让孩子站在更高的人生起点，看到更辽阔的世界。

39 如何用阅读培养孩子的职业规划力？

关于如何给孩子填报中考或高考志愿，妈妈们的想法几乎都是：什么专业热门，什么专业能保障孩子毕业后有一份稳定且高薪的工作，就报什么专业！

我的建议是，此事要多听听孩子的想法，问问他们最想学什么，对什么最感兴趣，毕竟那是他们的未来。

先跟大家分享一个我侄儿山川的故事。

好多年前，山川是一个十九岁的少年，热爱音乐和美术、可乐和摇滚，在北京市某重点中学读高三，他的父母均为中科院某研究所的研究员。关于未来，他父母为他设计的是走科学家的道路：去国外读完计算机专业的本科、硕士、博士，然后回到国内进入高校等机构工作。而山川则有着自己的想法，他喜欢画画，对艺术很感兴趣，所以想选择跟创意设计相关的专业。

他的父母很反对他的想法："画画只能作为业余爱好，怎么能成为一辈子的职业呢？男孩子要学理工科，将来才有安身立命之本。"山川跟父母争论过，希望他们能理解他，但他自己的理科成绩很不错，不能构成放弃学理科的借口。最终，山川顺从了父母的意愿，来到了加拿大一所知名大学攻读计算机专业。

一年后，山川突然告诉父母，决定放弃学了一年多的计算机，辍学回国！再考设计专业！山川的这个决定无疑是令所有人震惊的。

这个故事具有很强的时代特征。

我们这一代，很多高三学生在填报志愿时都是听从父母的意愿，报考经济学、金融学、计算机等热门专业，目的是将来有一份稳定的工作和丰厚的收入。我们似乎很少去想，工作的真正意义是什么？自己所选择的专业是否是自己未来想从事的？自己所选择的未来是否是自己热爱的？

但这一代00后们就不一样了。他们从小就生活在一个开放、多元、国际化、信息化的时代，在父母为他们积累的物质基础上，他们从小就拥有了更国际化的视野、更广博的见识、更有创造性的想法，所以，父母替他们规划未来的做法必定会被他们所摈弃。

职业规划的定义

教育部教育发展研究中心所做的一项针对初三和高三学生的调研显示：高三学生对高考志愿中专业的了解程度为“一小部分”和“全不了解”的比例为75.2%；初三学生中，只有11.4%的城市学生和7.1%的县镇学生认为自己可以从容就业。

高考生对所选专业与学校的了解程度：非常了解2.1%，比较了解26.8%，不太了解35.5%，完全不了解10.0%，说不清楚25.6%。大学生对毕业后的发展前途：感到迷茫、没有目标为50%，目前没有考虑太多有41%，而有明确目标且充满信心的只有8.3%。

这些数据表明，中国的大部分学生还没有职业规划的概念，更没有规划过自己的未来。所以，父母需要做的是，从小培养孩子规划自己职业未来的理念和能力，帮助孩子规划他的未来。

那么，何为职业规划？职业规划就是对职业生涯乃至人生进行持续地系统地计划的过程，是根据自己的职业倾向，确定最佳的职业奋斗目标，并为实现这一目标做出行之有效的安排。

马斯洛理论把人的需求分成生理需求（满足衣食住行）、安全需求（健康保护）、社交需求（找到自己的朋友圈子）、尊重需求（被社会承认、有社会地位）和自我实现需求（实现人生价值、实现人生梦想）五类由较低层次到较高层次的需求。

当个人的物质财富积累到一定阶段后，工作便从满足人的衣食住行等生理需求，逐渐过渡到满足人的尊重需求、自我实现需求。我们要看到这一大趋势，帮助孩子站得更高、看得更远，而不是只着眼于眼前的小利益，进而成为“精致的利己主义者”。我们应该鼓励孩子遵从自己的内心，一生做自己热爱的事，并能为造福他人、回报社会做点什么，而这将决定着他的人生幸福指数。

来自乔布斯的启迪

接着说山川的故事。

第二天晚上，我和山川通了一个越洋电话。我至今还清晰地记得我们通话的内容：“山川，能否跟我说说，你为何突然想要辍学了呢？”

他答道：“姑姑，这不是突然的决定，是我考虑了很久之后才下定决心的！我很清楚，这样做必然将冒着巨大的风险，而且，会伤我父母的心。至于为何要辍学，您是知道的，当初，我的兴趣点就不在计算机上，我很喜欢设计，但是最后为了不伤父母的心，我妥协了。来到加拿大的这一年多里，我觉得自己一点儿都不快乐，因为所学的东西不是我喜欢的。我伤了自己的心。更严重的是，我一想到自己要一辈子以此为职业，就觉得前途没有了一点点生机和希望。考虑了很久，我觉得不能这样毁了自己的一生。”

我觉得山川说的不无道理，就没有插话，继续听他说下去：“我也犹豫了很久。我知道，辍学后回国从头再来，是一条很艰难的路，能否成功不得而知。但真正让我下定决心的，是在网上看到了乔布斯身患癌症后在斯坦福大学的演讲。乔布斯说：‘你的时间有限，所以不要按照别人的意愿去活，这是浪费时间。最主要的是，要有跟着自己感觉和直觉走的勇气。’这段话如醍醐灌顶，让我猛然醒悟。之后，我又看完了《史蒂夫·乔布斯传》。乔布斯用他的人生故事告诉我，你的人生只有一次，所以无论如何，都请遵循你内心的声音，按自己的意愿，按自己喜欢的方式，度过这一生。我想，如果我早一点看到这本书，我就不会走这么多弯路了！我要去做我热爱的事！”

听到这里，我被山川的一番话深深震撼了，觉得自己找不出任何反驳他的理由。我问他：“那你想好了辍学后的规划吗？”

他坚定地说：“我都想好了，回国后，我再复习半年，再参加一次高考，考我喜欢的设计专业。我从前的学业底子很好，画画也不错，我有这个信心！”

听到他沉稳有力的声音，我对他充满了信心：“既然你都想好了，就去做吧！”

《史蒂夫·乔布斯传》书写了美国的商业领袖、苹果公司的缔造者史蒂夫·乔布斯的传奇人生。这本书详细记录了乔布斯怎样一步一步创立苹果公司，怎样一点一滴打磨苹果的产品，让苹果产品能够改写历史，以及他自己为何中途出走，最后又重回苹果走上事业巅峰的故事。

在2005年斯坦福大学的毕业典礼上，乔布斯讲了三个自己的故事，最后一个故事是关于死亡的。他说：“当我17岁时，我读到一则格言——把每一天都当成生命中的最后一天，你就会轻松自在。这句话对我影响深远。在过去33年里，我每天早上都会照着镜子，自问：如果今天是此生最后一日，我今天要干些什么？提醒自己快死了，是我在人生中下重大决定时，所用过最重要的工具。因为几乎每件事——所有外界期望、所有名誉、所有对困窘或失败的恐惧——在面对死亡时都消失了，只有最重要的东西才会留下。”

如何帮助孩子选择未来之路？

现在，很多高校毕业生面临着“毕业即失业”的尴尬局面。有识之士指出，这是我们的中学和小学普遍缺乏职业规划教育所造成的。如果孩子能从小接受职业规划的教育，具备职业规划的能力，对自身的兴趣和天赋有清醒的认识，对自己感兴趣的职业有较深刻的认知，对自己的未来之路有明确的规划，那么当他们面临人生之路的重要选择时，就不会迷茫而不知所措，就会提前开始做有效的准备。

那么，家长应该如何培养孩子的职业规划能力呢？

1. 做帮孩子圆梦的人

人的一生都在做两方面的探索，一方面是探索外部世界，另一方面是对自我的探索。通过对自我的不断探索，我们终将发现自己的天赋和爱好所在，由此规划自己的未来之路，这是一个理想的人生状态。

在孩子小的时候，我们应该鼓励他们进行多方面的尝试和探索。音乐、美术、体育、科技、文学、外语等活动，只要孩子感兴趣，我们就要鼓励孩子多多参加。这个过程，也是孩子认识自己的兴趣爱好，发掘自己天赋的过程。

家长也要在这个过程中仔细观察，耐心培养，而不是强迫孩子学他们不感兴趣的东西。如果孩子在学习了一段时间后，表示对所学内容完全不感兴趣，不想再学，那就说明，孩子对这个内容既没有天赋也不感兴趣，我们应该及时叫停。

孩子在初中时就应该找到自己的兴趣所在，并结合自己的价值观、性格、人生取向，开始做进一步的未来规划。

找到一生爱做的事，是人在少年时代最重要的任务之一。作为孩子的成长合伙人，家长要提醒孩子，学会观察自己，发现自己内心真正喜爱的是什么。一个重要的标志是，当孩子找到它时，将体验到前所未有的快乐和兴奋。

如果孩子找到了毕生所爱，父母一定要帮助孩子付出脚踏实地的努力，去追随去实践，并给予孩子各方面的支持和协助。在孩子的一生中，我们给自己的定位是“帮孩子圆梦的人”。

2. 阅读中的职业启蒙

英国的心理学研究报告显示，6～15岁是孩子的职业启蒙黄金期。而职业启蒙这件事，被绝大部分家长都忽略了。在日本，职业启蒙教育是从幼儿教育开始贯穿整个教育体系的，促使孩子从小思考自己将来有可能的发展方向；在美国，孩子从6岁开始就接受职业发展的指导，学会对自己的兴趣、专长、特点、能力等进行自我认识，进行教育与职业关系的探索；在芬兰，孩子们从小就要上教育与职业辅导课，学会观察和了解自己身边出现的各种行业，认识各个工作对知识和技能的要求。

作为孩子的成长合伙人，我们要从孩子小学中高年级开始，就为他们创造条件，让他们去尝试一下做自己喜欢的工作的滋味，去了解那些看似光鲜亮丽的职业背后的苦辣酸甜，去了解自己喜欢的职业和岗位对人才的真正要求是什么。当孩子进入中学后，如果我们能创造条件，让他们进入一些机构和企业去做暑期实习，则能帮助他们更理性地对未来做出选择。

关于职业规划，我推荐几本好书。一本是适合低幼儿童看的绘本《“长大干什么”幼儿职业启蒙图画书》。书中作者用生动有趣的绘画，告诉年幼的孩子一个个职业的特点。最让人感动的是书的标语“干什么都可以，但一定要快乐！”。由此给孩子们传递的价值观是，无论什么平凡的工作都是伟大的，都可以找寻到快乐。

另一本是适合6～15岁孩子阅读的《儿童职业启蒙百科・长大后我要做什么》。书中介绍了6大类200多种职业，很多职业非常新奇有趣，很有前瞻性。作者一一列举了这些职业需要哪些条件，具备哪些能力，孩子们可以试着从中找到自己感兴趣的并和自己相匹配的职业。

《梦想开始的地方——青少年职业规划家庭培养书》是我推荐给中学生的一本好书。中学，是青少年“梦想开始的地方”，是职业规划的起点。该如何认识自我，挖掘潜能？该如何对职业做有益的探索和实践？如果选错专业，又该如何调整？本书作者从一位教育理论者和实践者的角度对这些问题做了详尽的回答，对正在迷茫与纠结中的青少年颇具指导意义。

3. 追求兴趣和事业相一致

原北大校长王恩哥曾在北大的开学典礼上对学生们说：“人生要坚持两个一致，一是自己的兴趣和事业相一致，二是爱情和婚姻要一致。只有这样，才能拥有一个完美的人生。”

这是一位有着丰富人生阅历的前辈对孩子们的肺腑之言。只有坚守住这两个一致，才能构建人生的幸福基石。

乔布斯说，不要让别人的意见淹没了你内在的心声。最重要的是，拥有跟随内心与直觉的勇气，你的内心与直觉多少已经知道你真正想要成为什么样的人。任何其他事物都是次要的。

每个孩子都有权利选择自己的人生。优秀的父母，一定是帮孩子去认知和体验，进而帮孩子做出人生的重大选择，而不是替孩子做出选择。

最终，山川的父母尊重了山川的选择。他离开加拿大回到国内，经过一年的复读后，他如愿以偿地考入了自己喜欢的设计专业。四年后，他成了一名设计师。

前一段，我受山川的邀请去他的工作室参观，他正大声地跟伙伴们讨论着他们的新方案，空间里弥漫着咖啡的香气，墙上贴满了花花绿绿的工作卡片和他们的团队照片，桌上杂乱地摆放着设计图纸和产品打样。毫无疑问，这是他热爱的天地。

我望着眼前的山川，突然想起了十年前我们的那次通话。如果当初他按照父母的意愿，按部就班地学完计算机专业回国工作，我今天所见到的大概就是一个眼神呆滞、了无生趣、过着机械麻木生活的山川，一定不会是今天这个双眼放光，吃着泡面加班到深夜，有着他所热爱的事业和他所热爱的人生的山川吧！

山川是幸运的，虽然走过些许的弯路，但最终找到了自己毕生所热爱的事情。“没有人会永垂不朽，但找到自己热爱的事情，并为之持续努力，你总可以活得足够精彩。”所以，感谢乔布斯。

第九章
父母的自我成长

40 父母如何通过阅读告别焦虑，获得成长？

当下，青少年的心理健康问题引发了父母和老师的普遍担忧，也引起了社会的广泛关注。研究青少年心理问题的《渡过》系列丛书作者张进指出，家长让自己处于焦虑情绪中，让家庭陷于焦虑中，这是孩子们出现心理问题的根本原因。因为，父母的焦虑会自然而然地传导给孩子，家庭氛围会陷入一片紧张甚至是对立，孩子成长中的幸福感、安全感将大打折扣甚至消失殆尽，孩子将很难建立起良好稳定的心理基础，更难学会自我的情绪管理。日积月累，孩子就很容易出现问题。

因此，身为父母，首先需要学会管理好自己的情绪，要先把自己活好，调整好自己的状态，让自己有一个积极、快乐、豁达的人生。只有这样，孩子才不会在你的焦虑下战战兢兢地学习与生活。

那么，父母应该如何克服焦虑情绪，获得自我成长呢？

耐心帮助孩子找到属于他的那扇窗

清华附中副校长秦洪明老师说，人生是一场马拉松，不要太在乎孩子起跑时的速度，不要太在乎他一时的输赢！而孩子是否身心健康，是否向上向善，才是决定他最终能否成为人生赢家的关键。所以，家长们，请放松一些，请适当降低对孩子的期望值。

对此，我非常认同。请给每个孩子的成长以时间。每个孩子都有一扇属于他自己的窗。在窗外，有一片只属于他的玫瑰园。在那里，他会悉心地耕耘那片属于自己的玫瑰园，最终他的玫瑰才会热烈绽放。

记得在女儿云舟上幼儿园的时候，他们班开设了钢琴课，但云舟对钢琴仿佛一点儿兴趣都没有，每次坐在钢琴前都如坐针毡，应付了事。我并没有对她吼叫咆哮，而是顺其自然。

一个学期末，幼儿园举办了一场小朋友们的钢琴汇报演出，不少孩子的演奏如行云流水，获得热烈喝彩，他们的父母都面露骄傲之色。云舟则弹得磕磕巴巴，不成曲调。演奏完，她走下台扑到我怀中，哭了起来。我把她带到教室外一个没人的角落，抱着她，擦干她的眼泪，温柔地对她说："宝贝，没关系的，不用难过，没有谁会把每件事情都做得足够好。你钢琴弹得不好，或许是因为没有这样的天赋，但妈妈相信，你一定会在别的事情上做得很棒！"

五年级后，云舟开始展露她的文学才华，云舟说，她终于找到了属于自己的那扇窗。所以，请相信，在成长途中，每个孩子都会找到自己的那扇窗，只是需要我们每一位父母付出足够的时间和耐心去等待。这个过程或许漫长，但请不要焦躁，请给予孩子足够的信心。

孩子终究会慢慢长大，虽然不一定是按照你预想的方式，但不要陷入焦虑，只要你心平气和地与他沟通，和他共读，陪伴他一起成长、一起进步，就能找到解决成长烦恼的好方法。

挤出属于自己的时间，做自己喜欢的事

减轻焦虑的另一个办法是，父母尤其是母亲不要把孩子看成是生命中的唯一，而是要有自己的时间，做一些自己喜欢的事情。我看到不少妈妈尤其是全职妈妈，每时每刻都在围着孩子转，孩子就是她们生活的全部，一点点状况就会引发她们的焦虑。而作为一个女性，除了家庭、孩子之外，我们要有自己的爱好、自己的朋友、自己喜爱的事业，我们需要建立自己的精神世界。

可能很多父母会说，哪有自己的时间啊？没错，这是一个时间战场。工作、家庭、孩子都在抢占我们的时间。可是，只要我们善于管理时间，属于自己的时间总是可以挤出来的。

我的一位女性朋友说："我的时间并不都属于家庭和孩子。尽管工作异常忙碌，常常加班，但每周我都会抽出时间单独和好朋友聚会；每个月我都会自己去听一场音乐会；每年我都会安排一次只和好朋友出游的旅行，把老公和孩子放在家里。这样给自己充电，才能使我更热情满满、面带笑容地投入家庭生活中去。"对于这样的生活态度，我深表赞同。

人在一生中一定要有一个自己的兴趣爱好，在做这件事的时候，你会找到自己的心流状态，感到身心愉悦、无比充实，还能由此结识一些和自己有着共同兴趣爱好的朋友。这对于每个人的身心健康都有着非常重要的意义。

比如我自己，我喜欢烹饪美食，喜欢唱歌，喜欢朗诵。在疫情期间，我还报了一个线上的声乐学习班，系统地学习了声乐，

完成了我多年来的夙愿。我相信，只要有梦想，任何时候开始都不迟。

尽管生活琐碎繁杂，常常令人疲惫不堪，但请你一定给自己留出一点时间，让自己的心能享受到哪怕片刻的美好和安宁。这样你就会重新发现生活的意义，你就不再会为孩子的一点小事而焦虑不已，也才能成为孩子所期待的父母。

多相聚，多运动

有数据显示，对于女性而言，女性朋友能让自己的精神更健康。所以，妈妈们需要多和闺蜜聊天，抽出时间和朋友做一些喜欢的事情，例如看电影、听音乐会、看美术展等，把自己从现实的柴米油盐中抽离出来，这对于安抚情绪是非常有益的。

同样的，对于爸爸们，和好朋友们爬山、健身、钓鱼、下棋，相互倾诉畅谈，也是释放焦虑情绪，促进身心健康的良方。户外运动最能愉悦人的身心。当我们呼吸着新鲜空气，欣赏着周边的美丽景色，我们的身体会多多分泌多巴胺，我们的心灵将重获自由。

不断提升自己的认知水平

自我成长是家长陪伴孩子十几年中最重要的一个命题。时代日新月异，新知识新事物层出不穷，我们唯有不断学习，不断更新自己，才能和孩子一直保持无障碍的沟通和交流，才能给孩子一个高质量的生命陪伴，才能在关键时刻给予孩子正确的指引。

职场妈妈请一直保持对事业的热情和追求，保持一颗上进的心，你的不懈奋斗是对孩子最好的言传身教；全职妈妈请保持阅读，多和外界交流，坚持自我学习，不断拓展自己的视野。

更重要的是，我们要保持一份对生活的热爱，对世界的好奇，对人生的执着。我们需要把培育孩子看成是一次难得的自我成长机会，由此学会更好地管理自己的时间，控制好自己的情绪，更好地提升自己。

父母实现自我成长的一个最重要的方法是阅读。阅读是最有效的终身投资，阅读能不断提升我们的认知水平。稻盛和夫说："当你在二楼时，看到的全是垃圾，而当你登上十楼时，看到的是远山巍峨，大河浩荡。"所以，只有让自己的认知不断地更上一层楼，才能真正摆脱痛苦，感受到内心的轻松快乐，感受到人生辽阔。

家庭教育的实质其实是父母的自我学习和自我成长。我们只有不断提升自己的视野、格局与胸怀，才能把我们的孩子带入一个更加广阔的天地，才能和孩子一起，看见更加遥远的未来。欲穷千里目，更上一层楼。

下面分享一份我的私享书单。

心灵成长类

《瓦尔登湖》［美］梭罗 著

作者用自己在瓦尔登湖湖畔的生活实验告诉我们，灵魂的必需品都不需要用金钱来购买。物质极简，内心丰盈，才是最令人向往的生活方式。

读这本书，我的脑海里响起了王维的诗句："空山新雨后，天气晚来秋。明月松间照，清泉石上流。"生活不在于拥有，而在于我们的体验。灵魂的必需品——宁静、平和、深情、善良，从来都和物质无关。

《钝感力》［日］渡边淳一 著

只有那些对工作、人际关系和生活中的小事不在乎不在意的人，才能获得心灵的自由，才能找寻到人生真正的幸福。

只有让自己的心不那么敏感，笃信自己所做之事的意义，对别人的批评、质疑、误解不那么在意，不用去讨所有人的喜欢，才能练就一颗强大的内心。

《我喜欢生命本来的样子》周国平 著

在这个当下，我们更需要与自己的心灵对话，帮助自己找到生命本来的样子。而在这个寻找的过程中，最重要的方法便是不和自己较劲，把自己的心活在一个更高的精神层面里。

我们要学会不和鸡毛蒜皮的小事较劲，这是思想上的减法，是努力之后的豁达，是雨过天晴的清爽，是历尽沧桑后的向阳而生。

《原则》［美］达利欧 著

什么是成功？在世人眼中，成功是拥有更高的地位、更多的财富，以及更大的影响力。但是，在一些智者的眼中，成功似乎有着另外的含义。达利欧是美国桥水公司创始人，他写的《原则》道出了不少人生真谛。

达利欧认为，成功不在于实现目标，而与我们关心的人一起为共同的目标而奋斗，从而获得个人进化和有意义的关系，这才是真正的回报。

《见识》吴军 著

作者认为，人一生的命运其实在很大程度上受限于人的认识，而命运的改变首先需要见识的提升。作者结合自己独特的人生阅历，提出了关于幸福、关于成功、关于取舍、关于职场、关于投资的真知灼见，让人耳目一新。

文学类

《活着本来单纯》丰子恺　著

丰子恺先生说，人生最高的境界，便是拥有一颗孩童之心。所以葆有一颗好奇和天真的赤子之心，便能得到人生的最高愉悦。丰子恺先生说："心小了，所有的小事就大了；心大了，所有的大事都小了……"

《人生海海》麦家　著

这是我近年来看过的最优质的长篇小说，其文学性和思想性都令人赞叹。

作者麦家真是写尽了人性的丑陋和人性的光辉，写尽了在动荡的时代里个人命运的身不由己和迫不得已。最让我震撼的是小说后半段里林阿姨对"作者"的长篇回忆自述。原来，所有的厄运都来自一个误会，来自对彼此的误解。而时代的大浪，裹挟着每个小人物，如浮萍漂散。

正如塞涅卡所言："何必为生活的片段而哭泣，我们的整个人生都催人泪下。"作者告诉我们，人生如海，起起伏伏，敢死不是勇气，活着才需要勇气。是大海一样起伏不定的生活，让我们变得像大海一样宽广深厚。所以，让我们在人生的海洋里恣意徜徉，随风逐浪。

《我们仨》杨绛　著

钱锺书和杨绛在大风大浪的岁月里相濡以沫，彼此护卫，让我们看到了爱情最完美的模样——灵魂相伴，彼此成就。

人物传记类

《杨绛传》罗银胜　著

《杨绛传》是对我影响最大的人物传记。杨绛先生的百岁人生，历经战火、政治风暴、疾病、与至亲的生死离别，每一次的磨难都足以压垮很多人。但由于先生看淡世事，洞悉人性，始终不争不慌，保持着平静、淡然、知足的心境，活得通透、睿智、坚强，成为无数女性的人生榜样。

书中的多处故事让我感动不已。例如，在十年浩劫中，杨绛先生经受了精神上和身体上的种种非人折磨，但是在她的散文集《我们仨》中，她却轻描淡写一笔带过，只书写了他们一家人所收到的种种帮助与关爱，只书写了乌云密布里所透露出的人性的光辉与温暖，令人动容万分。

《苏东坡传》林语堂 著

这部书我从学生时代开始阅读，直到现在已经读过十多遍，每读一次，都有新的感悟和收获。

一千多年来，苏东坡是无数中国人的精神榜样，是我们想成为的那个最好的自己。林语堂先生说，苏东坡的“一生载歌载舞，深得其乐，忧患来临，一笑置之”，他“像一阵清风度过了一生”。

家庭教育类

《硅谷超级家长课》［美］埃丝特·沃西基 著

信任、尊重、独立、合作、善意是被誉为“硅谷教母”的作者通过多年教育实践总结出的教育孩子的黄金法则。这五个词是构建一个合格而优秀的人的根基。让孩子成为自己人生路上的主驾驶，父母则是副驾驶，这是父母能做的最有价值的事。

《解码青春期》［美］乔希·西普 著

青春期孩子的种种问题无不让父母头疼。而作者告诉我们，青少年比你看起来更需要你。每个孩子都需要一个有爱心的成人，一个并不完美可是非常坚定执着、有爱心的成人，携手陪伴他走过这段迷茫时光。

《态度》吴军 著

本书是作者写给女儿的40封家书，与女儿推心置腹地讨论学业、成败、友情、爱情、财富等诸多成长话题，情真意切，饱含人生智慧。

《世界是我们的课堂》张华 著

培养“全人”，即有着丰富知识、核心能力和优良品格的完整的人，是我们教育的终极目标。而如何让孩子身心健康、性格开朗豁达，则被很多家长所忽视。而这才是让孩子笑着跑完人生的关键因素。

健康、财务类

《活出健康——免疫力就是好医生》王贵强、王立祥、张文宏 著

活出健康、提高免疫力，这是保护自己和家人的最有效的“疫苗”，值得我们每一个人学习并践行。

《当我谈跑步时，我谈些什么》［日］村上春树 著

用最简单的运动方式，获得身体和心灵的自由，实在是一件太美好太享受的事情。

我特别喜欢书中的这句话：“我超越了昨天的自己，哪怕只是那么一丁点，才更为重要。在长跑中，如果说有什么必须战胜的对手，那就是过去的自己。”在我们的人生中，又何尝不是如此呢？

《定投十年财务自由》银行螺丝钉 著

利用复利效应，用定投方式，拥有优质资产，实现财务自由是应对不确定未来的良方之一。即使不能实现财务自由，当原来的收入减少或消失时，也可以依靠资产过上美好的生活。

41 母亲如何通过阅读实现自我成长？

作为一名十七岁女孩的母亲，很多人都问过我一个问题：为何能在这个年龄还保持如此年轻的容颜，还能拥有一双清澈的眼睛？是有怎样的美容秘方吗？

我笑着说："我不用什么高档化妆品，也从不去美容院。我认为，阅读是女人最好的化妆品。"

请相信，这可不是在凡尔赛，这是我认真回顾了自己几十年的人生路后，总结出来的"美容秘方"。

年少时，我曾读过林清玄先生的一篇文章《生命的化妆》，对我影响至深。书中讲道："三流的化妆是脸上的化妆，二流的化妆是精神的化妆，一流的化妆是生命的化妆。"

意思是说，对于女性，三流的化妆只是改变皮相，二流的化妆是多阅读、多思考、多旅行、多欣赏艺术，一流的化妆是对生命有信心、心地善良、关怀他人、豁达乐观、自爱而有尊严。

如果能不间断地从阅读和音乐中汲取养分，滋养自己的精神世界，丰盈自己的内心，不断获得自我成长和自我提升，这样的女性即使不施粉黛、素面朝天，也必定是美丽的、自信的、充满魅力的，并且是经得起时光考验的。

因为，那些阅读和音乐带给我们的沉思和感动，带给我们的温暖和快乐，带给我们的智慧和力量，终将慢慢地沉淀在我们的眼底眉梢，隐藏在我们的一颦一笑中，改变着我们的容颜，凝练着我们的神态，造就一个全新的成熟的"我"。

我们可以看到很多这样的女性，例如中国作家杨绛先生、诗词大家叶嘉莹先生，她们经过了时光的淬炼，散发着更加迷人的光芒，是值得学习和敬仰的典范。

时间是一份最珍贵的礼物，它给了我们阅历，给了我们智慧，给了我们自由。

只要我们始终保持着学习的状态，保持着自我成长，保持着一份热爱、好奇和天真，永远对这个世界充满善意，对美充满敏感，时光就不会在我们的心上刻下皱纹的痕迹。

唯有阅读，才能匹配孩子的未来

实现自我成长的一个最重要的方法是阅读。

阅读能给到我们最优质最有效的教育子女的方法；阅读能充实内心，安抚情绪，愉悦自我，给我们不断补充能量；阅读能不断扩大我们的视野和格局，帮助我们成为更优秀的自己。

在采访一些优秀少年和他们的母亲时，我发现了一个事实：这些孩子的母亲无一不是受过良好教育的，她们具有知性，谈吐有物；她们无一不对孩子的阅读高度重视，说起孩子读过的书和自己读过的书如数家珍、侃侃而谈。的确，每个家庭的藏书都记载着父母和孩子的精神发育史，都传承着家庭的文化，是最值得收藏的家珍。而这些家珍，基本上都是由父母，尤其是母亲传承给下一代的。

1. 阅读决定了家庭的软实力

家庭在教育上的投入，包括给孩子买学区房，报各种兴趣班、补习班，让孩子上价格不菲的国际学校等，这些都是家庭的硬实力。而父母尤其是母亲的学识、见识和视野，母亲的自我学习能力、反思能力和自我成长能力则是家庭的软实力。而后者才是家庭教育成功与否的关键。但现在，家庭软实力往往被很多人忽略了。

女儿上小学后告诉我，班上有不少同学的妈妈都全职了。我问云舟："你希望妈妈全职吗？"她说："希望啊，这样每天三点放学时你就可以来接我，就可以为我准备美味的晚餐了。"我告诉她："可是妈妈不希望全职哟。因为，妈妈在工作中能不断学习不断成长，才能带给你更广阔的视野、更丰富的见识。至于放学接你、做晚餐的问题，妈妈可以请外公外婆来帮忙哟！"云舟似懂非懂地点点头。

在这个价值取向多元的时代，每位妈妈都有选择自己生活方式的权利，这本无可厚非。我只是建议，妈妈们在回归家庭后，千万别让孩子成为自己世界的全部，更别让自己成为孩子的全部，万万不可沦为孩子的高级保姆。

我身边还有另一类妈妈，她们是事业上的女强人，为了显示自己虽然忙但仍把孩子的教育放在首位，她们给孩子购置了天价学区房，给孩子报满了各种补习班、兴趣班，把孩子所有的业余时间、寒暑假都纷纷填满，似乎只有这样，才能对得起孩子也对得起自己。

但是，她们似乎从来没有和孩子一起读过一本书。妈妈们的忙可以理解，但这样的做法无疑是缘木求鱼。她们放弃了亲子关系中需要构建的最重要的一环——和孩子的心灵一起成长。这真是让人遗憾。

母亲的学识见识的积累、视野的拓宽，可以通过多种方式来获得，例如旅行、游学、参加一些兴趣班等，但是最有效、最经济、最持久的方式就是阅读——自己阅读，与孩子一起阅读，读各类经典书、新书、好书。母亲唯有不断读书，不断丰富自己，才能匹配孩子的未来。

2. 用阅读实现母亲的自我成长

就像作家阿瑟·克拉克的墓志铭所说的：“我永远都没有长大，但我永远都没有停止生长。”作为母亲，我们需要用阅读实现自我成长。

没有哪一位女性是生来就会做母亲的，我们需要那些优秀前辈的指引，我们需要一双温柔而坚定的手扶着我们走过这段最艰辛最迷茫的时光。所以，我们需要读这些充满着教育智慧的好书，教会我们如何做一个合格的母亲。

除了读教育类图书之外，母亲还应该和孩子一起读书，同频生长。在女儿的幼年时代，我和她一起读完了《唐诗三百首》《朱自清散文》《朝花夕拾》；在她的少年时代，我和她一起读《红楼梦》《哈利·波特》《美国国家地理少儿百科》；在她进入青春期后，我们互相推荐好书，我推荐她读《人类简史》《平凡的世界》，她推荐我读《阿勒泰的角落》《听听那冷雨》《山川岁月长》……

在这漫长的十多年的共读岁月里，我和女儿一起重温了经典，一起学习了无数新知识，开阔了新视野，一起遨游于人类的过去与未来的智慧长河中。更重要的是，在此过程中，我们两代人建立起了共同的价值观，始终生活在同一个精神世界里，有着共同的话语体系。这是弥足珍贵的。

女儿的未来是怎样的，我还想象不出。但有一点我很清楚，那就是无论她将来做什么、在何方，她一定会有比我们这一代人更国际化的视野、更包容的胸怀、更具世界性的情怀！

所以在当下，我仍将努力和她一起阅读。只有这样，才能和她拥有共同的精神世界、共同的话语体系，才能和她一起学习、一起成长，才能匹配她的未来。

一些合理的阅读建议

1. 利用碎片化时间阅读

有女性朋友会说："我也知道阅读的好处，可是哪有时间啊？"是啊，这是一个时间的战场，工作、家庭、伴侣、孩子、朋友，都在抢夺我们的时间。

可是我们每天的时间是一块海绵，挤一挤总是能留给阅读一点的。我自己哪怕再忙，每晚临睡前的半个小时都是留给阅读的。这是我多年来养成的习惯，已经和吃饭睡觉一样是我生活必不可少的一部分。

每晚，当我放下手中所有的杂事，卸下心灵的负荷，打开台灯，倚在床头，捧起一本心仪的好书，进入那个梦幻般的世界，这是我一天中最珍爱的时光，是修复自我、疗愈自我的最佳方式。

我们还可以充分利用每天的碎片化时间，在上班路上或是听一本书，或看一本书，看一篇优质的公号文章，读读新闻。忙时读屏幕，闲时读书，只要保持阅读的状态，就能保持自我的不断更新。

2. 读一些人物传记

每个人都有自己的阅读偏好，无论你是喜欢读文学，还是艺术，是喜欢科幻还是历史，都是很好的阅读选择。但有一类书，我建议大家一定要阅读，那就是人物传记。

阅读包括了读书、读人、读世界三方面的内容，而读传记能将这三方面做一个完美的结合。这些伟大人物用生命积累的人生智慧，好似一盏盏明灯，在迷茫时为我们指明前路的方向，帮助我们找到内心的力量之源。站在巨人的肩膀上，方能看到更辽阔的远方。它能把我们从当下令人心烦意乱的现实环境中抽离出来，让我们的心灵获得安宁、愉悦、满足。它更能提升我们的认知水平，让我们变得更从容、更自信、更勇敢、更强大，让我们有足够的能力和能量去面对人生的风雨，去直面充满不确定性的未来。

“枕上诗书闲处好，门前风景雨来佳。”最后，为大家分享一份我的私享书单。

《不负我心》俞敏洪　著

这本书是作者六十载心路历程的回望与总结。对于如何做人，如何做事，如何面对人生的挫折与失败、幸福与痛苦，如何过好这一生，如何走向生命的制高点等重大问题，作者均给出了睿智深刻的答案，充满温度与情怀，让人掩卷沉思、茅塞顿开。

《大女生》杨澜　著

我很认同作者提出的一个观点：女性最好的状态是做big girl，即大女生。这样的女生内心强大，犹存天真，有大视野、大格局、大胸怀，能坚持自我成长；这样的女生更懂得如何去温暖他人同时又关爱自我，如何不断探索自我，成就自我。书中，关于婚姻中亲密关系的思考尤其令人回味。随着年龄的增长，我们终将明白，爱需要亲密，但不能无间。婚姻中更需要的是两个人精神的共同成长，以及彼此的信任和尊重。

真正的英雄主义，正如罗曼·罗兰所言，是看清生活的真相后，依旧热爱生活。

《情绪自控》李筱懿 著

管理自己的情绪，成为一个情绪稳定的人是每个女性的必修课。作者的分析深入浅出，给出的情绪管理方法简单实用，值得一试。

《断舍离》［日］山下英子 著

学会做减法是人生的大智慧。我们只有对自己的房间，对自己所拥有的物质，对自己的头脑和心灵不断地进行清理，扔掉垃圾，才能轻装前行。

在生活中，我们要尽量舍弃对物质的执念；在心灵上，我们要每日自省，自我反思与提升，这样才能倍感轻松。

《我心归处是敦煌》樊锦诗 口述

终其一生，成就一事。“敦煌的女儿”樊锦诗用自己的风霜岁月诠释了什么是选择、什么是坚守、什么是永不言弃。

《孩子的品格——写给父母的积极心理学》彭凯平 著

作者提出，真正决定孩子成功的最重要因素不是天赋，也不是知识，而是教育能否帮助孩子培养以品格优势与美德为核心的积极天性，让孩子全面健康地发展，即用积极教育培养孩子的品格。对此，我深表认同。这是把追求的人的真正幸福作为信仰的教育。

《父母的格局》黄静洁 著

父母的视野和格局是孩子成长的天花板。所以，我们做父母的需要像作者说的那样，别把所有的劲儿都使在孩子身上。拥有自己的事业空间，从不放弃自己的学习和追求是给孩子成长最好的滋养。

云舟的话
——代后记

我的成长是一场别开生面的冒险。

身为妈妈的女儿，也是一个青春期走向尾声的普通女孩，我想在这里郑重地对妈妈道一声感谢。在这场盛大却并不华丽的落幕中，我想感谢妈妈为我带来生命中未曾间断的词句，以及教会我走出生命的荒芜，获得从泥土里仰望星空的风骨。

那些故事太过漫长，午夜梦回，却不甘心用叙述的口吻，那我索性讲一个故事吧。窗外是雨，雨幕中天色暗沉，看不见一颗星星，像极了小学毕业那年躲在房间中为赋新词强说愁的夜晚。

我的个头在那时刚过一米六，额前是参差不齐的刘海，小小少年，没有烦恼。我没有在十一点后睡过觉，从出生开始就远离内卷，接受快乐教育，单纯得有些傻。爸妈也从未给我提过什么要求，我也一直以"想得开"人士自居。

现在看起来这或许是过于离经叛道的做法吧？但那段日子确是我人生中极为重要且珍贵的年岁。我不清楚时代的浪潮会把我冲到哪里，我觉得自己像南宋文人最痛恨的君主，总是充耳不闻外面的世界，想的是如何在英语课下课后多看两页《红楼梦》，希望在义务教育的战场里偏安一隅，陶然忘忧。

可是人生哪里有那么多如意的事情，至少我们绝大多数要为自己的乌托邦背井离乡。上初中那会儿，我也为了迎合他人而苦恼过，为攻不下数学卷子的最后一道大题而扼腕兴叹。

妈妈不是那种会借着晚餐时间讲人生大道理，然后居高临下指责我的家长。很长一段时间里，她总是会让我读一些书，然后在扉页上写下一小行字：别着急，日子还久，时间还长。而这段时间的阅读也成了我青春期最弥足珍贵的回忆。

我那段时间最喜欢的作家是蒋勋。我时常感念于他的温柔，他的文字肯平视我，将我视为独立而完整的个体，给予我难得的尊重。这对一个因为课业而焦头烂额的青春期女孩来说是绝对的幸福了。那时每天放学路上，我总喜欢戴着耳机听他说话，他让我想起历史课本中真正的文人，那份虚怀若谷和谦逊令我感动，也使我获得了不可多得的成长。我开始在群体中开小差，了解并享受个体的孤独，在柏拉图的寓言里寻找灵魂的另一半。

现如今的我无比感谢那段日子，我从此好似生长在风里，舍去了锋利，开始与骨子里那个莽撞且无畏的自己和解。

我们学校的课业并不轻松，午休有咬着笔头写作业的人，体育课放学后有拿着参考书狂啃的人，午夜时分也有仍在挑灯夜战的人。我曾经感到过遗憾，想拥有一个不参与竞争的童年只是痴心妄想，摩肩接踵的年轻人向着那条独木桥百米冲刺，日复一日，年复一年。

就在这堪称贫瘠而一往无前的日子里，我惊奇地发现，我竟是快乐的。快乐二字极为奢侈且自大，听起来不太正经，有些幼稚，甚至像是一个伪命题，却是一代代人在密不透风的高墙下得以喘息的珍宝。而我的快乐来源于阅读。

妈妈与我的关系与其说是导师和学生，更不如说是合作者。她从不会去指挥我该怎样做，更多的是提供材料与可选择的路径，然后把决定权全权交给我，对我十二分的放心。

从我有自主能力开始，她就不会过多干涉我的人生。小到完成作业、收拾书包上学，大到升学考试填报志愿等，她都会和我在全方位调查研究的基础上，完全尊重我的意见。我也曾感到过不安，以我的资历可以胜任这些选择吗？当我这样发问时，妈妈会告诉我，“我信任你、尊重你”，与其左顾右盼，不如放开手让我去过无限可能的人生。

因为有如此童年的缘故，从此我关心的不再只是朝九晚五中的小事，胸中丘壑也有山河万里。我能在庸碌的人生中仍饱含“不切实际”的志向和理想，脱口而出却并不羞怯，遥遥举杯，敬向青春那一年。

人生很漫长，漫长到连出发都是一场冒险。可是，我从来都未曾惧怕，因为那些书中所带来的爱与力量会真切守护在我的每场旅途中。成功失败与否，美丽荒谬与否，那些光照的四季早已镌刻在我的灵魂里，穿过我少年时代的明月风声，一如往昔地与我相伴。

云舟

2022年12月9日